BERNARDETE A. GATTI
Educadora e Pesquisadora

PERFIS DA EDUCAÇÃO

Organização e Introdução
Walter E. Garcia

Textos selecionados de
Bernardete A. Gatti

BERNARDETE A. GATTI
Educadora e Pesquisadora

autêntica

Copyright © 2011 Walter E. Garcia e Bernardete A. Gatti
Copyright © 2011 Autêntica Editora

COORDENADOR DA COLEÇÃO PERFIS DA EDUCAÇÃO
Luciano Mendes de Faria Filho

CAPA
Alberto Bittencourt
(sobre foto de Mário Miranda)

REVISÃO
Ana Carolina Lins
Lira Córdova

PROJETO GRÁFICO
Tales Leon de Marco

EDITORAÇÃO ELETRÔNICA
Conrado Esteves

EDITORA RESPONSÁVEL
Rejane Dias

Revisado conforme o Novo Acordo Ortográfico.

Todos os direitos reservados pela Autêntica Editora. Nenhuma parte desta publicação poderá ser reproduzida, seja por meios mecânicos, eletrônicos, seja via cópia xerográfica, sem a autorização prévia da Editora.

AUTÊNTICA EDITORA LTDA.

Belo Horizonte
Rua Aimorés, 981, 8º andar . Funcionários
30140-071 . Belo Horizonte . MG
Tel.: (55 31) 3222 6819

São Paulo
Av. Paulista, 2073 . Conjunto Nacional
Horsa I . 11º andar . Conj. 1101
Cerqueira César . 01311-940 . São Paulo . SP
Tel.: (55 11) 3034 4468

Televendas: 0800 283 1322
www.autenticaeditora.com.br

Dados Internacionais de Catalogação na Publicação (CIP)
(Câmara Brasileira do Livro, SP, Brasil)

Bernardete A. Gatti / organização Walter E. Garcia ; textos selecionados de Bernardete A. Gatti. – Belo Horizonte: Autêntica Editora, 2011. (Coleção Perfis da Educação ; 4)

Bibliografia
ISBN 978-85-7526-562-8

1. Educação - Brasil. 2. Educadores - Brasil 3. Gatti, Bernadete A. I.Garcia, Walter E. II. Série.

11-08037   CDD-370.92

Índices para catálogo sistemático:
1. Brasil : Educadores 370.92

Sumário ■

7 **Cronologia**

11 **Introdução**
Em busca de um novo rumo na Educação
Walter E. Garcia

25 **Entrevista**
Experiências, estudos, ideias

Textos selecionados

Parte 1: Sobre pesquisa

63 Implicações e perspectivas da pesquisa
educacional no Brasil contemporâneo

79 Estudos quantitativos em Educação

105 Pesquisa, Educação e pós-modernidade: confrontos e dilemas

117 Política de ciência e tecnologia e formação
do pesquisador na área da Educação

133 Reflexões sobre questões metodológicas
e práticas em pesquisas em Educação

Parte 2: Sobre formação de professores

151 A formação dos docentes:
o confronto necessário professor x academia

161 Os professores e suas identidades:
o desvelamento da heterogeneidade

171 Formação continuada de professores: a questão psicossocial

185 Análise das políticas públicas para formação
continuada no Brasil, na última década

205 A questão docente: formação,
profissionalização, carreira e decisão política

Parte 3: Sobre avaliação educacional

223 O professor e a avaliação em sala de aula

239 A Avaliação institucional:
processo descritivo, analítico ou reflexivo?

245 Avaliação de sistemas educacionais no Brasil

261 **Produção bibliográfica**

Cronologia ■

Período	Atividade
1941	Nasce Bernardete Angelina Gatti, em Matão, Estado de São Paulo.
1947	Ingressa no Grupo Escolar Estadual José Inocêncio da Costa – Matão
1954	Ingressa na Escola Normal Estadual de Matão e na Escola Técnica de Comércio.
1959	Assume cadeira efetiva no magistério estadual de São Paulo no ensino primário.
1961	Conclui bacharelado e licenciatura em Pedagogia na Faculdade de Filosofia, Ciências e Letras (FFCL) da Universidade de São Paulo (USP).
1962-1963	Faz especialização em Educação e Estatística na FFCL da USP.
1962-1969	Trabalha como orientadora educacional no Colégio de Aplicação da Universidade de São Paulo.
1964-1984	Atua como professora de Estatística no Instituto de Matemática e Estatística da USP.
1967-1970	É aceita no doutorado em Psicologia na Universidade de Paris VII – Denis Diderot, na França, como bolsista do governo francês, onde realiza créditos em Psicologia, Educação e Estatística.
1972	Defende tese de doutorado na Universidade de Paris VII.
1971-2011	É pesquisadora, depois coordenadora do Departamento de Pesquisas Educacionais e superintendente de Educação e Pesquisa da Fundação Carlos Chagas.
1973	Realiza pós-doutorado na Universidade de Montreal, Canadá.

1974	Realiza pós-doutorado na Universidade do Estado da Pensilvânia, nos Estados Unidos.
1975-1979	Atua como professora adjunta da Universidade Federal de São Carlos.
1978-1978	Atua como professora visitante na Universidade de Paris I.
1982-1984	Torna-se membro da Comissão Especial do CNPq para a área de Desenvolvimento Social e Educação.
1984 -1987	Torna-se membro e presidente do Comitê Científico – Área de Educação do CNPq.
1986-2007	Atua como professora do Programa de Pós-Graduação em Educação- Psicologia da Educação, na Pontifícia Universidade Católica de São Paulo (PUC-SP).
1988-1989	Atua como consultora do International Development Research Center (IDRC) – Canadá.
1988-1992	Torna-se membro do Conselho Curador da Fundação para o Desenvolvimento do Ensino de Ciências (FUNBEC).
1988-1990	Assessora o Ministério da Educação (MEC) para delineamento e pré-teste de avaliação do desempenho de estudantes da educação básica.
1989-1993	Torna-se presidente da Área de Educação da CAPES.
1989	Recebe distinção como Pesquisador Emérito do Inep.
1991-1992	É consultora da UNESCO – Metodologias de disseminação do conhecimento derivado de pesquisas em educação.
1994	Recebe a Ordem Nacional do Mérito Educativo no Grau de Cavaleiro – Ministério da Educação.
1996-1999	Torna-se membro da Comissão Consultiva da Avaliação da Educação Básica do Ministério da Educação.
1996-2001	Torna-se membro do Conselho Estadual de Educação de São Paulo, presidente da Câmara de Educação Superior e presidente do Conselho.
2000	Recebe a Ordem Nacional do Mérito Educativo no Grau de Comendador – Ministério da Educação.
2003	IIPE – UNESCO – Buenos Aires – Membro da Comissão do Prêmio Latinoamenricano de Pesquisa Educacional.
2006-2010	Torna-se membro do Conselho Consultivo do Inep.

2006-2009	Torna-se membro eleito do Conselho Fiscal da Diretoria da Associação Nacional de Pesquisa e Pós-Graduação em Educação (ANPEd).
2007	É eleita membro titular para a Academia Paulista de Educação, da qual é atual vice-presidente.
2008-2009	Torna-se consultora da UNESCO para projeto de pesquisa.
2008	Atual coordenadora da Editoria Científica da *Revista Brasileira Brasileira de Estudos Pedagógicos* (*RBPE*).
2009 e 2011	Torna-se presidente da Comissão Científica do XXIV e XXV Simpósio Brasileiro de Política e Administração da Educação.
2010	É eleita para compor o Conselho Científico da Diretoria da Associação Brasileira de Avaliação da Educação (ABAVE) – mandato 2010-2012.
2010	Torna-se coordenadora do Comitê Científico da *Revista de Estudos em Avaliação Educacional* da Fundação Carlos Chagas.

Introdução ■

Em busca de um novo rumo na Educação

Walter E. Garcia

Nota prévia

O texto que vocês vão ler a seguir teve como preocupação primeira fazer uma análise do período histórico – de 1950 até o final dos anos 1960 – como contexto em que se desenvolvem os estudos e o início da carreira profissional de Bernardete Angelina Gatti. Numa visão mais simples, compreende o período iniciado com Juscelino Kubitschek e vai até o final dos anos 1960, quando os militares já estavam no poder, em função do movimento de 1964.

Por conhecer bem a educadora Bernardete Gatti – estudamos na mesma instituição, com praticamente os mesmos professores, e frequentamos os mesmos ambientes que respiravam os ares de mudança –, creio poder traçar um perfil fidedigno da atmosfera intelectual e profissional dos educadores daquele período. Creio que muitos leitores irão se identificar com alguns dos traços indicados que caracterizam esses momentos de nossa história recente.

A contextualização efetuada neste texto procura mostrar o ambiente daquele momento histórico, com as iniciativas de várias instituições e com grande participação dos movimentos estudantis – que acreditavam ser possível dar um passo além no processo de construir um país que fosse melhor para todos. A educação, nessas décadas, era a ferramenta que iria acelerar esse novo período.

Em entrevista realizada previamente, as perguntas dirigidas a Bernardete ensejam temas que colocam claramente a preocupação de uma geração em ajudar a transformação do país. Nas respostas dela, pode-se perceber que ainda estamos longe de conseguir que a educação seja o instrumental que desejávamos para a construção de um novo país.

Como profissional respeitada nas áreas de pesquisa educacional e formação de professores, Bernardete nos indica que não conseguimos encontrar um caminho que ajude a pensar em como melhorar a qualidade de nossa educação básica perante os vários desafios que temos pela frente, apesar de já estarmos no século XXI.

Dada a riqueza e clareza das respostas de Bernardete preferi manter o texto da entrevista exatamente como foi gravado, pois, a meu ver, trata-se de um depoimento de grande valor para as novas gerações de educadores do país. De outra parte, os textos por ela selecionados – sobre as áreas em que costumeiramente exerce suas funções – são de plena atualidade e nos ajudam a compreender melhor o momento histórico que estamos vivendo neste novo milênio.

Os anos de grandes mutações

Os anos 1950 e 1960, a partir da eleição de Juscelino Kubitschek, trouxeram a sensação de que o país poderia enfim ganhar sua emancipação cultural, econômica, política e social. Apesar da velha polarização política entre forças tradicionais, PSD e PTB de um lado e UDN de outro, era possível vislumbrar que as propostas de Juscelino, de avançar *50 anos em cinco* – este era seu mote – representavam um choque para as velhas oligarquias habituadas a fazer política. A base destas situava-se em composições tradicionais que praticamente nada modificavam no quadro até então vigente.

A implantação da indústria automobilística, a construção de Brasília, o surgimento da bossa nova, o processo de urbanização rápida e o advento da televisão foram iniciativas que, entre outras, estimularam a efervescência dos movimentos sociais e que começaram a alterar o quadro de uma sociedade tradicional, de base até então dominantemente rural.

É afirmada, neste período, a busca pela incorporação de novas expectativas em face um crescente movimento de industrialização com todos os seus desdobramentos dos processos culturais decorrentes de novos ares que emergiam. A migração campo/cidade se acentua com o inchaço dos centros urbanos que ainda não possuíam estruturas capazes de abrigar demandas dos crescentes contingentes populacionais.

Essas transformações dos anos 1950/60 prepararam o terreno para o surgimento e a consolidação de novas exigências sociais, como o movimento sindical e a emergência de novas demandas na área educacional. O ideário da escola pública, em todas as suas ramificações, ganhou status de projeto político que ajudaria a construir um novo país. Pelo menos assim pensavam muitos intelectuais e estudantes desse período.

Novos agrupamentos políticos se constituíam nas universidades, clamando por uma reforma universitária que fosse capaz de abrigar todos aqueles até então excluídos do sistema educacional. Na Rua Maria Antônia, sede da Faculdade de Filosofia, Ciências e Letras da USP, onde estudei e onde também estudou Bernardete Gatti, no final dos anos 1950 e início dos anos 1960, era comum os estudantes serem chamados a firmar abaixo-assinados pela legalização de partidos políticos até então proibidos, como, por exemplo, o Partido Comunista. Os *inimigos* de plantão eram os *gorilas,* termo emprestado às ditaduras latino-americanas que estavam em plena vigência em muitos países.

A famosa UDN, com Carlos Lacerda e todos os demais que se opunham às teses que pretendiam mudar o mundo, representava o protótipo do partido político classificado como da direita.[1] De outra parte, a Revolução Cubana, já no início dos anos 1960 e ainda em fase de implantação de seu projeto político, tinha a educação como questão referencial, exibindo os *barbudos* como o paradigma do novo homem, tendo como modelos Fidel Castro e Che Guevara, sempre com defensores dispostos a disputar espaços em inflamadas assembleias estudantis.

Isso era algo a dizer à geração de jovens dessa época, em que as propostas políticas voltadas para os excluídos poderiam ser implantadas no Brasil. Assim, algumas teses, como a da reforma agrária, da reforma política, do rompimento com os organismos financeiros internacionais, eram defendidas nas assembleias da Rua Maria Antônia, mesmo que alguns *partidos* fossem representados por participantes que não superavam – em números – os dedos de uma das mãos.

A fracassada invasão de Cuba motivou a União Estadual dos Estudantes (UEE) de São Paulo a cogitar o envio de um grupo de voluntários para combater os invasores *yankees.* Felizmente essa proposta não resistiu a mais do que uma reunião da UEE na Rua Santo Amaro, sede da entidade estadual dos estudantes nesse período.

Do ponto de vista educacional, em termos de proposições referentes à sua condução enquanto política pública, ocorreu uma acirrada disputa entre liberais e conservadores. Os primeiros defendiam as linhas expostas em projeto de lei[2] decorrente da Constituição de 1946, de diretrizes e bases

---

[1] Carlos Lacerda é o autor do substitutivo que acirrou os debates educacionais, ao defender que o Estado deveria colocar recursos financeiros à disposição das famílias para permitir que as crianças estudassem conforme as escolhas feitas pelos pais, fosse em estabelecimentos públicos ou privados. Neste caso, o Estado deveria subsidiar as escolas particulares.

[2] A Constituição Federal de 1946 estabeleceu em seu artigo 5º, inciso XV, letra d, a competência da União de legislar sobre as diretrizes e bases da educação nacional. A partir de então inicia-se uma forte mobilização dos educadores para a redação de um projeto que acabou se materializando na Lei n. 4024, de dezembro de 1961, a nossa primeira Lei de Diretrizes e Bases da Educação Nacional (LDB).

da educação nacional, e depois, já na fase congressual, de seu substitutivo, que reunia em torno de si os signatários do Manifesto Mais Uma Vez Convocados, sob a liderança de Fernando de Azevedo.

De outra parte, os conservadores, apoiados nas teses do grupo católico de viés tradicionalista, ocasionalmente associados às orientações das instituições privadas de caráter comercial, acomodaram seus interesses aos grupos que passaram a representá-los após vários debates ocorridos no então Conselho Federal de Educação e nas demais instâncias administrativas que regulamentaram a implantação da nova legislação.

Na área educacional, ainda, com o passar do tempo e a polarização política a partir da entrada dos militares no poder em 1964, a reforma universitária continuou a ser a palavra de ordem que reunia os mais preocupados em moldar uma universidade que fosse capaz de ajudar a construção de um novo país.

No plano geral da política educacional, a disputa entre católicos e liberais delimitava, ainda, os espaços em que se moviam os defensores da escola pública, universal, gratuita e obrigatória para todos, com suas lideranças mais expressivas aderindo ao já mencionado Manifesto Mais Uma Vez Convocados.

Esse grupo dos defensores da escola pública envolvia desde os representantes de alas conservadoras, como o jornal *O Estado de S. Paulo*, que estava representado por Laerte Ramos de Carvalho e Roque Spencer Maciel de Barros, figuras eminentes da campanha, pelo apoio que canalizaram através do *Estadão*,[3] até outros intelectuais como Florestan Fernandes, que julgava importante participar do movimento por ser uma conquista liberal não realizada e necessária para a implantação de um estado socialista do qual se afirmava defensor.

Na mesma linha de ação, sindicatos de trabalhadores e associações de educadores e de estudantes compunham o grupo da campanha de defesa da escola pública. Do outro lado, Alceu de Amoroso Lima, junto de dignitários da Igreja católica que defendiam o direito da família de escolher o tipo de escola que desejassem, encontrou no substitutivo Lacerda, que pregava, entre outras propostas, que o Estado poderia, inclusive, financiar o estudante no tipo de escola que a família desejasse, mesmo que fosse a escola particular – a razão para defender os interesses dos grupos privados, ávidos por receber as benesses do poder público.

---

[3] O grande apoiador da Campanha de Defesa da Escola Pública, em São Paulo era o jornal *O Estado de S. Paulo*, pertencente à família Mesquita e cujo dirigente à época era Júlio de Mesquita Filho, um dos que ajudaram a criar a Universidade de São Paulo, na década de 1930.

Nesse período de acirradas disputas entre defensores da escola pública e os apologistas do ensino privado, o livro de Anísio Teixeira *Educação não é privilégio* (1957) era leitura obrigatória para todos os estudantes não só de pedagogia, mas também os de outras áreas que estavam engajadas na campanha em defesa da escola pública, que ganhava adeptos entre estudantes e grupos profissionais em várias regiões do país.

Maria José Garcia Werebe, citada por Bernardete em passagens de seu depoimento, publica em 1961 o livro *Grandezas e misérias do ensino no Brasil,* no qual faz uma análise das políticas educacionais e suas correlações com os processos políticos e econômicos então dominantes para concluir que, às camadas dirigentes, pouco interessava a emancipação do povo pela via da educação. Os estudantes de pedagogia mais comprometidos com essas vinculações políticas mais amplas tinham também o livro de Werebe como uma leitura obrigatória para o andamento de seu processo formativo.

Coerentemente com a convicção de que uma boa educação depende de um conjunto de decisões tomadas no ambiente mais amplo das políticas públicas, Werebe assim se expressa ao examinar o panorama político-educacional daquele momento histórico:

> O atraso cultural do nosso povo constitui sério entrave para a consolidação das transformações sociais que se operam no país e por isso compromete o seu desenvolvimento geral, pois a educação de base representa a força revitalizadora da economia de cada nação. No Brasil é por demais grande o interregno entre as mudanças sociais e as educacionais,de maneira que a escola, ao invés de contribuir para o progresso, de tornar-se fator de mudança social, chega a constituir barreira para tal progresso e a representar um fator de demora e até de estagnação social (WEREBE, 1970, p. 233).

De outra parte, a figura de Paulo Freire, originário de um movimento de cultura popular que pretendia fazer da alfabetização um marco no processo de construção da nova cidadania, almejada e cultivada nos movimentos católicos de esquerda, ganha relevo nacional e encontra seguidores em vários movimentos sociais. Analisando a situação educacional do país, no início dos anos 1960, assim se expressa Freire (1963).

> O de que se precisa urgentemente é de dar soluções rápidas e seguras aos problemas angustiantes do país. Soluções com o povo e nunca sobre ele, ou simplesmente para ele. É de se fazerem as reformas básicas: a constitucional, a agrária, a bancária, a urbana, a fiscal, a educativa, e a tecnológica, como acrescentaria Gilberto Freyre, de que resultem os instrumentos hábeis com que façamos a nossa real emancipação interna e externa.
>
> É apanhar esse povo emerso nos centros urbanos e emergindo já nos rurais e levá-lo a inserir-se no processo, criticamente.

De sua posição inicial de intransitivação da consciência, característica de imersão em que estava, passou, na emersão que fez para um novo estágio – o da transitivação-ingênua. Da transitivação-ingênua, não involuindo para o estágio anterior, ou se promoverá para a transitividade crítica ou se distorcerá para a fanática (FREIRE, 1963, p. 11).

E conclui Freire:

> Por isso mesmo, a educação de que precisamos, em face dos aspectos aqui apontados e de outros implícitos nas contradições que caracterizam o Trânsito Brasileiro, há de ser a que liberte pela conscientização. Nunca a que ainda mantemos em antinomia com o novo clima cultural – a que domestica e acomoda. A que comunica e não a que faz comunicados (p. 11).

No livro que organizou a respeito desse período dos grandes debates sobre a LDB, Roque Spencer Maciel de Barros assim se manifesta ao analisar o significado da campanha de defesa da escola pública, que praticamente termina com a aprovação da Lei n. 4024/61:

> Que fique, portanto, como conclusão desta longa análise, esta advertência: a aprovação do atual projeto de Diretrizes e Bases, inteiramente contrário ao liberalismo, à democracia e à Constituição, não será apenas um golpe profundo vibrado contra a educação nacional, mas um verdadeiro atentado à nossa soberania, que poderá abrir as portas para sucessivas violações da lei, até criar o clima favorável à eclosão de uma nova "questão religiosa", de imprevisíveis conseqüências (BARROS, 1960, p. 165).

Florestan Fernandes, outro ativo participante da campanha de defesa da escola pública, verbera o comportamento dos legisladores que deram seu aval ao projeto da nova lei de educação, ao afirmar que:

> Os legisladores deram-nos um triste exemplo, que devemos repelir com intransigência. Cada país tem o regime político e a escola que merece. Nós devemos proceder de modo a termos o melhor – um Estado Democrático autêntico e uma escola pública capaz de servir ao nosso aperfeiçoamento material, intelectual e moral (BARROS, 1960, p. 165).

Em verdade, a campanha de defesa da escola pública praticamente terminou com a aprovação do projeto que estava no Congresso Nacional e representou um processo de acomodação de forças em conflito, adiando as soluções que viriam a ser reclamadas posteriormente, como a falta de definições mais claras sobre os compromissos referentes ao financiamento da educação pública, o papel dos Conselhos de Educação, a atuação das três esferas de poder político nos diferentes níveis de ensino, entre outras, que estavam a exigir medidas mais enérgicas do poder público.

O projeto da LDB se transformou em lei no final de 1961 e provocou também o seguinte comentário de Anísio Teixeira, em artigo publicado no *Diário de Pernambuco*, em 13 de abril de 1962 e reproduzido no livro *Educação no Brasil* (1976, p. 266-227):

Não se pode dizer que a Lei de Diretrizes e Bases, ora aprovada pelo Congresso, seja uma lei à altura das circunstâncias em que se acha o país em sua evolução para constituir-se a grande nação moderna que todos esperamos. Se isto não é, não deixa, por outro lado, de ser um retrato das perplexidades e contradições em que nos lança esse próprio desenvolvimento do Brasil. Afinal, é na escola que se trava a última batalha contra as resistências de um país à mudança.

O movimento das reformas de base, que ganha impulso a partir da renúncia de Janio Quadros e a tumultuada trajetória do período de Jango Goulart, já nos anos 1960, permite que a revolução aconteça, só que do outro lado, que estava silencioso e se organizando através de governadores, militares e entidades da sociedade civil em processos de articulação eficaz.

Neste ponto já são outras histórias que vão compor outros cenários nos quais a educação passa por um processo de reformulação muito eficaz, conforme os desígnios que são articulados pelas novas fontes de poder emergente do estamento militar. Mais preocupados em controlar os estudantes do ensino superior, os militares criaram inúmeros mecanismos de cerceamento e isolamento para alunos e professores, a partir de então identificados como inconvenientes ao sistema recém-implantado.

Com a advento dos acordos MEC/USAID e no bojo da *crise dos excedentes* que buscavam o ensino superior, sem vagas disponíveis, emergiu uma crise incontornável com os instrumentos legais e jurídicos então disponíveis. A reforma universitária de 1968 e todo um conjunto de ações adotadas no decorrer do tempo, revelaram-se altamente eficazes e conseguiram se manter, com atualizações periódicas, até os dias de hoje. O modelo de ensino superior, então implantado, apesar das críticas recebidas, sobretudo do movimento estudantil e das entidades representativas dos intelectuais da época, vem demonstrando fôlego para realizar atualizações periódicas e construir núcleos de excelência acadêmica em algumas áreas.

Na área educacional, ainda com o passar do tempo e a polarização política a partir da entrada dos militares no poder em 1964, a reforma universitária era a palavra de ordem que reunia os mais preocupados em construir uma universidade comprometida com os interesses populares, que eliminasse a cátedra vitalícia – privilégio inaceitável, ao lado de outros, para todas as lideranças estudantis de expressão na época.

Outra ideia mobilizadora da reforma universitária era a defesa intransigente das *comissões paritárias* que, aos olhos das lideranças estudantis surgia como o mecanismo adequado para implantar a democratização e combater o centralismo e a elitização do ambiente universitário. José Dirceu, presidente da União Estadual dos Estudantes de São Paulo, em 1968, deu a seguinte interpretação aos movimentos que lidera junto aos universitários paulistas:

"Na fase atual em que nos encontramos, trata-se de analisar a passagem da Universidade Arcaica para a Universidade Empresarial, que o governo quer nos impor, e todas as crises que acompanham esta passagem". Em outro ponto de sua análise, Dirceu assinala que "a Implantação da Universidade Empresarial vem acompanhada de uma série de crises na estrutura de ensino: vagas, instalações, dispensa de professores, cobrança de anuidade, etc. São todos fatores de crise ligados em última análise à redução das verbas destinadas à educação que se faria através das Fundações, transferindo o ônus da educação para as indústrias" (*Folha de S. Paulo*, 22 set. 1968, p. 15).

Em outra parte desta mesma entrevista que concede à *Folha de S. Paulo*, abordando o tema das comissões paritárias, assim se expressa José Dirceu:

As comissões paritárias deliberativas, com representação de professores, de alunos e de funcionários, ultrapassarão a fase de denúncia para a fase de aplicação das reivindicações dos estudantes e concretização do tipo de universidade que pretendemos. As paritárias, ainda como meio de se obter alguma coisa, são ótimos instrumentos para mostrar na prática as limitações da sociedade. Se as paritárias forem usadas e conduzidas corretamente, podem propiciar ao movimento estudantil um salto de qualidade em termos de compreensão, em termos de crítica e de denúncia de nossa sociedade (*Folha de S. Paulo*, 22 set. 1968, p. 15).

Numa outra frente de batalha política, os militares que assumem o poder em 1964 tiveram que conviver com proposições formuladas antes desse período, por exemplo, as geradas pelo Instituto Superior de Estudos Brasileiros (ISEB), braço fomentador de ideias que trazia questões relacionadas a desenvolvimento/subdesenvolvimento, dívida externa, capitalismo dependente, entre outros. O ISEB representou, no final dos anos 1950 e início dos anos 1960, importante papel balizador para educadores, artistas, políticos, estudantes, empresários, sindicatos e outros grupos da sociedade que se sentem estimulados a dar, cada qual em sua área de atividade, uma contribuição ao debate político que se multiplica em todas as áreas da vida social, criando a nítida sensação de que o país estava à busca de um novo modelo de sociedade, mais justa, mais democrática e igualitária para todos.

Álvaro Vieira Pinto, na aula inaugural do ISEB, em 1956, indicava algumas questões que deveriam, a seu ver, auxiliar a compreensão da realidade brasileira naquele momento histórico. Para esse autor, envolvido nas atividades do ISEB desde seu início,

A consciência brasileira, em virtude do ponto a que chegou o processo do desenvolvimento material da nação, alcançou aquele grau de claridade que começa a permitir-nos a percepção exata do nosso ser. Ora, observar a transmutação da consciência inautêntica em autêntica é dizer que ela consiste na substituição de um complexo categorial, aquele que caracteriza o estágio do semi-colonialismo, por nova estrutura de ideias, de acordo com as quais se inicia a reinterpretação do Brasil. O reconhecimento dessa metamorfose confirma a natureza do "processo" que atribuímos ao desenvolvimento nacional (PINTO, 1960, p. 29).

A linha de reflexão de Vieira Pinto conclui que "sem ideologia do desenvolvimento não há desenvolvimento nacional".

A busca de novos caminhos – O foco nas inovações

A aprovação da Lei n. 4.024/61 não encerrou a busca pelas transformações do ensino brasileiro, especialmente no âmbito do ensino elementar e do ensino médio. A área educacional participava ativamente dos debates sob o influxo dos pioneiros da Escola Nova,[4] ainda em plena atividade, com Anísio Teixeira à frente do Inep, e com os Centros Regionais de Pesquisa Educacional, sob a direção de muitos educadores reconhecidos nacionalmente. Esse grupo buscava ainda fazer a interface entre as políticas mais amplas, amparadas na Constituição de 1946 e na nova LDB, com as necessidades do cotidiano escolar à busca de alternativas que pudessem melhorar a qualidade do ensino oferecido nas escolas.

Por intermédio de escolas de demonstração, colégios de aplicação, escolas vocacionais, entre outras de caráter inovador – criadas para treinar professores em novas formas de desenvolver o cotidiano educativo e também para capacitar pesquisadores em início de carreira e motivados para o desenvolvimento das iniciativas propostas pela legislação em vigor nos anos 1960 –, muitos educadores consideravam possível transformar o conteúdo e o sentido da educação pela via das inovações pedagógicas.

Essas expectativas, no entanto, a partir da vigência do regime militar, sobretudo no interior dessas instituições de vanguarda, logo foram vistas com enorme desconfiança, e várias interferências tentavam minar o conteúdo transformador das proposições em desenvolvimento.

O tempo mostrou que as escolas públicas, que buscavam esses novos caminhos e estavam situadas em vários estados brasileiros, foram sacrificadas em nome da ordem e de outros pretextos, apesar da garantia expressa nas leis e nos ordenamentos da legislação educacional sobre a liberdade de ensino.

É conveniente lembrar que o estímulo à criação de experimentos educacionais ficou resguardado na LDB – artigo 20, itens a e b da Lei n. 4024, de dezembro de 1961 – ao indicar que a organização do ensino primário e

---

[4] Educadores que, sob a liderança de Fernando de Azevedo, firmaram o Manifesto de 1932 indicando novos rumos para a educação nacional.

do ensino médio deveria atender à variedade de métodos e formas de ensino em razão das peculiaridades da região e dos grupos sociais.

Na mesma linha foi recomendado o estímulo a experiências pedagógicas que pudessem aperfeiçoar os processos educativos. De outra parte, a Lei n. 5692/71, que veio substituir a maior parte dos dispositivos da Lei n. 4024/61, ao estabelecer as linhas de ensino de primeiro e segundo graus, garantiu várias possibilidades de enfoques no currículo escolar, desde que constassem do regimento escolar e estivessem voltadas para o "desenvolvimento das potencialidades do educando, como elemento de auto-realização, qualificação para o trabalho e preparo para o exercício consciente da cidadania".[5]

Em verdade, a reforma de 1971, ao pretender estabelecer normas gerais para o ensino de primeiro e segundo graus, abriu várias possibilidades de experimentação e inovação que não impediram, num primeiro momento, o andamento de atividades em curso, tanto nas instituições privadas quanto nos sistemas públicos de ensino.

Os exemplos das unidades escolares de ensino primário instaladas nos Centros Regionais de Pesquisa Educacional (CRPEs) alimentavam as ilusões de que seria possível melhorar a qualidade da oferta educativa então vigente. Em São Paulo, na Escola de Demonstração da CRPE, com professores treinados previamente, as atividades curriculares contemplavam várias iniciativas dentro e fora da escola e os alunos dispunham de bibliotecas, orientação de estudos e outras atividades que ajudavam a completar o processo formativo.

Os colégios de aplicação[6] passam também a exercer importante papel na experimentação educacional, através da ampliação de serviços oferecidos aos estudantes (orientação educacional, por exemplo) ou mediante a utilização de novas metodologias de trabalho na relação professor/aluno (atividades de "estudos do meio", atividades de teatro, artes plásticas, etc.) que se desenvolviam em várias dessas instituições.

A diretriz básica que orienta as iniciativas dos períodos abrangidos pelas leis n. 4024/61 e 5692/71, com seus vários desdobramentos na organização do ensino de primeiro e segundo graus, tem matriz nitidamente pedagógica, supondo que alterações na forma de organizar o currículo escolar conduziriam à formação de um novo educando, comprometido com um novo conceito de cidadania e de participação social. As atividades de Orientação Educacional/Profissional, por exemplo, buscavam identificar algumas

---

[5] Artigo 1º da Lei Federal n. 5692/71.

[6] Colégios vinculados às faculdades de filosofia ou de educação, onde os futuros professores realizavam estágios supervisionados para complementar sua formação como licenciandos nas várias áreas de conhecimento em que poderiam atuar no magistério.

características pessoais do estudante que poderiam servir para escolhas mais adequadas ao prosseguimento de estudos ou mesmo de inserção em outras atividades, inclusive as profissionais.

Outras experiências de sucesso em São Paulo foram o Grupo Experimental da Lapa, com uma forte sustentação psicopedagógica, e o Colégio Vocacional Oswaldo Aranha, com enfoque direcionado para aspectos de uma formação voltada para a realidade do trabalho como componente integrado à estrutura do currículo desenvolvido na instituição.

Estudos realizados na vigência dessas duas leis que estabeleceram novas orientações para o ensino básico no país revelaram que as aspirações dos legisladores, por melhores que fossem, encontraram várias barreiras na tentativa de melhorar a qualidade do ensino público para toda a população. As instituições privadas souberam aproveitar as proposições das leis n. 4024/61 e n. 5692/71 e implantaram sistemas que melhor atenderam à clientela que buscava essas escolas.

No ensino público, apesar de tudo, ocorreram avanços, com a grande expansão quantitativa do sistema e aprimoramento insatisfatório a respeito da qualidade da oferta educativa. No entanto, como reconhece Bernardete, numa das questões que lhe formulei, a valorização do professor permaneceu como um desafio a ser enfrentado com maior seriedade e responsabilidade social pelos administradores públicos das distintas instâncias de poder.

A rememoração dessas iniciativas pelas quais muitos educadores passaram ao longo desses anos passados (e Bernardete participou diretamente de muitos desses momentos como pesquisadora em início de carreira) permite-nos, hoje, uma avaliação mais equilibrada sobre a temática da inovação.

Talvez os sonhos tenham sido maiores do que as condições que a realidade concreta permitia. O Colégio de Aplicação da USP, o Colégio Vocacional Oswaldo Aranha, o Grupo Experimental da Lapa, para só mencionar as instituições públicas mais em evidência no Estado de São Paulo nos anos 1960, motivaram vários estudos e relatórios sobre as proposições inovadoras que se intentavam nos anos 1960 e 1970.

Análises feitas em razão dessas transformações mencionam que a inovação traz em si uma expectativa muito otimista, mas sua concretude em geral é muito difícil de verificar na extensão e duração que todos gostariam que acontecesse. Na expressão de Maria Amélia Azevedo - hoje docente da USP – após discutir os sentidos envolvidos na definição do termo inovação, que a seu ver carrega falsos dilemas entre ideologia x alienação ou eficiência x eficácia, conclui que, se queremos o melhor para a área educativa não podemos olhar para quantos estamos fazendo. Da mesma forma pondera que necessitamos sempre de eficiência e eficácia na ação concreta. E finaliza, lembrando que em qualquer caso a escolha que fazemos "é e será sempre uma escolha política" (AZEVEDO, 1995, p. 262).

Na mesma linha da reflexão de Maria Amélia Azevedo, Maria José Garcia Werebe, que acompanhou a carreira profissional de Bernardete no Colégio de Aplicação da USP, após avaliar um grande número de iniciativas – tanto na esfera pública e na privada –, conclui que:

> Talvez o maior mérito desses inúmeros projetos e reformas tenha sido o de apresentar um balanço crítico da situação do ensino no país, denunciando suas deficiências e insuficiências, seu caráter elitista, as injustiças diante da marginalização escolar da esmagadora maioria das populações desfavorecidas (WEREBE, 1994, p. 212).

Neste ponto sou obrigado a concordar com Huberman (1976, p. 15) quando afirma que "inovação é um aprimoramento mensurável, deliberado, durável e pouco susceptível de produzir-se com freqüência".

As transformações ocorridas a partir das sucessivas crises que se abateram sobre o Colégio de Aplicação da USP e suas repercussões sobre o funcionamento da Faculdade de Educação da Universidade provocaram divisões irreconciliáveis entre grupos de professores com suas inevitáveis repercussões sobre alunos e inúmeros ex-alunos em início de carreira profissional. Bernardete Gatti, que desenvolvia atividades de pesquisa e estudos no Colégio de Aplicação, sob a orientação de Maria José Garcia Werebe, decide concorrer a uma bolsa de doutorado na França e, a partir daí, inicia novo ciclo de sua trajetória, revelando-se uma profissional competente e respeitada em seu regresso ao Brasil.

Bernardete Gatti no contexto educacional

A atuação profissional como professora de estatística e como pesquisadora permite que Bernardete concilie – de forma bastante proveitosa para ela e para nós que acompanhamos sua trajetória profissional – uma de suas características que ela se permite revelar na entrevista que fiz, quando afirma que sempre teve facilidades para lidar com números e com a busca de interpretações que eles poderiam sugerir quando da discussão de problemas educacionais.

Em verdade, Bernardete soube aproveitar muito bem a dupla jornada que desenvolvia no Colégio de Aplicação (1962-1969) e no Instituto de Matemática e Estatística, da USP, onde teve oportunidade de discutir e aprofundar seus conhecimentos de métodos estatísticos aplicados à pesquisa.

A defesa de seu doutoramento em Psicologia na Universidade Paris VII – Denis Diderot – consolida um processo de formação acadêmica e possibilita seu ingresso na carreira de pesquisadora, em 1971, na Fundação Carlos Chagas. Algum tempo depois, Bernardete assume o posto de coordenadora do Departamento de Pesquisa e mais recentemente é chamada ocupar a função de superintendente de Educação e Pesquisa dessa renomada instituição brasileira, de onde acaba de se aposentar.

Nessa trajetória profissional vitoriosa, Bernardete tornou-se uma referência quase obrigatória em várias iniciativas quer de Secretarias de Educação ou de órgãos federais ligados ao ensino e à pesquisa, como CNPq, Inep e CAPES. Nesses últimos 20 anos de participação em formação e avaliação de grupos de pesquisa e acompanhamento de projetos governamentais de intervenção na realidade educacional, Bernardete também colaborou com instituições como ANPEd, ANPAE, Conselho Estadual de Educação de São Paulo, Associação Brasileira de Avaliação da Educação, Fundação Brasileira para o Desenvolvimento do Ensino de Ciências (FUNBEC), entre outras.

Na PUC-SP teve atuação destacada no período de 1986-2007 como professora do Programa de Pós-Graduação em Psicologia da Educação. As homenagens e os títulos honoríficos que Bernardete recebe em razão de sua importante contribuição à educação brasileira nada mais representam que o reconhecimento nacional da relevância de seu trabalho tanto para a formação de novos educadores quanto para a construção de políticas educacionais consistentes ao longo das últimas décadas.

Para finalizar, gostaria de reafirmar que a construção deste livro teve como eixo condutor análises que buscaram resgatar preocupações de uma geração que acreditava na transformação social apoiada na valorização da educação como política capaz de redimir uma grande parte da sociedade que vivia num plano de cidadania inferior. Essa geração tem em Bernardete Gatti um exemplo referencial que muito engrandece os milhares de professores que hoje, ainda, seguem lutando por uma política educacional de melhor qualidade para todos.

Como complemento adicional e na qualidade de editor da área de educação nos dias de hoje, registro meus cumprimentos à Autêntica Editora pela feliz ideia de editar, da forma como foi concebida esta coleção, a trajetória de educadores importantes do país como Bernardete A. Gatti.

Referências

AZEVEDO, M. A. Inovação educacional: grandezas e misérias da ideologia. In: GARCIA, W. E. (Coord.). *Inovação educacional no Brasil – problemas e perspectivas.* 3. ed. Campinas: Ed. Autores Associados, 1995.

BARROS, R. S. (Org.). *Diretrizes e bases da Educação*. São Paulo: Livraria Pioneira Editora, 1960.

BRASIL. Lei nº 4.024, 20 de dezembro de 1961. Fixa as Diretrizes e Bases da Educação Nacional. *Diário Oficial [da República Federativa do Brasil]*, Brasília, DF, v. 134, n. 248, 20 dez. 1961.

BRASIL. Lei nº 5.692, 11 de agosto de 1971. Fixa diretrizes e bases para o ensino de 1º e 2º graus. *Diário Oficial [da República Federativa do Brasil]*, Brasília, DF, 11 ago. 1971.

DIRCEU, J. Reforma Universitária. *Folha de S. Paulo*, São Paulo, 22 set. 1968. Caderno Especial. p.14

FREIRE, P. Conscientização e alfabetização – uma nova visão do processo. *Estudos universitários – UFPE*, Recife, p. 11, abr./jun. 1963.

HUBERMAN, A. M. *Como se realizam as mudanças em educação – subsídios para o estudo da inovação*. São Paulo: Cultrix, 1976.

PINTO, A. V. Ideologia e desenvolvimento nacional. *Textos brasileiros de filosofia – MEC/ISEB*, Rio de Janeiro, n. 4, p. 28-29, 1960.

TEIXEIRA, A. Comentário à lei aprovada: meia vitória, mas vitória. *Educação no Brasil*. 2. ed. São Paulo: Nacional, 1976. (Atualidades Pedagógicas, v. 132.)

TEIXEIRA, A. *Educação não é privilégio*. São Paulo: Cia. Editora Nacional, 1957.

WEREBE, M. J. *30 anos depois – grandezas e misérias do ensino no Brasil*. São Paulo: Ática, 1994.

WEREBE, M. J. *Grandezas e misérias do ensino no Brasil*. 4 ed. São Paulo: Difel, 1970.

WEREBE, M. J. *Grandezas e misérias do Ensino no Brasil*. São Paulo: Difusão Européia do Livro, 1961.

Entrevista ■

Experiências, estudos, ideias

■ **Fale sobre suas lembranças enquanto criança e aluna nos primeiros anos de estudo. O que sobrou de importante dessas lembranças?**

Minha primeira lembrança escolar é da pré-escola da Dona Cata, lá em Matão, cidade do interior do Estado de São Paulo, pequena na época, onde nasci. Fui para a escolinha da Dona Cata com quatro anos de idade, sem que meu pai ou minha mãe soubessem – descobriram dois meses mais tarde. Fui uma vez com meus primos e lá fiquei, aí passei a ir com eles todos os dias. Dona Cata era um doce, mas ao mesmo tempo enérgica, cabelinhos brancos, e punha a criançada pra fazer coisas o tempo todo, sem usar gritos. Minhas lembranças dessa época são muito boas, porque, ali, ouvíamos histórias, contávamos histórias, fazíamos teatrinhos, bordávamos tapetes (em grupos, juntos, meninos e meninas, um de cada lado do tecido fazendo "ponto cruz"), fazíamos brincadeiras, tomávamos contato com as "letras", rabiscávamos, desenhávamos livremente. Na verdade eu já lia nessa idade. Na minha casa tinha-se o hábito de ler o jornal, e eu "lia" o jornal com o meu *nonno* (avô), ia apontando letras, juntando letras. Minha *nonna* (avó) lia algumas matérias em voz alta, soltando exclamações, comentários. Éramos quatro irmãos nesse período, depois veio uma quinta irmãzinha. Havia os afilhados de meu pai e de minha mãe, mais os primos. Enfim, casa cheia. Quando entrei no primeiro ano primário, já sabia ler e escrever muito bem, e Dona Dalva, minha professora, era uma professora rigorosa, que passava tarefas, corrigia tarefas e nos ensinava a escrever com correção, sem exatamente ser agressiva ou ser compulsiva. Foi uma experiência muito boa. A escrita ficou associada a narrativas, a contagens de coisas, de histórias fantásticas, de histórias de fada. Esse lado, acho que me marcou muito, muito no desejo que despertou em mim de procurar estar fazendo sempre leituras, de procurar leituras. Eu ia ler na casa de uma amiga, a Íride, filha do farmacêutico, porque eles tinham uma pequena biblioteca. Ali, li quase todos os volumes do Tesouro da Juventude. Atraía-me o *Livro dos porquês*. Não tenho desse período lembranças duras, lembranças tristes. Felizmente, acho que tive uma entrada escolar suave, alegre, uma entrada escolar que me permitiu não ter medo do estudo. A pessoa que mais me marcou no meu primário foi a minha professora de 4ª série, a Dona Neli. Ela era uma pessoa séria, uma pessoa culta, que sabia conversar com os alunos numa linguagem tranquila e também soube nos iniciar não só nos conhecimentos de Língua Portuguesa, de Geografia, de História, de Ciências, mas também de Matemática, com uma clareza, uma capacidade de nos explicar as coisas de modo simples; tinha paciência para repetir quantas vezes fossem necessárias as resoluções dos problemas. Se os alunos continuassem perguntando, ela continuava respondendo e procurando sempre alternativas de resposta. Tinha didática, percebia-se que planejava as aulas, os trabalhos, os exercícios, que nos eram devolvidos com comentários, ou eram resolvidos conjuntamente em sala de aula.

■ **Creio que todos nós que escolhemos a área de Educação tivemos alguém que influenciou decisivamente nos primeiros anos de vida escolar. Foi assim o seu caso? O ingresso no magistério foi casual ou uma necessidade prática? Você teve alguém que a orientou nas escolhas que fez? Como foi sua trajetória para o campo da Educação?**

Foi uma conjunção de fatores. Nunca pensei em ser professora, mesmo em pequena. Era tímida demais. A área da Educação não me atraía. Fiz Escola Normal Estadual porque em Matão, onde eu morava, não havia o científico ou o clássico [nomes do ensino médio de então]. Foi um curso muito bom, com ótimos professores, recém-concursados, vinham de cidades maiores, com outra cultura. À noite fiz ao mesmo tempo o curso técnico em Contabilidade, onde aprendi um pouco mais de Matemática, Física e Química no ano básico. No Normal, fugi o que eu pude de dar a aula prática no Grupo Escolar, que era a praxe para as aulas de Prática de Ensino. Consegui, sei lá como, ir levando até o último ano do Curso Normal sem dar nenhuma aula no Grupo Escolar, que era vizinho da Escola Normal. Quando a professora de Prática de Ensino verificou que eu nunca tinha preparado nem dado uma aula, não escapei. Então, dei uma aula no último mês do curso, no final do 3º ano Normal, e escolhi a 4ª série para dar uma aula de História (achei que não saberia lidar com o 1º ano). Estava aterrorizada, valia nota, mas acabou sendo uma boa experiência para mim com os alunos. Mesmo assim, eu não sonhava em vir a ser professora, eu não me via como professora, embora nas condições daquela época talvez eu não tivesse outra saída, porque eu teria de pensar em meu sustento. Queria fazer curso superior. Naqueles anos isso era raro, ainda mais no interior. Tive informação pelo jornal que a Anderson Clayton estava oferecendo bolsas para estudantes frequentarem universidade.

Escrevi para o endereço indicado candidatando-me a uma bolsa para Economia. A resposta foi que eles não concediam bolsas para mulheres. Foi quando, conversando com um amigo de meus irmãos, que fazia Pedagogia na Universidade de São Paulo, ele me falou entusiasticamente sobre o curso.

Naquela época, final dos anos 1950, o curso era ainda muito impregnado de disciplinas de Psicologia. Não havia ainda o curso de Psicologia separado, e achei que gostaria de fazer o curso de Pedagogia, mas não para exercer o magistério na Escola Normal – porque a Pedagogia formava professores para trabalhar na Escola Normal –, e sim para trabalhar com Psicologia. Tive na Escola Normal uma maravilhosa professora de Psicologia, competente, didática, exigente, cujo ensino me marcou muito, como também havia sido marcada intelectualmente pelos meus professores de Matemática e História no ginasial. Meus pais aceitaram minha escolha. Apenas não poderiam arcar com uma instituição particular. Então, eu teria de tentar a USP, única opção de universidade pública naqueles anos. Meu pai e o padre Amador me levaram para São Paulo depois da formatura e do Ano-Novo. Fiquei em um pensionato de freiras indicado pelo padre Amador, pelo qual me senti apoiada. Assim, fiz o vestibular na USP logo que me formei; não fiz cursinho, estudei sozinha por um mês o extenso programa. Havia exame escrito e exame oral. Surpreendentemente, para mim e para todos, passei. Uma caipira na USP. Não faltaram críticas na cidade quanto à minha ida para São Paulo. Mas tive o apoio de meus pais e do padre Amador – um padre jovem, cheio de ideias. Entramos apenas 16 no curso, naquele ano em que quase 300 candidatos concorreram. Pude ficar em São Paulo porque já tinha minha cadeira na escola estadual, no primário, porque ganhara a "Cadeira Prêmio" como primeira aluna da turma no Normal. Isso garantiria meu sustento. Depois do pensionato, morei na Casa da Universitária, onde tive uma ótima convivência com estudantes de várias áreas e onde fiz amizades duradouras. O curso me surpreendeu e ao mesmo tempo me encantou. Os professores eram exigentes. Nós tínhamos Matemática, Biologia, Estatística (mais dois anos além da Matemática), muita Filosofia, História da Educação e Psicologia em todos os anos. A maioria dos textos era em francês ou inglês. Francês eu lia um pouco, mas lá fui eu aprender inglês e melhorar meu francês. Não tinha choro. Fui me encantando com o curso, mas sempre pensando que gostaria de fazer outra coisa, e foi assim que eu também fui fazer uma parte do curso de Matemática quando estava terminando o curso, porque gostei muito de Estatística e me saía muito bem nas provas, e, saía-me muito bem ensinando colegas ao estudar com elas.

Então comecei a fazer o curso de Matemática também, pensando numa alternativa profissional, que eu não sabia bem o que seria. O que ocorreu foi que logo fui convidada a dar aulas de Matemática à noite em um ginásio estadual. E lá fui eu. Precisava pensar na minha manutenção, pois queria ficar em São Paulo. Ao final do curso retomei a minha cadeira no Estado, porque estive um tempo em licença remunerada para fazer o curso de Pedagogia. Lá fui eu dar aula para uma classe de 3º ano, na escola para filhos dos leprosos, no leprosário em Carapicuíba, da qual me removi para a escola estadual do Parque Bristol, em São Paulo, onde assumi classe de 1º ano. Considero o trabalho de alfabetizar o mais difícil e o mais gratificante. Pela manhã eu lecionava no primário, à tarde eu fazia na Universidade de São Paulo disciplinas de especialização, tanto na área de Orientação Educacional como na área de Estatística, na qual me aprofundei em planejamento de experimentos, análise fatorial e coisas similares. Não havia a pós-graduação como hoje. E, à noite, dava minhas aulas de Matemática no ginasial. Um dos meus professores de História da Educação, Roque Spencer Maciel de Barros, ao me dar o livro de sua livre-docência, recém-defendida, na dedicatória escreveu: "... sentindo que tenha escolhido a Estatística".

Na verdade, fiquei com o pé em duas canoas: um na área de Estatística e outro na área de Orientação Educacional. Fui convidada a trabalhar no Colégio de Aplicação da USP, como orientadora educacional, à tarde. No setor de Orientação Educacional realizávamos também estudos. Foi quando comecei a estudar questões da Psicologia Social, aprofundar em Psicologia do Desenvolvimento, no sentido de melhor poder trabalhar com os alunos. Essa dupla face vai me acompanhar por longo tempo na minha vida. Vai ser a marca de toda a minha trajetória. Nesse ínterim, fui convidada, também para ser professora na Universidade de São Paulo, em tempo parcial, no Departamento de Estatística, que então se situava na Faculdade de Filosofia, Ciências e Letras, na Rua Maria Antônia. E assim eu ingressei lá, inicialmente como auxiliar de ensino, e depois eu fui fazendo a minha carreira. O convite era explícito para eu me dedicar não propriamente a ser uma estatística matemática, mas para desenvolver uma formação aplicada, em especial para as Ciências Humanas, porque era muito difícil encontrar um profissional que quisesse fazer essa dupla ligação. O convite veio por intermédio do Prof. José Severo de Camargo Pereira. A ele devo grande parte de minha formação em estatística e também minha forte iniciação em processos de investigação científica. Fiquei inicialmente como sua auxiliar nas aulas para o curso de Psicologia, que então tinha sido aberto, e como auxiliar do Prof. Nagib Lima Feres nas Ciências Sociais. Um grupo jovem de professores tinha entrado recentemente para o Departamento. Juntei-me a eles, que, aliás, me receberam muito bem. Preparava com eles as aulas, me davam dicas, me ensinavam. Devo tanto ao Clóvis, ao Ari, ao Wilton, ao Canton! Com Nagib, grande amigo, escrevi depois um livro de iniciação à Estatística para Ciências Humanas. No ano seguinte, assumi o curso de Estatística I e II no curso de Pedagogia.

Com meu contrato definitvo na USP, desliguei-me do cargo no Estado no primário e deixei as aulas de Matemática no ginasial. Virei professora e gostei de ser professora, embora sempre sentindo um certo "terror" antes de entrar em sala de aula. Então, tendo me desligado da minha cadeira efetiva na rede estadual e tendo ficado na Universidade de São Paulo, no Departamento de Estatística, em turno completo, tempo parcial, completava o meu trabalho no Colégio de Aplicação, no Setor de Orientação Educacional. Um pé na Estatística, um pé na Educação, na Orientação Educacional, à época com forte enfoque da Psicologia.

E foi a partir de cursos que fiz para aperfeiçoamento, propiciados pela Profa. Maria José Garcia Werebe, coordenadora do setor e professora na USP, que fui estudando o que havia de ponta na área. Foi quando, ao fazer um curso com o Prof. Paul Arbousse-Bastide, da Universidade de Rennes, na França, fiquei muito interessada nas fundamentações teóricas que ele nos trazia na área de Psicologia Social e Dinâmica dos Grupos. Recebi dele, ao final do curso, convite para ir estudar na França. Nesse momento se colocou um dilema, porque isso não tinha nada a ver com o Departamento de Estatística da Universidade de São Paulo, onde eu também trabalhava. Coloquei a questão ao Departamento e acabaram por me fazer uma proposta: que eu poderia aceitar o convite para ir estudar na França desde que associasse alguns cursos de Estatística e Tratamento de Dados aos cursos que eu viesse a fazer nas área da Psicologia e da Educação. Com o convite e a anuência do Departamento e do Setor de Orientação Educacional e o grande apoio e estímulo da Profa. Mariinha Werebe – a quem tanto devo –, obtive uma bolsa do governo francês, inicialmente para fazer um conjunto de disciplinas indicadas pelo Prof. Arbousse-Bastide. Obtive também um pequeno auxílio de apoio da CAPES. Depois, já na França, essa bolsa se transformou numa bolsa de doutorado, quando, bem-sucedida nos cursos que eu fazia, os créditos foram revalidados e eu me encaminhei, então, para o doutoramento na área de Psicologia. Tendo iniciado meu curso na Universidade de Rennes, fui então para a Universidade de Paris –VII, para onde meu orientador, o Prof. Arbousse-Bastide, havia sido promovido. Meu foco de tese seriam os processos educacionais. Nesse período também fiz várias disciplinas associadas à Estatística – frequentei um laboratório inovador em análise de dados descritivos e fiz cursos de matemática aplicada. Nesse período consolidei o tripé de minha formação Educação, Psicologia e Estatística.

■ E sua tese de doutorado? E a volta ao Brasil?

Elaborei a parte teórica e vim ao Brasil por um ano para fazer a pesquisa para a tese. Ela se baseava no trabalho que fazíamos com grupos de alunos, adolescentes, no Colégio de Aplicação da USP. Usei no trabalho uma metodologia nova em sua dinâmica, baseada em Carl Rogers, tendo como foco assuntos da atualidade que os alunos escolhiam. Era final dos anos 1960. A esperança em uma democracia quebrada pela ditadura militar. Esquerda e direita se confrontando também na universidade. Muita efervecência estudantil, muita polarização política, a bossa nova, o movimento hippie, a Jovem Guarda, a Tropicália, o AI-5. Havia as questões próprias à vida dos adolescentes também, como pessoas. No Colégio pretendíamos alimentar o espírito da democracia, o respeito às diferenças, a autonomia de pensamento – o Colégio será invadido pela polícia. Tínhamos discussão em grupo uma vez por semana. A duração era de uma aula. Minha questão era se haveria mudança em atitudes e valores dos adolescentes com o trabalho realizado, e quais seriam. Usei uma escala desenvolvida pelo próprio Carl Rogers, com autorização dele. Apliquei-a antes de iniciar o trabalho com os alunos e ao final. Fiz o relato de todas as discussões, logo após o término de cada uma, quando a memória da dinâmica estava ainda bem viva. Também me apoiava em anotações breves que fazia no curso dos debates.

A análise dos dados foi qualiquantitativa. A qualitativa apoiou-se na dinâmica das sessões, as falas, as trocas e suas sequências, as eventuais conclusões tiradas pelos alunos no correr do ano, o conjunto dinâmico do trabalho desenvolvido. A análise quantitativa foi feita com os resultados da escala aplicada, fazendo associações com as análises qualitativas. Usei um modelo de análise de variância bastante complexo, em que tive de criar e demonstrar algumas passagens pouco ortodoxas. O conjunto analítico foi interpretado à luz de teorizações da psicologia social aplicada a processos formativos. A tese foi uma conjunção da área educacional, com a Psicologia e os dados quantificados. Com isso, consegui, no meu doutorado, juntar as diferentes faces do conhecimento que eu vinha construindo. Terminada a pesquisa, voltei para a França e, tendo defendido o doutorado, retornei ao Brasil e reassumi o meu trabalho no Departamento de Estatística da USP, mas não no Colégio de Aplicação, porque naquele momento, quando voltei, o Colégio de Aplicação já havia sido desintegrado em seu currículo, tinha sido invadido pela polícia, a Faculdade de Educação havia desativado setores e equipes que lá trabalhavam, especialmente a equipe da área de orientação educacional. Foi nesse momento da minha volta que recebi um convite, do professor José Pastore e da professora Aparecida Joli Gouveia, para ser pesquisadora da Fundação Carlos Chagas. Havia pouquíssimos doutores no Brasil, e a Fundação estava constituindo um Departamento de Pesquisas Educacionais. Tive então uma entrevista com o professor doutor Adolpho Ribeiro Neto, que era o presidente da entidade. Descobrimos que ambos tínhamos feito o doutorado muito jovens para o padrão dessa época. Tivemos afinidade, ele era titular de Estatística na Faculdade de Veterinária da USP. Após a troca de ideias e análise de minha proposta de pesquisa, ele confirmou o convite para a Fundação Carlos Chagas. Aceitei feliz, porque vi ali a oportunidade de continuar sendo interdisciplinar, o que via ser difícil na departamentalização da USP. Logo em seguida fui contratada, por 20 horas semanais, como pesquisadora para os quadros que iniciavam o Departamento de Pesquisas da Fundação Carlos Chagas. Lá estavam Ana Maria Poppovic, Maria Amélia Goldberg, Carmen Barroso, Nícia Bessa, Heraldo Viana e Lólio L. de Oliveira. Bom, a partir desse momento a minha vida profissional passa a ser dividida entre a Universidade de São Paulo e a Fundação Carlos Chagas, com algumas passagens esporádicas pela PUC-SP como professora convidada eventual para ministrar algumas aulas, às vezes de Estatística, às vezes de Metodologia da Pesquisa para os alunos dos mestrados (que também estavam se iniciando). O Prof. Joel Martins, que me fazia esses convites, veio a ser um bom amigo e inspirador. Devo lembrar também que meus estágios pós-doutorais ajudaram-me ainda mais nos aprofundamentos teóricos e em metodologia da pesquisa.

Nesse período pós-volta ao país, nos fins de semana (não todos) e às vezes à noite, participava do GEPSA, Grupo de Estudos em Psicologia Social, que estudava questões de dinâmica dos grupos, teorias sociopsicológicas, desenvolvia dinâmicas e oferecia alguns cursos, realizando trabalhos para a área de recursos humanos de empresas. Depois de um tempo, deixei o grupo, optando por aprofundar-me mais nos processos de investigação científica e dedicar-me de vez à problemática da educação.

Nesse trajeto todo, cheio de meandros, tive, então, a influência do meu conterrâneo, Alcides Akiau, para escolher o curso de Pedagogia, e acreditar que eu poderia fazê-lo, e tive influência extremamente forte tanto do professor Severo como da professora Mariinha, no firmar as minhas convicções, quer na direção do meu desenvolvimento como pesquisadora, quer no pensar os problemas educacionais, problemas tão graves que nós vivenciávamos naquele período. Não posso deixar de citar o papel do Prof. Paul Arbousse-Bastide, que, com paciência e presença, me encaminhou em meu doutorado. Sobretudo, devo-lhe a orientação para o aprofundamento em leituras da Filosofia, Psicologia Social e Sociologia, que foram preciosas não só para minha tese mas também para a minha vida profissional. Muito me ajudou em aprender a fazer uma boa redação em pesquisa.

Quero destacar que, durante o meu curso de graduação, eu já via a possibilidade de trabalhar com grupos de pesquisa desde o meu primeiro ano. Participei de alguns pequenos projetos, com professores da Psicologia do Desenvolvimento ou Educacional, da Psicologia Experimental e com professores da área da Educação Comparada e da Orientação Educacional.

Além do Prof. Severo, tive iniciação à pesquisa com a Profa. Carolina Martuscelli Bori na disciplina que nos oferecia. Participei de pesquisa de grande porte na equipe do Prof. Arrigo Angelini e na equipe da Profa. Maria José Werebe. Então, tive oportunidade de aprender na prática questões de método, de utilizar o que aprendia sobre tratamento de dados estatísticos e de participar de discussões com os professores, pesquisadores experientes. Isso me levou a ler e estudar muito. Havia também o estímulo cultural do ambiente USP, o nível das conversas, etc. Enfim, era uma dedicação grande, mas havia espaço para o social, o Grêmio da Maria Antônia, as festas na Casa da Universitária, o cinema, etc. Mas essa dedicação trouxe frutos e trouxe também muitas amizades, companheiros de iniciação à pesquisa. A Profa. Carolina Martuscelli Bori sempre primou por deixar em nossas mentes a ideia de que a pesquisa tem que ter um método e que a pesquisa tem que garantir de alguma maneira que a explicação ou a compreensão a que se chegue seja sólida, bem-fundamentada em dados.

Enfim, na minha vivência, acho que tive grandes oportunidades de conviver com profissionais fortes em suas áreas, bons na pesquisa e no trabalhos do ensino que elas desenvolviam. Ao começar a lecionar no ensino superior, levei a experiência que tive didaticamente na educação básica, mas também a observação e imitação de alguns dos meus professores na universidade. Nos primeiros anos, acho que fui uma professora um tanto dura, fazendo muitas demonstrações em aula. Mas logo isso foi passando, e eu fui aprendendo que meus alunos de Estatística, que eram da área de humanas, precisavam mais de conceitos do que de demonstrações, de mais exemplos, de exercícios orientados e de alguma prática: buscar dados brutos e ver como eles se transformavam, com algum tratamento estatístico simples, em alguma coisa mais burilada e interpretável – como uma pedra bruta que você vai lapidando e a vai transformando, dela tirando sentido. Percebi que precisavam dessas experiências e precisavam ter problemas associados às próprias experiências ou aos desejos profissionais que tinham, e assim fui desenvolvendo outra forma de dar aula na disciplina Estatística com esse tipo de alunado. Nesse momento, acho que me transformo realmente numa professora universitária. Minha formação na Escola Normal e minha experiência no ensino fundamental me ajudaram muito a poder trabalhar melhor com os alunos do ensino superior. Até hoje, algumas pessoas dizem que eu realmente pareço uma professora de crianças, porque dou aulas e falo com muita clareza. Bom, procuro embasar e articular as coisas que falo, procuro dar um sentido claro para aquilo que falo e faço, nas minhas palestras, nos meus cursos, no que escrevo. Acho que isso vem da minha experiência com as crianças, com quem eu tinha que me relacionar num plano de compreensão próprio a elas, com concretude e simplicidade.

■ Gostaria de sinalizar ou enfatizar outras marcas em sua formação e suas experiências profissionais?

Voltando um pouco atrás, eu gostaria de sinalizar algumas coisas. Primeiro que, no meu ginasial, que hoje corresponderia ao período da 6ª à 9ª série, tive dois professores que me marcaram muito, o de Matemática, Dr. Walter, e meu professor de História, o Prof. Raul. Doutor Walter era um didata, trabalhava sempre com problemas e nos enchia de tarefa para casa, que ele conferia em todas as aulas. Com isso, poderíamos ir fixando a matéria passo a passo e fazendo revisões. O Prof. Raul tratava a história transversalmente no espaço e sequencialmente no tempo; por exemplo, o que ocorria no período da descoberta do Brasil em várias partes do mundo, o que ocorrera um século antes e quais as consequências da chegada de Cabral ao Brasil, as determinações, o durante e o depois. Na Escola Normal, além da professora de Psicologia, que também dava Prática de Ensino, a professora de Sociologia abriu-me horizontes imensos. Na época, escola estadual era sinônimo de escola forte, exigente. Também gostaria de falar da Casa da Universitária, onde morei no período em que fiz a graduação. Morei na filial, na Rua Abílio Soares. Havia a matriz perto do palácio do cardeal. Essa casa reunia universitárias cujas famílias eram do interior. Éramos uma pequena comunidade, de certa maneira apoiada pelo cardeal de São Paulo. O padre responsável pela JUC [Juventude Universitária Católica] nos visitava com frequência. Mas as duas casas tinham cada uma sua autonomia: organizávamos as finanças, administrávamos o funcionamento da casa, tínhamos regulamentos, uma presidente, uma secretária e uma tesoureira, que eram eleitas a cada período. Fui tesoureira e depois presidente da Casa da Universitária. E esse ambiente da Casa da Universitária me ajudou muito, a me abrir mais, a compreender coisas variadas e aprender a conviver com pessoas de culturas, linguagens e valores bem diversificados. As meninas faziam todo tipo de curso, ou na Universidade de São Paulo, ou na PUC São Paulo, ou no Sedes Sapientiae. Eram colegas que faziam Letras, Matemática, Medicina, Arquitetura, Engenharia, Pedagogia, Ciências Sociais, etc. Conversávamos muito, nos ajudávamos. Esse contato intenso, diversificado, por vários anos, com estudantes que liam muito, que faziam poesias, que tocavam violão, cantavam e que discutiam, trocando experiências pessoais e de estudo, foi um enriquecimento sem paralelo. Foi um ambiente muito interessante, porque, ao mesmo tempo que era um ambiente apoiador, era um ambiente desafiador. Estávamos nos anos 1960. As mulheres começavam a se alçar ao ensino superior e em universidades de alto nível. Esse ambiente contribuiu muito para os meus estudos e minha vida, meus valores. Ficávamos até madrugada, muitas vezes estudando bastante, mas... muitas vezes conversando, jogando baralho, tocando música, fazendo serenata e criando improvisos. Foi um ambiente importantíssimo para minha ampliação cultural e o contato com os variados conhecimentos, o que me possibilitou, assim, abrir as minhas perspectivas sobre as estruturas do conhecimento humano e as heterogeneidades entre as pessoas. Ali comecei a firmar a ideia de que a ciência não era una, tomando contato mais direto com variadas linguagens científicas, variados tipos de problemas que essas linguagens e essas áreas colocavam, e, como se pensava de modo lógico muito diferente, conforme a área e natureza do assunto. Creio que essa vivência, aliada a um curso com professores exigentes, foi extremamente importante, e eu gostaria de deixar registrado isso. Essa "formação social" se ampliou quando fui morar na Cidade Universitária da USP, já formada em Pedagogia, fazendo especialização e ainda a Matemática. Ali vivi a intensificação das lutas políticas, a luta dos estudantes contra a ditadura militar, o cerco dos militares e a tomada do conjunto residencial. Muitas prisões, muita mentira na mídia, muita ajuda a colegas em fuga das blitz constantes.

Na esteira de experiências importantes, assinalo o choque cognitivo que vivenciei quando comecei a trabalhar no Departamento de Pesquisas Educacionais da Fundação Carlos Chagas, onde comecei a conviver com *seniors* em pesquisa, pessoas já renomadas, e eu, recém-doutorada, tendo que apresentar e defender meu projeto de pesquisa, depois os dados, orientar bolsistas, discutir os projetos dos demais; senti nisso tudo um desafio que parecia estar acima de minha competência. Nosso coletivo tinha reuniões e discussões periódicas e constantes sobre as pesquisas e tinha também seminários teóricos de formação. Foi então que consolidei, em grande parte, minha formação – embora essa consolidação sempre estivesse em questão e em mudança dinâmica até hoje. Tudo em minha vida profissional veio me mostrando que "uma andorinha sozinha não faz verão". São essenciais grupos de referência e troca para a construção de conhecimentos e competências, para a atuação social e política. Do ponto de vista profissional, sem dúvida, foi fundamental a convivência em grupos onde as análises críticas eram possíveis, construtivas, sugestivas, com propostas, com contribuições diversas, onde existiam ideias diferenciadas, em que os embates, embora duros intelectualmente, levavam a novas buscas. A Fundação Carlos Chagas propiciou para mim esse ambiente e essas oportunidades reais e de suporte à minha carreira profissional, na instituição e fora dela.

A associação de meu trabalho na Fundação com minha posterior contratação pela PUC-SP no Programa de Pós-Graduação em Psicologia da Educação foi o que permitiu minha participação mais intensa nas questões da política científica na área educacional e em políticas mais gerais para a

Educação. Não assumi cargos em governos. Minha atuação se deu via participação em comissões, conselhos e assessorias. Ir trabalhar na PUC-SP, não como visitante eventual mas como docente contratada na pós-graduação, foi outro fator importante para minha vida como profissional da Educação. Eu me aposentei muito cedo na Universidade de São Paulo porque contou para isso todo o meu tempo de professora primária. Ingressei com 17 anos no magistério e então acabei podendo me aposentar muito cedo no Estado. Desejei isso para poder me dedicar mais completamente à área da Educação. A vivência na PUC-SP, no programa de Psicologia da Educação, abriu-me novas perspectivas, em um momento em que eu estava, vamos assim dizer, mais "madura" no meu desenvolvimento como professora e pesquisadora. O enriquecimento veio do contato mais intenso com maior número de alunos de mestrado e doutorado, com os desafios e as questões que colocavam para o desenvolvimento de seus projetos de pesquisa e nas aulas. As questões relativas às metodologias de pesquisa tomaram uma dimensão maior para mim, e novos desafios científicos se apresentaram, oriundos dos métodos qualitativos – escolha predominante dos estudantes em seus trabalhos, e abordagem predominante no campo da pesquisa em Educação. Não poucos desafios epistemológicos foram colocados, assim como questões relativas à obtenção de dados nas realidades socioeducacionais, com um mínimo de confiabilidade.

■ Quais participações destacaria?

Começo lá atrás, durante a minha estada no Brasil para a realização da pesquisa de doutoramento. Fui convidada a participar de um grupo que estava encarregado de estruturar, para a Secretaria Municipal de Educação de São Paulo, a proposta de uma escola inovadora que pudesse servir de modelo para a rede. O próprio secretário participava do grupo. Mais uma oportunidade de aprendizagem. A escola foi planejada como uma escola de oito anos, integrada, com tempo integral, e um currículo proposto em eixos articuladores interdisciplinares. E assim foi implantada e desenvolvida pela Secretaria Municipal de São Paulo: o IME, Instituto Municipal de Educação, na Rua Humaitá. Uma inovação à época. Há um artigo publicado, escrito pelo grupo, que detalha o modelo que foi realizado. Anos depois, essa escola, em vez de servir de modelo para a rede e de a experiência ser implementada em outras escolas, foi reestruturada como as demais. Outra experiência relevante para mim foi participar da implantação do mestrado em Educação na Universidade Federal de São Carlos, por um convênio feito entre a Universidade e a Fundação Carlos Chagas. Nesse projeto foram integrados vários pesquisadores da Fundação, por três anos, e teve a participação fundamental do Prof. Dermeval Saviani, que era recém-concursado na instituição. Algumas inovações foram propostas nesse mestrado, por exemplo, uma disciplina de Solução de Problemas. Depois o mestrado seguiu seu curso.

Entre outras participações, a partir dos anos 1980, pude integrar a Comissão Consultora da área de Desenvolvimento Social e Educação do CNPq (setor que não existe mais nesse órgão), com Célio da Cunha e Walter Garcia à frente. Foram estimulados e apoiados vários projetos inovadores em regiões diversas do país; logo depois, fui eleita e reeleita para o Comitê Científico da Área de Educação do CNPq, recém-criado como área independente, do qual fui presidente por três anos. Reformulamos critérios de concessão de bolsas e auxílios, participamos da definição de algumas políticas do órgão através do conselho dos presidentes de área, lutamos pela ampliação de verbas e bolsas, triplicando as concessões. Aqui, a maior aprendizagem foi entender onde de fato os financiamentos estavam sendo alocados e lutar por maior parcela para a Educação. Amadureci muito em questões de avaliação ao participar da Comissão de Avaliação da CAPES, e, na sequência, ao ser eleita presidente de Área (em substituição ao colega Carlos Roberto Jamil Cury), pude conhecer melhor a realidade das universidades federais e do ensino superior no país. Esse foi um período de expansão dos mestrados e da implantação de vários doutorados e também de mudanças que introduzimos nos processos avaliativos dos cursos. Havia maior independência para isso dentro das áreas. Muitas discussões e reflexões com os coordenadores de programas de pós-graduação nas reuniões da ANPEd, trocas *in loco* com os vários cursos, especialmente os do Nordeste.

Muito enriquecedora foi minha participação na concepção, com outros pesquisadores, do Projeto de Intercâmbio entre Pesquisadores de Educação, para CNPq, FINEP, ANPEd, Inep e CAPES, nos anos 1980, que foi sediado pela Fundação Carlos Chagas e o qual passei a coordenar até o seu término, oito anos depois. O primeiro ano de coordenação do projeto tinha sido exercido pelo Prof. Lólio Lourenço de Oliveira. Há um artigo de minha autoria na *Revista Brasileira de Educação* (n. 30) sobre esse projeto que marcou a nucleação de vários grupos de pesquisa em todas as regiões do país. Outra experiência importante foi a elaboração, com o Prof. Heraldo Marelim Vianna, a convite do Ministério da Educação, dos primeiros ensaios de avaliação de desempenho escolar em redes de ensino, o que me propiciou discutir problemas de aprendizagem escolar com várias Secretarias de Educação, com professores e sindicatos de professores. Essas experiências também estão publicadas. Não havia aí a ideia de *rankings* nem de comparações. O foco era a compreensão e a inspiração de alternativas de ensino. Como sabemos, esses processos caminharam em outra direção. Também minha participação no Conselho Estadual de Educação, ao final da década de 1990, primeiro como membro, logo depois como presidente da Câmara de Ensino Superior e em seguida como presidente do Conselho Estadual, acrescentou aprendizagens ricas sobre o aparato normativo e suas consequências, os problemas das redes, de alunos, de professores, dos cursos superiores estaduais e municipais, suas condições. Todos os tipos de questões eram levadas ao Conselho. Muitos embates. Participei com meus colegas de Conselho da reformulação de todas as normas à luz da nova Lei de Diretrizes e Bases da Educação, da organização de audiências públicas, de discussões na Assembleia Legislativa de São Paulo, com os sindicatos, com os gestores e os professores em várias regiões do Estado, com as universidades. Deliberações importantes foram elaboradas, por exemplo, sobre os ciclos e a progressão continuada, a educação infantil, a educação profissional, as novas condições para credenciamento e reconhecimento de cursos superiores estaduais e municipais, sobre os estágios, e também para a avaliação desses cursos, entre outras. O sistema de avaliação de cursos de nível superior no Estado foi realmente inovador à época, pois previa a autoavaliação e a avaliação de pares. O Fórum Nacional de Conselhos Estaduais de Educação foi um importante espaço para discutir dificuldades específicas que a legislação trazia e para partilhar e discutir, de um lado, com o Conselho Nacional e, de outro, com o Fórum Nacional de Conselhos Municipais de Educação, muitas questões de política educacional. O problema da articulação entre os três níveis de gestão educacional, prevista na LDB, foi assunto de discussões candentes, mas sem consenso e sem uma proposta clara. Ficou em aberto. As dificuldades político-partidárias eram muito grandes. Concomitantemente tive minha participação constante na ANPEd, quer apresentando trabalho, quer sendo convidada a apresentar trabalhos especiais, quer atuando em vários momentos em comitês, especialmente contribuindo para a elaboração de diversos documentos analíticos e propositivos sobre a pós-graduação *stricto sensu* e a avaliação da produção em pesquisa no Brasil. Sob essa ótica fiz vários estudos em diferentes ocasiões, até recentemente, mas tudo começou com minha indicação pela ANPEd para fazer a segunda avaliação da produção científica da área para o CNPq, em 1982. A primeira havia sido feita pela Profa. Aparecida Joli Gouveia. Experiências em algumas comissões internacionais também contribuíram para a ampliação de perspectivas relativas à nossa situação educacional. Onde aprendi muito? Dando aulas, tendo que refinar e renovar constantemente as abordagens e a bibliografia, atentando para as questões colocadas pelos alunos, pesquisando sempre.

▣ **Você é reconhecida como alguém que identifica com rara habilidade as questões educativas e a tradução delas em problemas de investigação bem articulados. A sua facilidade em trabalhar com dados quantitativos ajudou nisso? Como surgiu essa habilidade?**

Primeiro, obrigada por sua consideração. Penso que toda experiência que eu vim narrando nesta entrevista mostra como eu tive a oportunidade de vivenciar a pesquisa na universidade com professores-pesquisadores experientes. Acho que, sobretudo, trabalhar em duas pesquisas de grande porte, que já citei – a do Prof. Arrigo e a da Profa. Werebe –, foi o que me levou a compreender aspectos metodológicos na prática: a questão dos fundamentos e conceitos, do problema bem colocado, e antes bem discutido para sua formulação, a experiência com eles da conjugação de aspectos teóricos ligados à uma problemática clara, em Psicologia da Educação e na Educação Escolar; um tratamento amostral cuidadoso com análises pertinentes... e, mais ainda, que na realização da coleta de dados nem tudo corria como o planejado, havendo necessidade de ajustes que não prejudicassem a validade dos dados. Aí entrava a criatividade dos pesquisadores na proposta de alternativas viáveis e consistentes.

O projeto da Profa. Werebe era sobre fadiga escolar e aprendizagem. O projeto abrangeu uma grande amostra de escolas, e o problema a investigar era a interferência da fadiga nos processos de ensino e na aprendizagem dos alunos do ensino noturno – abrangendo escolas que ofereciam o curso ginasial, incluindo também algumas que ofereciam o ensino médio. O objetivo era analisar quais e como certos fatores comprometiam, no período escolar noturno, quer o desenvolvimento das aulas, do ensino e seu planejamento, quer as questões de aprendizagem escolar dos alunos – outros trabalhos diurnos dos professores, seus encargos, o trabalho e o cansaço dos alunos, seus aspectos determinantes, o reflexo disso na escola e seu impacto sobre as aprendizagens. Foram utilizados vários instrumentos e meios de levantamento de dados. O que me chamou a atenção foi a utilização de uma "escala de fadiga" padronizada, que enriqueceu sobremaneira a compreensão desse processo. À época eu dava aulas no noturno e sabia bem de suas condições. Mas estudá-las com objetividade e acuracidade vinha levantando novas compreensões. Pude, pelas discussões da equipe, perceber a importância de se ter clareza do problema a investigar – guia indispensável ao desenvolvimento do campo, à superação dos percalços que esse desenvolvimento traz na realidade de coleta, importância central para a condução bem orientada das análises, para as novas perguntas a fazer durante o processo investigativo, para não perder o foco e ainda assim poder ampliá-lo. É importante, eticamente, para saber exatamente o que se está fazendo, por que você está lá, para respeitar os participantes e não abusar de sua cooperação, para deixar bem claras as questões que está colocando e não fazer questões outras que tomem o tempo das pessoas e não contribuem para a compreensão do problema. Certamente minha formação nos métodos quantitativos, em planejamento de experimentos e modelos de análise quantitativa, ajudou-me a buscar clareza na colocação dos problemas a investigar e clareza conceitual. Sem isso, planejar análises consistentes não seria possível.

Tive bons mestres para isso, como relatei. Meu orientador de tese de doutorado foi exemplar para mim, insistindo na clareza das questões a investigar e em suas vinculações teóricas. Com minha formação quantitativa e a interlocução com os mais experientes, acho que aprendi a ter foco, saber diferenciar problemas e também a elucidar aspectos que estivessem ligados a ele. Acho que isso também ajudou na minha aprendizagem nas humanidades, onde pude identificar eixos de abordagem, linguagens diferentes que são utilizadas e lógicas diferentes que poderiam ser comparadas, confrontadas ou complementadas. Minha experiência de estudos na França só enriqueceu esse cabedal que eu já vinha desenvolvendo na Universidade de São Paulo, especialmente pelo contato com professores de variadas formações. Porque fiz cursos tanto na área da Psicologia, como na Educação, como na Matemática e Estatística. Os professores franceses são muito ciosos com a precisão da linguagem e a clareza de ideias. No exterior, tinha tempo só para estudar. Também estruturar a minha pesquisa de doutorado com o Dr. Paul Arbousse-Bastide foi muito interessante porque o encaminhamento da elaboração da questão do doutorado foi feito com uma orientação muito segura dele, muito presente, uma raridade. Com ele aprendi a pensar que escrever cientificamente na área de Ciências Humanas é uma questão muito delicada porque cada termo que você usa pode estar carregado de muitos significados e que deixar clara a perspectiva da investigação é essencial. Depois, ainda teve o senso crítico de meus companheiros, pesquisadores na Fundação Carlos Chagas, com nossos diálogos, que só fizeram aumentar os cuidados com as propostas de pesquisa – os experientes, que já citei, e os mais jovens, como Carmen Barroso, Nara Bernardes, Guiomar Mello, Maria Malta Campos, Yara Espósito, Elba Barretto, Vitor Paro, Fúlvia Rosemberg, Lia Rosemberg e, mais tarde, por um período, Maria Helena Patto, entre outros. Desculpem-me os que deixo de citar. A possibilidade de trabalhar com grupos profissionais e a possibilidade de estudar com grupos, acho que é fundamental para a formação de pesquisador e seu desenvolvimento continuado. Na PUC-SP também encontrei um bom grupo de discussão, além dos desafios colocados pelos orientandos na própria escolha e no enunciado de seus problemas de investigação. A experiência com as bancas de qualificação e a defesa dos trabalhos de mestrado e doutorado nos torna mais alertas em relação ao foco de investigação e aos procedimentos. Aguça nossa atenção.

■ **Como avalia a trajetória educacional do país ao longo dos últimos 40 anos, as políticas educacionais mais amplas, investimentos, formação de professores, avaliação de alunos, etc.**

Não é simples essa análise porque temos diferenças regionais relevantes sob vários aspectos (geográficas, históricas, econômicas, culturais, de usos e costumes, etc.): somos um país grande e heterogêneo, e assim ele deve ser considerado. Somos, politicamente, um Estado Federativo, com poderes distribuídos nos níveis federal, estadual e municipal, cada qual com suas atribuições. Não podemos esquecer isso e passar por cima desses diferenciais. E, como antes assinalei, temos enfrentado dificuldades em articular essas três instâncias no que se refere às políticas educacionais. Nos últimos anos constatamos esforços mais claros nessa direção, mas eles têm se traduzido como ações mais de centralização que de articulação política. As injunções político-partidárias e as injunções históricas das regiões apresentam-se como fatores ponderáveis nesse processo.

Ao longo desses últimos 40 anos temos sistemas estaduais de educação básica e, mais recentemente, de municípios, que se desenvolveram muito, estruturando-se de modo bem definido, e alguns de modo bem complexo, como é o caso dos Estados de São Paulo, do Paraná e Minas Gerais. Pela legislação, a União tem ação complementar para esse nível educacional. Uma política fundamental foi a criação do FUNDEF, que se expandiu como FUNDEB, fundo que propicia distribuição um pouco mais equitativa de verbas para a educação escolar de Estados e municípios e que traz algumas exigências quanto à sua utilização. No entanto, o desenvolvimento da educação pública entre as várias regiões do país ainda é muito desigual em oferta de escolas e nos subsídios à educação escolar, ao trabalho do professor. Que houvesse diferenças, seria esperado, pela heterogeneidade histórico-social das regiões do país. A questão é a da desigualdade excessiva nas estruturas básicas das escolas, na formação dos professores e gestores, nos apoios à educação escolar, nos salários e nas carreiras dos docentes, como também deve-se considerar a falta de maior racionalidade e cuidado na aplicação dos recursos públicos na educação, recursos oriundos do bolso de nosso povo. Avançamos sem dúvida no atendimento ao ensino fundamental, mas avançamos mantendo desigualdades inaceitáveis para o grau de desenvolvimento do país e para o que projetamos para ele. Basta olhar os dados das avaliações de desempenho escolar, nacionais e regionais e o grande rombo que temos na inclusão dos jovens no ensino médio. Discutimos sobejamente a inclusão no ensino superior esquecendo que os estudantes devem antes passar pelo ensino médio, que ficou aí meio que esquecido no que se refere à sua expansão em grande parte do país. E como teremos professores para tanto? Enfim, pelos dados disponíveis, verificamos que superamos alguns dos graves problemas que enfrentávamos nos anos 1950. Tínhamos, então, um país com praticamente 50% de analfabetos. Tenho uns dados em mente: a taxa de analfabetismo das pessoas de 15 anos de idade ou mais, que era de 33,6% em 1970, passa para 25,4% em 1980, a 20,1% em 1991, diminui para 13,3%

em 1999 e recentemente chegamos a mais ou menos 10%. Ainda é muito. Em números brutos, e considerando pessoas, temos aí quase 19 milhões de cidadãos não alfabetizados, num mundo informatizado e cibernético! Esse processo foi paulatino, como se vê. As disparidades regionais são muito grandes, basta lembrar que a taxa de analfabetismo varia entre 7,8% nas áreas urbanas das regiões Sudeste e Sul e 41% no Nordeste rural. De todo modo, o avanço que houve na incorporação das crianças nas escolas, especialmente no ensino fundamental, foi uma vitória, porque nosso atraso educacional era brutal. Em 1998, pelos dados do censo escolar, já havíamos atingido quase a universalização de matrículas nesse nível para a faixa etária correspondente. Obtivemos também um significativo aumento na proporção de crianças de quatro a seis anos frequentando escolas de educação infantil (60%), mesmo que essa ampliação não chegue nem perto do atendimento à demanda.

Temos um longo caminho a percorrer. Embora a educação seja muito discutida e seja utilizada como mote nas campanhas políticas, na verdade não nos ocorre a possibilidade de construir, de fato, uma política nacional articulando os níveis administrativos com definição de focos problemáticos de consenso para investimento maciço e conjugado, de verbas e apoios pedagógicos bem orientados. Aliás, o investimento financeiro que fazemos em educação é muito pequeno perto daquele de países com condições semelhantes às nossas. Os apoios pedagógicos raramente são acompanhados por uma orientação pedagógica adequada e próxima da escola. Embora tenhamos a incorporação da quase a totalidade das crianças de sete a 14 anos na escola, quando olhamos essas crianças dentro do ensino fundamental, vamos ver que existe uma defasagem idade/série muito grande, a reprovação ainda é alta e preocupante e, em decorrência, há a evasão. De cada geração de matriculados no 1º ano, somente 10% chegam a concluir a 8ª série sem interrupções no ensino fundamental. Ou seja, a qualidade do trabalho escolar na direção de aprendizagens mais efetivas e de um fluxo continuado está a exigir cuidados urgentes.

Às vezes penso que isso não poderia mais estar ocorrendo, mesmo considerando a acelerada incorporação das crianças às redes de ensino e o crescimento populacional, dados todos os programas que, em tese, vêm sendo implementados, desde o final dos anos 1980, pelos diferentes níveis de governo. Temos intraescola problemas muito grandes, que não são suficientemente olhados e cuidados. Parece que estamos acordando para a necessidade de uma orientação curricular mais explícita para os anos da educação básica. Passamos longo período sem essa orientação, o professor tendo apenas o livro didático como referência, cada escola, cada professor trabalhando sem balizas claras. O trabalho didático fica muito comprometido sem sinalizadores. Associado a isso, as pesquisas sinalizam bem os sérios problemas da formação profissional de professores e gestores, que se mostra extremamente fragmentária, seja pela forma institucional de oferta, seja por seu currículo muito empobrecido, no que se refere às metodologias de ensino, avaliação e conhecimento do ambiente escolar, do desenvolvimento de crianças e jovens. A formação nas licenciaturas em pedagogia e nas diferentes disciplinas é uma formação extremamente fraca, não vem sendo cuidada em seus conteúdos; os formadores de professores não têm recebido orientação voltada a um perfil de profissional a ser trabalhado – o perfil de um profissional professor da educação básica. A maioria dos professores nessas licenciaturas não vê seu estudante como um futuro professor de crianças e adolescentes. Em geral domina nesses cursos, especialmente nas instituições de ensino superior públicas, a ideia de formar um especialista na área disciplinar em que esse aluno está engajado. Ou seja, nós não temos aqui no Brasil uma estrutura universitária para formar de fato profissionais professores, como temos nas engenharias, em Medicina, Direito, Administração, etc. Nós temos uma estrutura precária, distribuída, fragmentada, em cursos isolados, então, a ideia é de formar em Biologia, ou Matemática, ou Física, mas não se tem aquela ideia de que está se formando um professor para atuar na educação básica. Isso é um problema. Todos os países têm os seus centros formadores de professores, estruturados de diferentes maneiras sob diferentes condições e denominações, mas ninguém vai ser professor sem passar por esse centro formador de professores. E não é uma passagem ligeira, como é, por exemplo, a formação pedagógica nas nossas licenciaturas em disciplinas específicas. Tudo isso tem comprometido tanto a formação dos professores para a alfabetização e a educação infantil como tem comprometido, cada vez mais, e muito, a formação dos professores para outras áreas, como Ciências, História, Geografia, Matemática, Língua Portuguesa, Física, etc. Tudo isso os estudos vêm mostrando, e não é de hoje. Os estudos realizados anos 1970-1980 mostram ainda, vamos dizer, o fracasso das licenciaturas em formar professores, e não é de hoje que nós temos boa informação sobre esse problema. Nunca quisemos encará-lo de fato, nem através de legislação e normas nacionais mais adequadas nem pelo monitoramento mais sensível a esses cursos, e com políticas dirigidas especialmente a eles, na direção de inovações curriculares mais condizentes com seus objetivos sociais. Houve uma tentativa nessa direção nos inícios dos anos 1990, pelo Ministério da Educação, que não foi levada adiante. Então, quanto à formação de professores, precisamos de uma política mais rigorosa e integradora, de investimentos dirigidos, precisamos realmente fazer uma revolução, mudar a forma institucional de formar professores. Teremos aí grandes dificuldades, porque essa mudança, que precisa ser radical, vai de encontro à tradição instaurada e acomodada de nossas universidades. Há muitos fatores envolvidos aí, mas se poderia pensar numa proposta que diferenciasse a formação de professores como alguma coisa específica, que merecesse cuidado, tanto na sua formação teórica, fundante, como na sua formação profissional para atuar nas salas de aula dos diferentes níveis de ensino. Isso aí exige realmente uma revolução institucional e uma disposição dos formadores em oferecer alguma coisa de diferente na direção de formar para o trabalho na escola. "Saber pensar, saber fazer, fazer pensando" pode ser um bom mote para essa formação. O que não se pode deixar de lado é que há um fazer na atividade docente que não é trivial.

Na questão da jornada escolar acho que nós temos alguns problemas – escolas de jornada de quatro horas por dia que não funcionam nem três horas; escolas com quatro, cinco períodos; 200 dias letivos que se convertem em efetivos 100, quanto muito 150 dias letivos, e temos algumas ambiguidades nas discussões e nas iniciativas sobre a questão da jornada integral. Essa ideia mereceria ser mais bem examinada. O que devemos entender por "jornada integral" como política efetiva? Quais as experiências já existentes e que já existiram sobre jornada integral? Quais as durações propostas? Quais foram mais condizentes com o desenvolvimento das crianças? Quais problemas apareceram? Sabemos que a criança e o adolescente apresentam fadiga, cansaço acentuado em esforços concentrados, com perda de atenção, de motivação, de interesse. Eles necessitam de alguns espaços de socialização mais gerais e menos regrados. Uma escola, uma classe, pode gerar uma situação de confinamento, de burocratização cultural. Os estudantes precisam do espaço familiar, da vizinhança e de outros – durante o dia. Suprimir todos os espaços por um ordenamento único pode trazer mais malefícios do que benefícios. Crianças e jovens em desenvolvimento precisam ter outros espaços de socialização e espaços de "respiro". Qual o período ideal de uma jornada expandida na escola? Quais propostas de trabalho para o período estendido? Lançamos a ideia e partimos para o "dia inteiro". Para alguns desavisados isso é considerado bom, porque se baseiam na ideia de que é preciso prender as crianças na escola para que não fiquem na rua. Não vou examinar a fundo essa posição, mas ela é equivocada. Poucas crianças "ficam na rua", ao abandono, de fato, e, se assim não fosse, nossas ruas estariam entulhadas delas, pois são muito numerosas. O típico, em vários países, é a criança ter uma permanência de seis, seis horas e meia na escola, mas não oito horas ou mais. Essa questão precisaria ser conceitualmente tratada, partindo, inclusive, da análise não de experiências que já foram desenvolvidas em redes de ensino, não experiências isoladas de uma ou outra instituição. Onde, como e quando cabe a integralização de horário escolar? Em que condições e em qual temporalidade? Também a ideia de educação integral não pode ser confundida com escola em horário integral de oito horas. Seria necessária uma discussão mais densa sobre educação integral, como ela poderia ser implementada, que dinheiro existe para isso, porque isso custa, e tem um custo alto. E nós ainda nem chegamos a atender direito as crianças do ensino fundamental, como apontei anteriormente, muito menos as crianças na educação infantil e nem se fale do ensino médio! E já queremos uma escola "de tempo integral". Acabaremos por não ter nem uma coisa nem outra. Ou a ter remendos ou arremedos. O que temos observado em nossa história escolar é que inventamos muito, lançamos inovações, modismos, em curtos períodos de tempo, e não realizamos o essencial, que é levar nossas crianças e jovens a aprendizagens significativas e socialmente relevantes. Ou seja, a tarefa principal da escola fica esquecida, escamoteada por "bandeiras da hora". O melhor seria termos uma escola integrada em seu currículo e suas atividades, com uma equipe fixa, que funcionasse com pressupostos claros, com metas de ensino claras, com objetivos de aprendizagem escolar bem colocados, funcionando em um prédio agradável. Já observaram como se constroem escolas nesse país afora? Prédios precários e feios, pouco adaptados para as atividades educativas. Temos caminhado de bandeira em bandeira, e não examinamos com seriedade a essência e o conteúdo dessas bandeiras, suas implicações financeiras, de pessoal, de resultados e outras. Temos sido empolgados e pouco objetivos. Poderíamos também ter propostas diversificadas, sair do modelo único, salvador, e propor ou estimular que apareçam vários tipos de jornadas escolares, a partir de um mínimo, dependendo da região, das condições, dos objetivos com os quais se vai definir a permanência da criança na escola, do jovem na escola, bem como a diversificação dos componentes dessa permanência. Condições heterogêneas, soluções diversificadas.

Quanto à avaliação escolar precisamos considerar que foi aspecto praticamente suprimido nos currículos de formação de educadores. Teve cuidados como área de conhecimento, entre nós, até os anos 1970. Mas a área de Avaliação Educacional, a partir daí, foi "crucificada" entre nós, como tecnicista, opressora, etc. Porém, continuamos a reprovar crianças nas escolas, avaliando-as sem critérios claros e meios adequados. O assunto vem voltando à tona a partir do impacto das avaliações de desempenho dos alunos nas redes de ensino. Mas a questão da avaliação escolar no dia a dia da escola, como preocupação formativa, ainda está longe de ser considerada. Não encontramos, nos estudos que temos feito sobre o currículo de formação de professores, nas várias áreas de licenciatura e na de Pedagogia, a não ser com raríssimas exceções, nada que leve o licenciando a aprender a fazer uma avaliação de seu aluno, com os fundamentos e meios possíveis, suas vantagens e seus limites. Inclusive a maioria dos textos produzidos sobre avaliação no Brasil são textos que não levam à aquisição dos fundamentos teóricos dessa prática e dos procedimentos possíveis. A maioria são textos críticos da avaliação educacional, uma crítica que poderíamos chamar de "apriorística", "abstrata", sobre um objeto desconhecido dos estudantes a quem os textos se destinam. O conhecimento destes, em avaliação, é apenas o da empiria de sua própria vida escolar. As teorias em avaliação educacional avançaram muito no mundo, com novas concepções e processos. Não temos acessado esse conhecimento e os embates concretos a eles relativos. E, no entanto, no cotidiano escolar vamos avaliando como dá. A questão da avaliação está intimamente vinculada à questão das metodologias de ensino – estas também estão esquecidas –, e é um processo que merece ser olhado com atenção, com acuracidade, com cuidado, com respeito, com ética. Os professores não estão sendo orientados, nem na sua formação pré-serviço nem na formação continuada, sobre como criar avaliações interessantes, vinculadas a perspectivas de aquisição de aprendizagens, sejam as cognitivas, sejam as sociais; ou seja, formas avaliativas que estejam articuladas com sua metodologia de ensino, seus propósitos, às suas metas de trabalho. A avaliação é uma coisa muito séria. Ela impacta pessoas em sua trajetória escolar e social. No entanto, como área de conhecimento, tem sido deixada de lado entre nós. Temos visto o surgimento da preocupação com os processos avaliativos de massa em função das avaliações de desempenho conduzidas nas redes de ensino pelo Ministério da Educação ou por Secretarias de Estado da Educação. Mas poucos especialistas têm formação para delas tratar, e, além disso, sua forma de divulgação não favorece sua utilização pelas escolas como um instrumento de orientação para o ensino.

■ E a pesquisa em Educação, como vai? Para onde vai? Que contribuição ela dá, ou poderia oferecer, para melhorar o sistema educacional brasileiro?

Falar sobre pesquisa em Educação não é tão simples. O campo da Educação é um campo vasto, complexo, com várias ramificações, com várias interfaces com outras disciplinas. Então, não é simples discutir a questão da pesquisa em Educação. De certa maneira, essa complexidade nos leva a lembrar a diversidade de abordagens possíveis. Pesquisas ligadas a questões mais de políticas ou a questões de filosofia ou história da Educação, cada uma tem as suas características próprias, as suas formas de investigação empírico-teórica próprias. Assim também, as pesquisas que dizem respeito à escola, às questões de ensino, de aprendizagem, à formação de professores, adquirem feições diferentes conforme a teorização esposada e os procedimentos de coleta e análise de dados realizados. São tantos os caminhos e tantos os problemas a investigar! Mesmo considerando essa diversidade, há que se chegar a alguns pontos que sejam sustentáveis e plausíveis e que favoreçam o repensar aspectos, seja da compreensão do significado da educação, repensar políticas, ações no cotidiano, ou processos que se relacionem ao ensino e às aprendizagens. O pesquisador oferece sua reflexão pautada em argumentos e informações devidamente trabalhadas, mas essas constatações das pesquisas precisam ser acessadas, socializadas, reunidas, confrontadas para produzir efeitos sociais. Nem sempre isso ocorre. Eventos diversos se prestam para essa socialização e esse confronto, mas, em geral, os que fazem a gestão e desenvolvem os trabalhos educacionais nas redes de ensino não têm a possibilidade de participar desse tipo de reunião. Fica uma cisão entre o conhecimento advindo da pesquisa e o conhecimento advindo da experiência profissional direta, formando dois blocos que pouco conversam. Com isso, formas de pensar diferentes, linguagens diferentes, dificuldades de interlocução. Não temos o hábito de elaborar documentos sintéticos, de leitura clara, que possam ser disseminados nas instâncias educacionais para exame e discussão dos que fazem a educação acontecer no dia a dia. Ah! Mas isso não conta para a avaliação da CAPES! Assessorar redes não conta para a CAPES! Etc. Com essas constrições burocráticas, derivadas de uma ideia de pseudociência pura, onde vamos parar? Num Olimpo segregado? Por que nos cobram então como a pesquisa em Educação contribui com os sistemas se nada que se faça para compartilhar conhecimento com os sistemas educacionais é valorado nas universidades e nas instâncias avaliadoras e financiadoras? Valoriza-se "a pesquisa" em si, mesmo que ela fique nas prateleiras e só seja divulgada em revistas "qualificadas" que só os que estão na academia leem. Para que a boa pesquisa chegue às redes de alguma forma, temos que mudar alguns padrões que regem a vida universitária, superar uma visão de ciência unicista e compreender a área de Educação como área social aplicada, com demandas da realidade educacional que está constantemente fazendo emergir problemas concretos que necessitam de investigação para além dos imediatismos simplificantes. Em várias das subáreas do campo da Educação, a interação pesquisador/rede/escola é absolutamente necessária. A imersão consciente no campo é fundamental para a investigação científica nesses casos.

Sem dúvida avançamos muito na realização de pesquisas em Educação, se as compararmos à nossa situação no início dos anos 1980. O documento que citei, que realizei para o CNPq como um balanço da área em 1982, pode ser tomado como referência: caminhamos, sim. Podemos considerar, acompanhando o publicado nas principais revistas que temos, e em livros, que superamos algumas das deficiências apontadas naquele documento. Consolidamos grupos de pesquisa que podem ser considerados de ponta e que têm uma linha de trabalho continuado e consequente. Também a produção de pesquisas cresceu muito em todas as subáreas do campo da Educação. Mas há preocupações que temos constatado existir entre os pesquisadores mais experientes sobre a elaboração das pesquisas em geral. Por exemplo, preocupa, nos trabalhos de pesquisa em Educação, a explicitação de fundamentos teóricos de modo mais sólido, mais aprofundado, com recurso a teóricos importantes, clássicos, em seus originais, e não através de intérpretes secundários, terciários. Em muitos trabalhos observa-se um domínio mais superficial dos teóricos citados, quando não ocorrem equívocos quanto aos conceitos exarados. Aponta-se que na formação desses pesquisadores em Educação faltou e falta um maior adensamento teórico, teoria de base, bem como um maior leque de referências sobre o problema em estudo e o que já foi obtido no acervo de pesquisas disponíveis. Há redundâncias flagrantes nas citações, há citações esparsas e não concatenadas, não há perspectiva crítica em relação ao conjunto de trabalhos anteriormente realizados sobre a questão em tratamento, poucas vezes se fundamenta uma posição autoral. Por outro lado, nós temos também tratamentos metodologicamente problemáticos. Em alguns casos, emprego de técnicas de coleta pouco cuidadas, portanto de validade duvidosa, e processamentos analíticos pouco explicados, portanto com sua consistência não garantida. Isso já foi apontado várias vezes, e, embora tenhamos avançado, é necessário que se atente mais sobre isso, sob pena de generalizarmos formas de realização de pesquisa pouco consistentes.

É plausível supor que temos alguns problemas na formação de pesquisadores nos cursos de pós-graduação. Questões de método são pouco tratadas, mas elas têm íntima relação com modalidades de teorizações. Por outro lado, em artigos encaminhados para revistas e em textos de doutorado, encontramos muito de "opiniatria", ideias de senso comum em determinados grupos, preconcepções pouco fundadas, e não concepções analítica ou hermeneuticamente construídas. Certezas antes da investigação. Também o relato de pesquisa não é "pregação" visando inculcação de ideias. É uma tentativa, o mais objetiva possível, de compreensão do real, com vistas a, talvez, mobilizar para mudanças que se mostrem necessárias para um bem comum maior. A ocorrência do que apontamos anteriormente sinaliza que há a necessidade de melhor equacionamento da posição de pesquisador. Pesquisador tem dúvidas, tem perguntas, problematiza e coloca questões para buscar respostas. Senão, não há necessidade de pesquisar. Por essa razão é que ele precisa conhecer profundamente a questão do ponto de vista teórico e ter domínio de um repertório metodológico, para poder fazer escolhas razoáveis para seus caminhos investigativos, escolhas que depois possam dar ao seu trabalho um lastro. Um lastro que dê significado a esse trabalho na realidade educacional. Uma vasta produção em pesquisa, porém com problemas quanto à validade, pode comprometer sua contribuição para repensar as questões educacionais que emergem na realidade social. Tenho comentado também que precisamos nos aproximar mais da pesquisa didática – aquela que tem tudo a ver com a escola, o aluno, o professor, o conhecimento e o currículo.

Outro problema que vejo refletido nas pesquisas em Educação é a quase total ausência de domínio de métodos quantitativos e um abandono das análises quantitativas. É muito difícil você ter uma visão mais geral de certas problemáticas educacionais se você não sabe trabalhar com demografia educacional, com indicadores, com estatísticas. Observamos que os trabalhos com esse recurso, em geral, são de pesquisadores de outras áreas que vêm se debruçar sobre os dados educacionais. Os educadores que pesquisam têm uma grande dificuldade em lidar com base de dados, com indicadores um pouco mais complexos, cujo significado eles têm também dificuldade de entender. Há variados tipos de análises quantitativas que podem trazer contribuições interessantes para a verificação de tendências em determinado fenômeno e de dinâmicas que estão se institucionalizando na realidade educacional. As análises quantitativas podem enriquecer a compreensão de muitos problemas educacionais. Mesmo que não se tenha um conhecimento estatístico aprofundado, mas possuindo uma iniciação conceitual, o pesquisador em Educação pode recorrer a um bom estatístico e, com isso, "saber" conversar com esse especialista sobre seu problema e a pertinência, ou não, das análises sugeridas para seu tratamento. O conhecimento de conceitos básicos e de possibilidades metodológicas pode tanto favorecer o uso de métodos qualiquantitativos, quanto favorecer o diálogo com estatísticos, além de permitir leitura um pouco mais crítica de trabalhos que utilizam essas metodologias. A contribuição dos estudos quantitativos é muito grande quando se trata, especialmente, de gestão educacional. Para análises macrorrelativas ao ensino superior, por exemplo, são indispensáveis, inclusive para estudos de fatores de inclusão/exclusão.

Temos ainda alguns vácuos nos nossos estudos, por exemplo, problemáticas associadas ao segundo ciclo do ensino fundamental e, como já falei, sobre o funcionamento do ensino médio nas realidades das diversas redes e regiões do país. Não faltam questões em aberto sobre esses dois níveis da educação escolar, em variados ângulos. Para começar, que características têm as crianças e jovens que aí estão, e seus professores, seus diferenciais? Quais dinâmicas relacionais se instauram e quais suas consequências? Para melhor contribuir com as redes de educação seria, no entanto, indispensável que as universidades e os pesquisadores criassem canais mais eficazes de comunicação com essas redes, desenvolvendo articulações mais motivadoras e colaborativas, em um modo mais construtivo. Também, talvez, superar idiossincrasias e preconceitos, ter uma visão de bem público acima de preferências individuais.

Observei em vários países o esforço que pesquisadores e departamentos universitários fazem para, além de seu relatório científico de pesquisa e de artigos para revistas especializadas, elaborar, com os dados obtidos, um tipo de texto dirigido a gestores, professores ou técnicos dos sistemas de ensino. Esse texto é uma transposição em linguagem mais corrente, e de modo bem sintético, da ou das pesquisas com suas contribuições. Em geral é uma publicação simples, benfeita, distribuída para esses profissionais, além de se abrir também o acesso virtual do documento por meio de um *mailing list*, pelo qual comunicam a existência e a acessibilidade do texto. Realmente, é preciso comunicar-se, mas também é preciso fazer-se entender e ter alguma consonância com o real.

As pesquisas em Educação no Brasil poderiam oferecer melhor contribuição às redes educacionais se sua publicização assumisse novas características, pois há conhecimento bem-fundado a oferecer para a dinâmica das escolas, para fundamentar políticas de ação e políticas mais gerais. Mas precisamos aprimorar as nossas condições de elaborar documentos em variados formatos, de realizar transposições, de disseminar esse conhecimento. Do outro lado, os profissionais das redes teriam, assim, a chance de analisar e incorporar para seu trabalho aquilo que, pela sua compreensão e experiência, possa ajudar em seu trabalho. Poderiam exercer sua autonomia de escolha.

Faço uma última observação sobre isso. Em pesquisa que realizei recentemente, com uma equipe de colegas, sobre o currículo dos cursos de licenciatura, aí incluída a Pedagogia, verificamos que artigos de nossas revistas de pesquisa em Educação não fazem parte das indicações bibliográficas das diferentes disciplinas desses cursos, na grande maioria dos casos. Esse conhecimento não é levado até os licenciandos.

■ A reforma educacional de 1968 teve méritos e defeitos. Algo a dizer sobre seus desdobramentos que ainda persistem?

Essa reforma teve um mérito, que foi a proposição de uma organização diferente da que havia para as universidades – que na época eram muito poucas, para a extensão do país e sua população. Temos bons pesquisadores que já fizeram profundas análises sobre essa reforma, quer do ponto de vista político, quer do sociológico. Foi uma reforma no bojo do desenvolvimentismo e numa perspectiva administrativo-econômica que esteve presente na ditadura militar vigente à época. Havia uma ideia: pôr o país para frente. A que custo não se discutia. O custo político e humano desse período é de conhecimento público. Vou me ater a questões mais práticas e seus significados. Então, com essa reforma, em essência, substituiu-se a centralidade da cátedra, do catedrático que enfeixava os poderes relativos a uma área disciplinar, pela estrutura de departamento. Entram em cena os conselhos departamentais e a possibilidade de haver mais de um titular dentro de um mesmo, além dos demais cargos e funções de carreira. A organização departamental, de um lado, tem méritos, porque propicia a formação de um coletivo. Por outro, pode significar um gueto, na dependência das relações constituídas. Também pode representar compartimentalização de uma área em fragmentos disciplinares onde a interdisciplinaridade não é cultivada. Isso ocorreu com muita frequência em várias universidades, onde normas vieram a delimitar a formação básica admitida para concorrer a determinado departamento, em geral fixando uma só. Proliferou também a endogenia, departamentos acolhendo, na maioria das vezes, docentes formados pelo próprio departamento. A conversa científica interdepartamental também tem se mostrado prejudicada por regras tácitas ou formais. Muitos departamentos acabam por se mostrar como "gavetas fechadas". Isso não está na base da lei, mas em regulamentações posteriores e nos "usos e costumes" criados e institucionalizados. A verdade é que os departamentos não têm se mostrado como estruturas que permitam grande flexibilidade como se pensava no início, favorecendo especializações excessivas. Não há mal na especialização, o problema está nas dificuldades criadas para diferentes interfaces.

A ideia que estava por trás da reforma de 1968 era a ideia de poder maximizar os recursos existentes numa mesma instituição. Economia evitando réplicas das mesmas coisas em vários setores. Dessa maneira, ela visava acabar com a duplicação de meios, a repetição de coisas. Então, por exemplo, o que se referisse à Estatística estaria concentrado no Departamento de Estatística, e esse departamento é que oferecia essa disciplina a todos os demais cursos. Anteriormente havia pessoal de Estatística na área de Ciências Sociais, na área de Biologia, Medicina, etc. A ideia era juntar, num mesmo setor, o conhecimento existente numa determinada área, e esse conhecimento depois seria disseminado pelos cursos, a partir daquele departamento que poderíamos chamar de "departamento-mãe". Hoje vemos que isso não se mantém integralmente, havendo certas especialidades replicadas em vários cursos, através de adjetivações (por exemplo, bioestatística, etc.). Certamente diferentes necessidades e disputas internas às universidades levaram a isso, mas também talvez a falta de diálogo e a não convergência de expectativas. Até mesmo na seleção de docentes. Voltamos, praticamente, à estrutura anterior em uma forma subjacente. Com essa lei veio também o estatuto do Magistério Superior Federal, o Fundo Nacional do Desenvolvimento da Educação e também a previsão de alguns incentivos fiscais para financiamento de pesquisas. A perspectiva era de modernização das universidades, acoplando ou juntando a esse sistema um sistema de pós-graduação, de tal maneira que se consolidasse a ideia de que ensino e pesquisa são indissociáveis. Bom, isso nem sempre aconteceu. Nem sempre as chamadas universidades hoje, os centros universitários, têm a pesquisa realmente institucionalizada como um padrão de desenvolvimento de trabalho interno. De certa maneira, nós podemos dizer que o conceito de universidade, hoje, para as pessoas em geral, perdeu até seu sentido de séculos como lugar da criação de conhecimentos avançados, para significar um grande conglomerado de cursos, mais especialmente voltados à profissionalização no mercado de trabalho. A reforma de 1968 acabou por levar à configuração de um modelo único para o ensino superior, o que me parece uma ideia problemática. Na realidade várias normatizações posteriores alteraram essa disposição. Mas a sombra permanece. Educação superior talvez fosse um nível educacional a ser pensado como mais abrangente, com variedade de formas estruturais e de tipos de formação, com flexibilização curricular e com possibilidades de ajustes rápidos. Como parte da educação superior as universidades preservariam diferencialmente seu caráter de fonte de conhecimentos, lugar de disputas epistêmicas, desenvolvendo formações básicas mais exigentes e de alto nível. Nós poderíamos pensar universidades com vocações específicas, com condições e exigências específicas. Ou universidades vocacionais com estruturas curriculares fortes. Enfim, diversificar. Em parte, podemos até ver isso acontecendo em nossa realidade, mas não há clareza das vocações, e ainda "o espírito do século XIX" nos assombra, e a representação sempre converge para uma ideia única para pensar ensino superior – a da ciência mais clássica. Temos dificuldade em pensar estruturas heterogêneas. Mas a realidade acaba superando nosso pensamento.

■ **O ensino básico entre nós ainda está longe de oferecer respostas que a sociedade reclama. Dá para formular pontos essenciais para o sucesso escolar do aluno que está entrando hoje na escola?**

Voltando ao ensino básico, ele de fato ainda está longe de oferecer as respostas que a sociedade reclama. Muitas análises têm sido feitas, preocupações são colocadas, muitos seminários e discussões. Muita promessa em campanhas políticas. Mas acho que na última década nós fizemos avanços até consideráveis em vista de nossa situação, por exemplo, no início dos anos 1970. Nos últimos anos acentuou-se a preocupação com a qualidade desse ensino. Não creio que haja muito idealismo nisso. Os problemas que se constituem no âmbito social, de diferentes naturezas, e as demandas postas pelo desenvolvimento do país com as mudanças na infraestrutura de produção, os avanços das tecnologias e as necessidades de mudança no perfil dos trabalhadores (considere-se a informatização, a robotização, a complexificação das tarefas, as inovações nos materiais para construção, inovações metalúrgicas, nas maquinarias, nas logísticas de distribuição de produtos, etc.) põem para a educação exigências anteriormente deixadas de lado. Sempre privilegiamos a mão de obra barata e não qualificada. Nosso retardo educacional, o pouco investimento que tivemos na educação básica até há pouco tempo, teve a ver com nosso retardo no desenvolvimento social e econômico, como também, interativamente, com nosso sistema político. Há trilhas que estão sendo delineadas na direção de tentar mudar a qualidade da educação oferecida e a inserção dos alunos na educação básica como um todo – da educação infantil ao ensino médio –, mas estamos longe de ter êxito na questão de conseguir aprendizagens significativas e efetivas dos nossos alunos.

Temos um problema aí, relativo à educação básica, que é o fato de não haver discussão e formulação mais clara, em nível nacional, na conjuntura atual, como um mínimo consenso, sobre a finalidade desse nível de ensino. O que se quer com a educação básica do país? E o que se quer com cada um de seus níveis? Deixa-se de lado essa discussão pública sobre o sentido público da educação escolar, admitindo tacitamente que todos sabem isso e pensam da mesma forma. Engano. Alienação. Cada cabeça, uma sentença. Essas questões de finalidade real e das condições para realizá-las não têm sido colocadas com clareza e precisam ser tornadas conscientes e comparti-lhadas, para que se tracem caminhos convergentes e em conjunto. Ficamos com proposições dispersas e soluções-remendo. Vejam-se, por exemplo, as propostas de deputados sobre disciplinas a incluir no currículo. São tantas as propostas que daqui a pouco os alunos terão que permanecer na escola 24 horas por dia, talvez até ver se conseguimos alterar a rotação da Terra e pôr umas horinhas a mais! Vê-se que eles, nossos representantes, dos quais esperaríamos uma compreensão maior relativa ao sistema educacional, não têm a mínima ideia, nem respeito, sobre a dinâmica escolar e seus sentidos para a nação. Correndo atrás de votos, cedem a pressões daqui e dali sem ter parâmetros mínimos para se orientar. E as escolas que se virem. Então, precisamos de uma conceituação mais clara do que o país necessita com a educação básica, do que ele quer da educação básica. Finalidade social clara, de consenso, orientação curricular convergente, escolas decentes, professores mais bem preparados e remunerados, articulação entre os níveis governa-mentais. Isso é o primeiro ponto, que acho que é fundamental. Teríamos, então, que superar o vácuo curricular em que as escolas vêm trabalhando, cada escola, cada professor procurando fazer o melhor com aquilo que ele acha que deve ensinar. Temos assistido, nos últime três anos, a pouquíssimas iniciativas, em Estados e municípios, na direção de ter suas orientações curriculares, tentando oferecer às escolas balizas para seu trabalho. Mas não temos ainda uma perspectiva explícita em nível nacional – simples, clara, direta. Está em curso um trabalho nessa direção, mas sabemos que nossa tendência é ficar em pressupostos. Mas não posso me adiantar sobre isso, pois não vi ainda nenhum documento. Espero que toquem nas finalidades. De qualquer forma, creio que necessitamos, sim, de um currículo básico, com espaços de flexibilização (se os deputados não o encherem com propostas insensatas), de tal forma que se possa complementá-lo regional ou localmente. A ausência de uma orientação curricular mais clara, a meu ver, tem levado aos problemas de desempenho dos alunos nas redes, tal como constatado nas avaliações externas. Se cada sala de aula, cada escola, trabalha sem parâmetros claros, não há convergência mínima no ensino. Nem poderíamos, na verdade, emitir julgamento de valor sobre esses resultados, porque não sabemos o que foi ensinado aos alunos. O que sabemos é que não atingem critérios externos à escola, critérios elaborados por um seleto grupo de especialistas, aliás, critérios desconhecidos dos docentes que trabalham com as crianças e jovens nas escolas. Não é sensato querer que as matrizes de avaliação sejam o nosso currículo. O contrário é que deveria acontecer. Mas há 20 anos estamos colocando o carro adiante dos bois. E o resultado aí está. Então, primeiro, um currículo com sentido nacional, atento às finalidades da educação básica para o país; depois, um programa de avaliação de desempenho escolar. Trocamos as bolas! Perdemos tempo!

Não gostaria de deixar passar a oportunidade de registrar que não temos dado muita importância às condições da infraestrutura de trabalho nas escolas, suas condições físicas. Essas condições, quase nunca lembradas, também impactam na qualidade do trabalho e, claro, em seus resultados. Precariedade dos prédios, calor demais, luz de menos, carteiras inadequadas, paredes sujas, falta de conservação, etc., etc. A maioria das nossas escolas públicas não tem sala para os professores trabalharem, prepararem as suas aulas, trocarem ideias, receberem os alunos, os pais. Quando há, são pequenas, mal-arrumadas, com condições de guarda de materiais de ensino precárias. A própria construção da escola é precária, ela é feia, ela é feita com materiais baratos. Quer dizer, muito poucos Estados, muito poucos municípios podem ter o orgulho de apresentar os seus prédios escolares com uma estrutura benfeita, decente, com espaços bem-distribuídos. Estados que tiveram suas escolas públicas construídas já no início do século XX – eram poucas as escolas – fazem álbuns mostrando a solidez e a beleza desses prédios. Lá, nos antigamente, porque hoje o que vemos é, de forma geral, deprimente. Qual valor está por trás dessas construções precárias? Talvez que, para a educação pública, qualquer coisa serve! Tristes depoimentos mudos desses prédios escolares!

Para finalizar, e respondendo à segunda parte de sua questão, vou falar sobre algumas ideias que elaborei a partir de um seminário da UNESCO, realizado em Brasília, para discutir caminhos para o sucesso escolar e que estão publicadas em livro organizado a partir do seminário. Vou sintetizar. Primeiramente seria necessário considerar, de fato, a educação pública escolar como prioridade essencial das políticas, pois é fator de preservação da civilização humana e de coesão social. Logo, de valor primordial, devendo merecer suporte financeiro privilegiado. Lembrar, a todo momento, que as escolas têm uma função específica e diferenciada na sociedade e, portanto, devem ser foco central tanto na discussão sobre educação básica quanto para ações estratégicas. Nas escolas, o centro são as crianças, os adolescente e os jovens, que lá estão e que são a sua razão de ser; por esse motivo, qualquer política escolar deve considerar os impactos sobre eles, em primeiro lugar. A função social das escolas não pode perder-se em inúmeras funções paralelas, mas deve cuidar do desenvolvimento de *aprendizagens* – as linguagens, humanidades, artes, ciências – na integração de conteúdos, valores e atitudes, buscando-se com elas um melhor viver humano: sobreviver, desfrutar, compartilhar para preservar a vida. Os impasses e problemas historicamente construídos e acumulados na educação e no ensino precisam ser enfrentados diretamente, com ações concretas, não só ao nível de decretos e normas, sob pena de repetirmos mais uma vez um comportamento recorrente em nossa história educacional, comportamento pouco produtivo, como mostram os fatos. Temos uma espécie de crença de que, mudando a lei, a norma, a realidade muda. Nenhuma norma tem esse poder, basta olhar nossa história da escola. A superação desses impasses só pode ser realizada no cotidiano da vida escolar, e, para isso, nossa criatividade está sendo desafiada. É evidente que os problemas que se enunciam e nos desafiam não têm um sentido em si, mas sim no *cenário* em que vivemos e no cenário que projetamos. As implicações do quadro de dificuldades relativas à qualidade da educação só podem ser dimensionadas na medida em que se tem um projeto de cidadania, de um modo de ser e de viver numa cidade, numa região, num país. Ou seja, elas adquirem sentido diante das necessidades que se colocam face ao que queremos ter como nação, como espaço e formas de existência como seres humanos. A construção de uma democracia plural numa nação que se coloque junto às demais, "ombro a ombro", pede o reconhecimento de que isso só é possível com todos os cidadãos sendo capazes de se informar, de ampliar essa informação, de situar-se e mover-se no mundo do trabalho, dentro de um viver ético, com responsabilidades partilhadas. Sem escolarização bem-qualificada para todos isso não é possível. A perspectiva de ter cidadãos em condições de participar socialmente não como sujeitos, mas como agentes capazes de interagir e criar alternativas para as novas formas de relações na produção de nossa sobrevivência social e cultural, coloca as questões de educação na linha de frente. Mas é necessário reconhecer que não se pode fazer educação e ensino sem professores devidamente preparados e motivados para esse trabalho. A educação só traz resultados em mais largo prazo. Mudanças em formas de pensar e em hábitos não são simples de fazer. Não se faz milagre com a formação humana, mesmo com toda tecnologia disponível. Não dá para implantar um "chip" de conhecimentos e valores no ser humano e... pronto! Por isso, o mote para a educação escolar é: fazer já, fazer direcionado, fazer bem, continuar fazendo. Temos que ter paciência histórica para com as mudanças e os resultados. Não adianta "dar" diplomas, em qualquer nível sem substância. Estaremos apenas contando números, exibindo quantidades e reproduzindo uma triste condição educacional.

■ O tema da formação docente é central em seu trabalho de pesquisadora e é tema recorrente em todas as discussões que fazemos. O que está faltando? Há algo que deveria ser esquecido ou algumas questões que devem ser reiteradas devido à sua grande importância?

De fato, esse tema tem aparecido mais fortemente, nos últimos anos, nas discussões públicas sobre Educação, embora a questão desde muito tempo venha sendo examinada por vários pesquisadores, acentuadamente a partir dos anos 1980. Não são de hoje os problemas. Mas creio que a maior visibilidade atual, tanto nas universidades como na mídia, dos impasses relativos à formação de professores, tem a ver com o que coloquei na resposta à sua questão anterior, a de número 10. Chegamos a um ponto de crise real em relação à contribuição da educação escolar ao desenvolvimento social, cultural e econômico do país (e devemos considerar nosso país no concerto com os demais, vizinhos ou distantes, na medida em que as interdependências, de várias naturezas, entre os países crescem). Crise na educação escolar, logo, a figura dos professores aparece na cena, com os gestores, que também foram formados como professores. A questão real é perguntar pelo que veio antes e sair dos esquemas de culpabilização dos docentes. É preciso perguntar como esses professores e gestores foram formados, onde, em quais condições e por quem. E que apoios recebem para seu trabalho pedagógico? Há inadequações? Vamos mudar isso. Este é um ponto crucial: as universidades, responsáveis por essa formação, estão dispostas a mudar essa situação? Os governos estão dispostos, e em condições, de apoiar mais efetivamente – eu diria num corpo a corpo – o trabalho de ensino dos professores no cotidiano das escolas, continuadamente?

A questão da formação de professores é uma questão que vem me ocupando, pois é meu eixo principal de pesquisa, desde o início da minha carreira, e algumas ideias eu já venho consolidando em diferentes trabalhos durante todo esse tempo. Mais de 30 anos, não? São muitos anos, e claro que o enfoque também veio mudando, conforme as condições sociais e as condições educacionais e das redes de ensino. Também as perspectivas teóricas mudaram. Hoje, penso que a discussão não avançou muito porque nós ficamos discutindo, no mais das vezes, pressupostos, apoiados em estudos feitos no exterior, outras realidades histórico-sociais, em vez de pensarmos também nas questões mais concretas, mais diretamente ligadas às práticas de formação dos professores – olhar para o trabalho de formação que realizamos nos concretos institucionais. Quero dizer, estudamos pouco a condição institucional em que essa formação se realiza, a estrutura e a dinâmica dos cursos que formam os professores, a sua forma de inserção na universidade e o valor a ela atribuído, pouco pesquisamos, também, o currículo real que é desenvolvido para formar esses professores. Esses aspectos venho pesquisando nos últimos anos, com equipes da Fundação Carlos Chagas, pesquisadores a quem muito devo as minhas reflexões.

Nosso modo de formar professores baseia-se em uma estrutura que foi proposta no final do século XIX e início do século XX e que, mesmo com alterações pontuais aqui e ali, com adendos e supressões legais, idas e vindas, na verdade, mantém a divisão inicial entre as diversas licenciaturas, como áreas bacharelescas, numa divisão tradicional do conhecimento. Internamente esses cursos revelam ainda uma fragmentação curricular enorme entre a formação na disciplina e a formação pedagógica, sendo esta um mero verniz sem consistência. Com a indicação da formação dos professores para a educação infantil e primeiros anos do ensino fundamental em nível superior em 2006, as Diretrizes Curriculares Nacionais dos cursos de Pedagogia, consagrando-o como licenciatura, atribuem-lhe ter como eixo a formação desses professores. Com os embates acadêmicos havidos, os Institutos Superiores de Educação e as Escolas Normais Superiores, propostos na Lei n. 9394/96, não vingaram. Mas, como constatamos nos estudos que coordenei, os cursos de Pedagogia, em sua maioria, não mostram um currículo que garanta uma formação básica para o exercício do ofício de professor nesse nível de ensino. No meu entender a estrutura e o currículo atual das licenciaturas é uma estrutura falida. Sei que é pesado dizer isso, mas estamos licenciando gerações de professores sem uma preparação inicial minimamente adequada para as demandas sociais que se põem para a educação. Os licenciandos deixam seus cursos sem ter noção da dinâmica de uma escola, sem ter instrumentos mínimos para conhecer, compreender e trabalhar com as crianças e os adolescentes com os quais vão lidar, novas gerações, com novas formas de se ver o mundo, falar e pensar. Gerações em desenvolvimento que recebem professores sem noção de psicologia do desenvolvimento e da aprendizagem, das relações desses conhecimentos com aspectos da didática e de práticas metodológicas possíveis ao trabalho de ensinar crianças, adolescentes e jovens – seres em formação com suas contingências próprias. Sem falar no encurtamento das horas para completar o curso, encurtamento consagrado nas últimas legislações, e encurtamento curricular sobre esse encurtamento legal, que se constata nas práticas das instituições que propõem, no lugar de conteúdos relevantes a essa formação, atividades complementares ou culturais vagas (e lá se vão horas e horas das licenciaturas), como constatamos em nossas pesquisas. Os modelos de formação a distância mostram esses mesmos problemas, e mais: não oferecem suporte adequado e suficiente para o tipo de estudante que os procura. E seguimos com os erros nessa formação embalados pelo mito da tecnologia.

Fico sempre com a impressão de que há um imobilismo atávico nas instituições formadoras (umas por um tipo de razão, outras por outro tipo) e entre os responsáveis por essa formação. E pergunto: o que poderia movê-las, levá-las a fazer alguma coisa realmente diferente, a fazer alguma coisa mais ampla e integrada em relação a essa formação? Mudar a forma de pensar essa formação? E os órgãos responsáveis pelo credenciamento e avaliação desses cursos? Por que não temos nas universidades centros, faculdades ou institutos dedicados integradamente à formação de professores, da mesma forma que temos institutos de Psicologia, faculdades de Engenharia, de Medicina, de Administração? Por que as universidades não cuidam desses cursos como cuidam dos demais? Preconceito? Menor valia? Teríamos médicos, engenheiros, cientistas, sem uma educação básica de mínima qualidade? Qual a chance dos alunos de escolas públicas e das particulares menos onerosas? Ou pensamos: o povo que se vire, já que garanto uma boa escola particular para meus filhos? E essa escola paga caro para formar um bom corpo docente para si. E os pais dos alunos mais privilegiados pagam por isso. E os que não têm condições de pagar uma boa escola particular, que é a maioria de nossa população? Para eles, qualquer coisa? Com as licenciaturas picotadas em áreas estanques, os estudantes que entram nesses cursos parecem buscar mais o conhecimento nesta ou naquela área disciplinar sem pensar que, na verdade, a licenciatura é uma formação para um ofício, uma profissão específica, que é dar aula nas escolas. E onde a maioria dos professores trabalham? Nas escolas públicas; o setor público é, de longe, o grande empregador de professores. Muitos dos professores dessas licenciaturas, aí incluída a Pedagogia, também não se mostram conscientes de que lecionam em curso que é voltado à formação de professores, e não à formação de biólogos ou matemáticos, etc. Que seu aluno vai trabalhar em uma escola de educação básica. Claro, eles poderão buscar outras formações, voltar-se para outras atividades, alguns poderão escolher avançar no conhecimento puro. Mas na formação básica da licenciatura é o perfil de um professor de educação infantil, ou do primeiro ou segundo ciclo do ensino fundamental, ou do ensino médio que deveria orientar as atividades curriculares e o trabalho dos professores formadores. Por isso é que advogo por uma verdadeira revolução institucional, estrutural e curricular na formação de professores, para a melhor formação dos professores formadores. É preciso saltar das trincheiras estreitas com as quais nos protegemos (do que, mesmo?) e nos aventurar em novos voos. Porém, é necessária uma revoada coletiva, em que muitos movimentos se congreguem para propiciar mudanças radicais. Quem sabe, um movimento com a ANPEd, a ANFOPE, a ANPAE, a SBPC, a CNTE, e outros sindicatos docentes, e outros movimentos sociais, e outras associações. Um movimento em prol do melhor para uma boa formação de professores. Como disse no início, aprendi que o dito popular "uma andorinha sozinha não faz verão" tem um significado bem mais profundo do que parece.

Textos selecionados ■

CRÉDITOS DOS TEXTOS REPRODUZIDOS NESTE LIVRO

- **Implicações e perspectivas da pesquisa educacional no Brasil contemporâneo.** Originalmente publicado em: *Cadernos de Pesquisa*, Campinas: Fundação Carlos Chagas/Autores Associados, n. 113, p. 65-81, 2001.

- **Estudos quantitativos em Educação.** Artigo publicado originalmente na *Revista Educação e Pesquisa*, ISSN: 151797-02, número 1, volume 30. Faculdade de Educação da Universidade de São Paulo. São Paulo. Brasil.

- **Pesquisa, Educação e pós-modernidade: confrontos e dilemas.** Originalmente publicado em: *Cadernos de Pesquisa*, Campinas: Fundação Carlos Chagas/Autores Associados, v. 35, n. 126, p. 595-608, 2005.

- **A formação dos docentes: o confronto necessário professor x academia.** Originalmente publicado em: *Cadernos de Pesquisa*, São Paulo: Fundação Carlos Chagas, n. 81, p. 70-74, 1992.

- **Os professores e suas identidades: o desvelamento da heterogeneidade.** Originalmente publicado em: *Cadernos de Pesquisa*, São Paulo: Fundação Carlos Chagas, n. 98, p. 85-90, 1996.

- **Formação continuada de professores: a questão psicossocial.** Originalmente publicado em: *Cadernos de Pesquisa*, Campinas: Fundação Carlos Chagas/Autores Associados, n. 119, p. 191-204, 2003.

- **Análise das políticas públicas para formação continuada no Brasil, na última década.** Originalmente publicado em: *Revista Brasileira de Educação*, Campinas: ANPEd – Associação Nacional de Pós-Graduação e Pesquisa em Educação/Autores Associados, v. 13, n. 37, p. 57-70, 2008.

- **O professor e a avaliação em sala de aula.** Originalmente publicado em: *Estudos em Avaliação Educacional*, São Paulo: Fundação Carlos Chagas, n. 27, p. 97-114, 2003.

- **Avaliação institucional: processo descritivo, analítico ou reflexivo?** Originalmente publicado em: *Estudos em Avaliação Educacional*, São Paulo: Fundação Carlos Chagas, v. 17, n. 34, p. 7-14, 2006.

- **Avaliação de sistemas educacionais no Brasil.** Originalmente publicado em: *Sísifo – Revista de Ciências da Educação*, Lisboa, Portugal: Universidade de Lisboa, n. 09, p. 7-18, 2009.

Parte 1 | **Sobre pesquisa**

Implicações e perspectivas da pesquisa educacional no Brasil contemporâneo

Pesquisa educacional – Políticas educacionais – Brasil – Metodologia da pesquisa

Trabalhos esparsos, reveladores de uma certa preocupação científica com questões da área educacional, são encontrados no Brasil desde os primórdios do século XX. Mas é com a criação, no final dos anos 1930, do Instituto Nacional de Pesquisas Educacionais que estudos mais sistemáticos em educação, no país, começam a se desenvolver. Mais tarde, com o desdobramento do Instituto Nacional de Estudos Pedagógico (Inep) no Centro Brasileiro de Pesquisas Educacionais e nos Centros Regionais do Rio Grande do Sul, São Paulo, Bahia e Minas Gerais, a construção do pensamento educacional brasileiro, mediante pesquisa sistemática, encontrou um espaço específico de produção, formação e de estímulo. A importância desses centros no desenvolvimento de bases metodológicas, sobretudo da pesquisa de caráter empírico, no Brasil, pode ser dada pelo contraponto com as instituições de ensino superior e universidades da época, nas quais a produção de pesquisa em educação era rarefeita ou inexistente. O Inep e seus centros constituíram-se em focos produtores e irradiadores de pesquisas e de formação em métodos e técnicas de investigação científica em educação, inclusive os de natureza experimental. Seus pesquisadores atuaram também no ensino superior e, por sua vez, professores de cursos superiores passaram a trabalhar nesses centros, criando uma fecunda interface, especialmente com algumas universidades, nas décadas de 40 e 50 dos anos novecentos. Com o desenvolvimento de pesquisas no contexto de equipes fixas, publicações regulares, oferecimento de cursos para formação de pesquisadores, inclusive com a participação de docentes de diversas nacionalidades, especialmente latino-americanos, esses centros contribuíram para uma certa institucionalização da pesquisa, ao organizar fontes de dados e implantar grupos voltados à pesquisa educacional em universidades. Mas foi somente com a implementação de programas sistemáticos de pós-graduação, mestrados e doutorados, no final da década de 1960, e com base na intensificação dos programas de formação no exterior e a reabsorção do pessoal aí formado, que se acelerou o desenvolvimento da área de pesquisa no país, transferindo-se o foco de produção e de formação de quadros para as universidades. Paralelamente os centros regionais de pesquisa do Inep são fechados e têm início investimentos dirigidos aos programas de pós-graduação nas instituições de ensino superior.

No contexto dessa trajetória, e tendo durante algumas décadas uma produção bastante escassa e em grupos localizados, a pesquisa em educação no Brasil passou por visíveis convergências temáticas e metodológicas. Segundo Aparecida Joly Gouveia (1971, 1976), predominaram, inicialmente, um enfoque psicopedagógico e temáticas como desenvolvimento psicológico das crianças e adolescentes, processos de ensino e instrumentos de medida de aprendizagem. Em meados da década de 1950, esse foco desloca-se para as condições culturais e tendências de desenvolvimento da sociedade brasileira. Nesse período o país estava saindo de um ciclo ditatorial e tentava integrar processos democráticos nas práticas políticas. Vive-se um momento de uma certa efervescência social e cultural, inclusive com grande expansão da escolaridade da população nas primeiras séries do nível fundamental, em razão da ampliação de oportunidades em escolas públicas, comparativamente ao período anterior (GATTI; SILVA, ESPOSITO, 1990). O objeto de atenção mais comum nas pesquisas educacionais passou a ser nesse momento a relação entre o sistema escolar e certos aspectos da sociedade.

A partir de meados da década de 1960, começaram a ganhar fôlego e destaque os estudos de natureza econômica, com trabalhos sobre a educação como investimento, demanda profissional, formação de recursos humanos, técnicas programadas de ensino, etc. É o período em que se instalou o governo militar, redirecionando as perspectivas sociopolíticas do país. Privilegiam-se os enfoques de planejamento, dos custos, da eficiência e das técnicas e tecnologias no ensino e ensino profissionalizante. A política científica passa a ser definida num contexto de macroplanejamento, direcionando os esforços e financiamentos no conjunto da política desenvolvimentista, não fugindo a pesquisa educacional em sua maior parte desse cenário e desses interesses.

Embora tenha predominado essa tônica nas pesquisas durante alguns anos, especialmente as financiadas por órgãos públicos, as instituições de ensino superior, ou outras ligadas à produção da pesquisa em educação, mantêm uma formação diversificada de quadros. Com a necessária expansão do ensino superior e o trabalho em alguns cursos de mestrado e doutorado, que começam a se consolidar em meados da década de 1970, ocorre não só uma ampliação das temáticas de estudo mas também um aprimoramento metodológico, especialmente em algumas sub-áreas. Levantamentos disponíveis nos mostram que os estudos começam a focalizar mais equitativamente diferentes problemáticas: currículos, caracterizações de redes e recursos educativos, avaliação de programas, relações entre educação e profissionalização, características de alunos, famílias e ambiente de que provêm, nutrição e aprendizagem, validação e crítica de instrumentos de diagnóstico e avaliação, estratégias de ensino, entre outros. Não houve somente maior diversificação dos temas mas também dos modos de focalizá-los. Passou-se a utilizar métodos tanto quantitativos, mais sofisticados de análise, quanto qualitativos e, no final da década, um referencial teórico mais crítico, cuja utilização se estende a muitos estudos. Mas, nesse período, ainda predominaram os enfoques tecnicistas, o apego a taxonomias e à operacionalização de variáveis e sua mensuração. A despeito de algumas críticas aos limites desse tipo de investigação, a propagação do emprego das metodologias da pesquisa-ação e das teorias do conflito no final dos anos 1970 e começo dos anos 1980, ao lado de um certo descrédito de que soluções técnicas resolveriam problemas de base na educação brasileira, contribuiu para o enriquecimento da pesquisa educacional e para a abertura de espaço a abordagens críticas.

Todo esse processo da década de 1970 e início dos anos 1980 faz-se num contexto político e social em que, num primeiro momento, a sociedade é cerceada em sua liberdade de manifestação, tendo em vista a vigência da censura, em que se impõe uma política econômica de acúmulo de capital para uma elite e em que as tecnologias de diferentes naturezas passam a ser prioritárias. Em um segundo momento, deparamo-nos com movimentos sociais diversos que emergem e continuam a crescer, criando espaços mais abertos para manifestações socioculturais e para crítica social, inaugurando-se um período de transição, de lutas sociais e políticas, que constroem a lenta volta à democracia. A pesquisa educacional, em boa parte, va i estar integrada a essa crítica social, e, na década de 1980, encontramos nas produções institucionais, especialmente nas dissertações de mestrado e teses de doutorado – as quais passam a ser a grande fonte de produção da pesquisa educacional –, a hegemonia do tratamento das questões educacionais com base em teorias de inspiração marxista. Do ponto de vista metodológico, no entanto, é um período em que ocorrem alguns problemas de base na construção das próprias pesquisas. Voltaremos a essa questão mais adiante.

Sendo a expansão intensa do ensino superior e da pós-graduação necessária e inevitável, a formação de quadros no exterior também é grandemente expandida na segunda metade dos anos 1980 e início dos 1990. O retorno desses quadros traz para as universidades, no final da década de 1980 e durante a década de 90, contribuições que começam a produzir grandes diversificações nos trabalhos, em relação tanto às temáticas como às formas de abordagem. Concomitantemente a isso, alguns pesquisadores experientes alimentam a comunidade acadêmica com análises contundentes quanto à consistência e significado do que vem sendo produzido sob o rótulo de "pesquisa educacional". É também nesses anos que se consolidam grupos de pesquisa em algumas sub-áreas, quer por necessidades institucionais, em razão das avaliações de órgãos de fomento à pesquisa, quer pela maturação própria de grupos que durante as duas décadas anteriores vinham desenvolvendo trabalhos integrados. Descortinam-se, no final desse período, grupos sólidos de investigação, por exemplo, em alfabetização e linguagem, aprendizagem escolar, formação de professores, ensino e currículos, educação infantil, fundamental e média, educação de jovens e adultos, ensino superior, gestão escolar, avaliação educacional, história da educação, políticas educacionais, trabalho e educação. Esse movimento pode ser acompanhado tanto pelas Conferências Brasileiras de Educação, dos anos 1980, quanto pelas reuniões anuais da Associação Nacional de Pesquisa e Pós-Graduação em Educação (ANPEd). Essa associação teve, a partir do final da década de 70, papel marcante na integração e intercâmbio de pesquisadores e na disseminação da pesquisa educacional e de questões a ela ligadas. Contando com mais de 20 grupos de trabalho, que se concentram em temas específicos dos estudos de questões educacionais, a ANPEd sinaliza bem a expansão da pesquisa educacional nas instituições de ensino superior ou em centros independentes, públicos ou privados. Essa expansão traduz-se em números expressivos. Em suas reuniões anuais tem contado com a participação de aproximadamente dois mil especialistas, entre pesquisadores e alunos de mestrados e doutorados, com aumento sistemático de trabalhos que são submetidos à apreciação de suas comissões científicas.

No entanto, com essa expansão também se evidenciaram problemas de fundo na própria produção das pesquisas, os quais merecem alguma consideração.

Teoria e método

As novas perspectivas com que se trabalhou na pesquisa educacional, nas décadas de 1980 até meados dos anos 1990, assentaram-se em críticas relativas a questões de teoria e método, que não estão resolvidas mas deram novo impulso aos trabalhos e alimentaram alguns grupos de ponta na pesquisa. Assim, a qualidade da produção vai se revelar muito desigual quanto ao seu embasamento ou à sua elaboração teórica e quanto à utilização de certos procedimentos de coleta de dados e de análise.

Estudos apontam a dificuldade de se construir, na área, categorias teóricas mais consistentes, que não sejam a aplicação ingênua de categorias usadas em outras áreas de estudo e que abarquem a complexidade das questões educacionais em seu instituído e contexto social. Preocupa a compreensão das condições determinantes dos fatos educacionais, como também preocupam os mecanismos internos às escolas.

Essa dificuldade fez com que a investigação em educação mostrasse adesões a sociologismos ou economismos de diferentes inspirações, de um lado, ou a psicologismos ou psicopedagogismos de outro, especialmente as chamadas teorias socioconstrutivistas. A consciência do problema a enfrentar, ou seja, o do entendimento mais claro da natureza do próprio fenômeno educacional, ou, pelo menos, das concepções de educação que inspiram as práticas de pesquisa, não foi suficiente para o enfrentamento dessas questões de base. A captação da estrutura desse fenômeno, bem como de sua dinâmica, não como ideias que delas fazemos, mas a captação em sua concretude histórico-social, como parece ser a exigência que se coloca para a pesquisa educacional, traz desafios teóricos e metodológicos que permanecem em aberto.

Dominâncias, pesquisa e ação

Se a pesquisa em educação tendeu a se desenvolver com certas convergências históricas, verifica-se também que ela refletiu, nas décadas assinaladas, modelos de investigação que vinham sendo propostos nos Estados Unidos, na Inglaterra ou na França, tendo impactado aqui com certo retardo, muitas vezes com uma apropriação simplificada quanto a seus fundamentos. Embora nem toda a produção assim se caracterize, boa parte dela reflete o que poderíamos chamar de modismos periódicos, provavelmente consequência da parca institucionalização e da ausência de uma tradição de produção científica nessa área de estudos entre nós. Isso pode estar associado, também, a certas características de desenvolvimento de estruturas de poder na academia e, portanto, das lutas por hegemonias, da aceitação por certos grupos e manutenção de posições nas instituições em que a pesquisa educacional tem seu curso.

Além desses modismos, que evidentemente se associam a determinadas condições histórico-conjunturais, outra tendência que parece clara em muitos dos trabalhos é a do imediatismo quanto à escolha dos problemas de pesquisa. Parece dominar a preocupação quanto à aplicabilidade direta e imediata das conclusões, que em geral se completam nos trabalhos por "recomendação". Embora essa tendência tenha se atenuado nos últimos anos, ela é presença constante. O sentido pragmático e de um imediatismo específico observável nos estudos feitos na área educacional reflete-se na escolha e na forma de tratamento dos problemas. Esses problemas, oriundos de práticas profissionais, são tratados, em geral, nos limites de um recorte academicista discutível em seus alcances. Além disso, a relação pesquisa-ação-mudança parece ser encarada de maneira um tanto simplista. Ainda que se reconheçam a necessária origem social dos temas e problemas na pesquisa em educação e a necessidade de trabalhos que estejam vinculados mais especificamente a questões que no imediato são carentes de análise e proposições, uma certa cautela quanto a essa tendência deveria ser tomada. Tal abordagem, na maioria das vezes, na medida em que facilita a prevalência do aparente e do excessivamente limitado, deixa de lado questões que são as realmente fundamentais. As perguntas mais de fundo e de espectro mais amplo não são trabalhadas. O imediatismo traz também consigo um grande empobrecimento teórico.

Isso não quer dizer que não devamos nos voltar para os problemas concretos que emergem do cotidiano na história da educação vivida por nós – é aí que os problemas tomam corpo –, mas a pesquisa não pode estar a serviço de solucionar pequenos impasses do dia a dia, porque ela, por sua natureza e processo de construção, parece não se prestar a isso, vez que o tempo da investigação científica, em geral, não se coaduna com as necessidades de decisões mais rápidas. A busca da pergunta adequada, da questão que não tem resposta evidente, é que constitui o ponto de origem de uma investigação científica. Nem sempre o esforço de buscar hipóteses mais consistentes, de colocação de perguntas mais densas, é encontrado na produção das pesquisas na área educacional, e o fato não ocorre só em nosso país.

Nesse ponto, a relatividade do impacto dos resultados de investigações, cujas dimensões são sempre difíceis de aquilatar, é um aspecto que deve ser lembrado. Acresça-se, ainda, que o levantamento de questões mais de fundo e a capacidade de antecipar hoje problemas que estão se descortinando, mas cuja eclosão não está visível, são pontos fundamentais na colocação de problemas para pesquisa. Isso só é possível se existe uma certa constância e continuidade no trabalho de pesquisadores dedicados a temas preferenciais por períodos mais longos, caracterizando uma certa especificidade em sua contribuição para um conhecimento mais sistematizado. Essa condensação de grupos em algumas especialidades ou temas é uma das dificuldades que encontramos na área da produção da pesquisa em educação.

As instituições

É necessário considerar que, de modo geral, nas universidades, onde a pesquisa educacional se desenvolveu, nem sempre encontramos condições institucionais que a apoiem, e, nesse quadro, a investigação na área veio revestida de características de iniciativa individual. Tais condições atingiram os programas de pós-graduação stricto sensu, daí decorrendo, em parte, suas dificuldades para consolidar, até recentemente, de modo fecundo, grupos de pesquisa com produção continuada. Verificamos que, em alguns poucos programas de mestrado e doutorado, no final dos anos 1980, solidificam-se tendências de trabalho – poderíamos dizer, começavam a formar tradição –, enfrentando, todavia, condições institucionais internas ainda não tão favoráveis. As universidades brasileiras, com raras exceções, não nasceram conjugando pesquisa e ensino; voltavam-se só para o ensino, para dar um diploma profissionalizante, tanto as de natureza confessional como as leigas privadas e algumas das públicas. Elas não foram estruturadas para incorporar a produção de conhecimento de modo sistemático, como parte de sua função, nem sequer, para discutir o conhecimento. Elas se voltaram para a reprodução de um conhecimento que não produziram, com o qual não trabalharam investigativamente, mas que absorveram e transferiram. O espírito das "horas-aula" das instituições isoladas de ensino superior igualmente se mostra nas universidades, especialmente as recém-criadas. Muito pouco espaço abria-se para a pesquisa nessas instituições, a não ser a partir de pouco tempo para cá, quando outras perspectivas sociopolíticas colocam novos referenciais para a constituição de universidades. O grande desenvolvimento, no final da década de 1980 e nos anos 1990, de programas de mestrado e doutorado, com estímulos específicos à pesquisa e com avaliações periódicas, a redefinição das exigências para as carreiras docentes universitárias, trazem mudanças substantivas nesse quadro institucional.

Contrapontos importantes

Os anos 1980 foram fecundos: palco de contrapontos importantes, decisivos mesmo para o cenário atual da pesquisa em educação. Dois artigos publicados no final desse período tipificam essas discussões. Refletindo o embate quanto aos encaminhamentos das questões teórico-metodológicas entre os pesquisadores em educação no período, Luna (1988) trabalha a ideia de um falso conflito entre tendências metodológicas, e Franco (1988) argumenta por que o conflito entre tendências metodológicas não é falso. A argumentação de Luna leva-o a afirmar que a questão das diferenças metodológicas tem sido formulada em termos imprecisos e que mesmo o sentido da palavra metodologia tem variado no tempo, ora aproximando-se do âmbito das técnicas estatísticas, ora da filosofia ou da sociologia da ciência.

No entanto, para Luna, se o pesquisador explicita sua pergunta, ou problema, com clareza, elabora os passos que o levam a obter a informação necessária para respondê-la e indica o grau de confiabilidade na resposta obtida, é possível avaliar seu produto dentro do referencial próprio desse pesquisador. Supõe-se, com isso, que os conflitos metodológicos seriam falsos, pois só poderiam estabelecer-se no âmbito de crenças de confrarias restritas. Outros vieses sobre a questão adviriam da consideração das diferentes técnicas como explicitadoras de diferenças metodológicas, bem como pela tentativa de "confrontar diferentes tendências teórico-metodológicas, como se a verdade de cada uma pudesse ser atestada pela fragilidade de outra".

A base de suas análises é dada pela sua concepção de que a "realidade empírica é complexa mas objetiva. Não traz nela mesma ambiguidades", já o indivíduo é subjetivo, não sendo capaz de separar o objeto de sua representação. Daí o papel da teoria, pois é mediante ela que se podem integrar os recortes que o homem faz dos fenômenos.

Ao discutir as ideias de Luna, Franco (1988) adota o ponto de vista de que não há como separar aquele que conhece do objeto a ser conhecido, ou seja, parte da perspectiva de que o homem não é um ser meramente especulativo que precisa controlar sua subjetividade e "sair de si mesmo" para gerar conhecimento científico. O pensamento humano mantém uma relação dialética na construção das teorias vinculadas à prática social de seus construtores e dos que as utilizam. Não cabe, pois, dicotomizar sujeito e objeto nem teoria e prática. Considera a autora que a formalização dos requisitos que Luna coloca como básicos em qualquer pesquisa, qualquer que seja a metodologia, não é suficiente para expressar tendências metodológicas nem explicitar a abordagem teórica, muito menos expor o fio condutor que dá significado aos procedimentos que adota, quaisquer que sejam, e mesmo à investigação como um todo. É nesse nível que os conflitos se instalam, ou seja, no processo em que homens concretos, historicizados, pesquisam uma realidade concreta, dinâmica. Enfoque do real, metodologia e teoria são interdeterminantes. Como há enfoques conflitantes, há posturas metodológicas também conflitantes.

Parte desses confrontos tem a ver com a chamada pesquisa qualitativa, cujo uso se expandiu pela busca de métodos alternativos aos modelos experimentais e aos estudos empiristas, cujo poder explicativo sobre os fenômenos educacionais vinha sendo posto em questão, como ocorreu com os conceitos de objetividade e neutralidade embutidos nesses modelos. As alternativas apresentadas pelas análises chamadas qualitativas compõem um universo heterogêneo de métodos e técnicas que vão desde a análise de conteúdo, com toda sua diversidade de propostas, passando pelos estudos de caso, pesquisa participante, estudos etnográficos, antropológicos, etc.

O confronto salutar, explicitado em todos esses trabalhos, foi o contexto no qual se avançou, nos anos 1990, nas produções e preocupações com a pesquisa em educação. Conflitos entre posturas epistemológicas, métodos diversos e formas específicas de utilização de técnicas, avanços na explicitação do objeto e problemas de natureza institucional fazem parte da experiência nas lides dos que trabalham com a investigação científica.

Os procedimentos na investigação

Alguns problemas ligados ao uso de certos métodos na área educacional são comuns aqui como na produção de outros países, inclusive nos considerados como matriz dessa produção.

Questão que não se acha suficientemente discutida e trabalhada pelos pesquisadores é a tendência a não se aprofundar nas implicações do uso de certas técnicas, e mesmo da propriedade e adequação desse uso e de sua apropriação de forma consistente.

Observamos que, de pesquisas extremamente instrumentalizadas e de medidas aparentemente bem-definidas, utilizando-se modelos estatísticos mais ou menos sofisticados, saltamos para o lado oposto e passamos a fazer a crítica acirrada à inoperância desse modelo. Mas devemos reconhecer que se caiu no absoluto de uma crítica que nem sempre explicitou seus princípios e se deteve no discurso, na maioria das vezes, vago, porque pouco fundamentado em conhecimentos consistentes sobre o outro modelo, no caso o quantitativo, e também, porque não ousar dizer, sobre as alternativas apresentadas como solução, do tipo panaceia, para a pesquisa em educação.

Aqui se enquadra a questão das opções pelo uso de modelos quantitativos de coleta e análise de dados ou pelos chamados modelos qualitativos, ou seja, aquelas metodologias que não se apoiam em medidas operacionais cuja intensidade é traduzida em números. É preciso considerar que os conceitos de quantidade e qualidade não são totalmente dissociados, na medida em que de um lado a quantidade é uma interpretação, uma tradução, um significado que é atribuído à grandeza com que um fenômeno se manifesta (portanto é uma qualificação dessa grandeza) e, de outro, ela precisa ser interpretada qualitativamente, pois, sem relação a algum referencial, não tem significação em si.

De qualquer forma, o conjunto de procedimentos de pesquisa que envolve a quantificação stricto sensu e sua análise está atrelado às propriedades do conjunto numérico associado às variáveis em estudo, portanto, à definição destas e à garantia de que gozam de certas características. Isso impõe um tipo de lógica no tratamento do problema em exame e o uso de delineamentos específicos para a coleta e análise dos dados, que nem sempre os pesquisadores dominaram, ou dominam, para utilização adequada e enriquecedora.

Críticas de diferentes naturezas foram feitas entre nós a esses modelos quantificadores, sem uma análise mais profunda das suas implicações, e os estudos com dados quantitativos foram praticamente banidos. Nos últimos anos, vemos proliferar em nosso meio, bem como em muitos outros países, pesquisas em educação que se revestem de características bem diferenciadas, do ponto de vista dos procedimentos, em face das que predominaram em décadas anteriores. Uma dessas características é o uso de técnicas não quantitativas de obtenção de dados, como as de observação cursiva ou participante, análise de conteúdo, análise documental, histórias de vida, depoimentos, etc. Essas abordagens colocaram-se como alternativas novas para o trato de problemas e processos escolares, mas, sobretudo, trouxeram uma salutar revisão dos parâmetros mais comumente utilizados para definir o que é fazer ciência. Seus fundamentos são outros e se manifestam pelo questionamento da neutralidade do pesquisador e dos instrumentos de pesquisa, do conceito de causalidade determinista, da objetividade baseada na ideia da imutabilidade dos fenômenos em si, da repetição estática. Trazem também um grau de exigência alto para o trato com a realidade e a sua reconstrução, justamente por postularem o envolvimento historicizado do pesquisador. Em outros modelos, por exemplo nos experimentais ou quase experimentais, coloca-se a necessidade de um domínio de técnicas de construção de instrumentos sofisticadas e compreensão das análises estatísticas complexas em seus fundamentos. Os estudos de natureza dita "qualitativa" não podem significar uma banalização.

A pergunta que nos colocamos ao examinarmos atentamente as vertentes de pesquisa, a partir do que está produzido na pesquisa educacional no Brasil, é se há um domínio consistente de métodos e técnicas de investigação, qualquer que seja a abordagem em que o pesquisador se situa. No exame dos trabalhos constatamos algumas fragilidades sob esta ótica que merecem ser apontadas.

É fundamental o conhecimento dos meandros filosóficos, teóricos, técnicos e metodológicos da abordagem escolhida. Sob esse ponto, há também alguns problemas nos trabalhos de pesquisa na área educacional, tanto nos que usaram quantificação como nos que usaram metodologias alternativas. Nas abordagens quantitativas verificamos hipóteses malcolocadas, variáveis pouco operacionalizadas ou operacionalizadas de modo inadequado, quase nenhuma preocupação com a validade e a fidedignidade dos instrumentos de medida, variáveis tomadas como independentes sem o serem, modelos estatísticos aplicados a medidas que não suportam suas exigências básicas, por exemplo, de continuidade, intervalo, proporcionalidade, forma da distribuição dos valores, entre outros. Constata-se ainda ausência de consciência dos limites impostos pelos dados, pelo modo de coleta, as possíveis interpretações. E, ainda, interpretações empobrecidas pelo não domínio dos fundamentos do método de análise empregado. De outro lado encontram-se observações casuísticas, sem parâmetros teóricos, a descrição do óbvio, a elaboração pobre de observações de campo conduzidas com precariedade, análises de conteúdo realizados sem metodologia clara, incapacidade de reconstrução do dado e de percepção crítica de vieses situacionais, desconhecimento no trato da história e de estórias, precariedade na documentação e na análise documental. Os problemas não são poucos, tanto de um lado como de outro, o que nos leva a pensar na precária formação que tivemos e temos, para uso e crítica tanto dos métodos ditos quantitativos como dos qualitativos. Nessa direção Warde (1990) comenta, em estudo detalhado sobre dissertações e teses na área da educação, que "muitas indicam o manejo amadorístico dos complexos procedimentos nelas implicados com a derivação de resultados científicos e sociais pouco relevantes".

Precisa-se considerar o alto grau de maturidade e refinamento subjetivo exigido pelas chamadas metodologias qualitativas para podermos concluir que elas não são adequadas e oportunamente manipuladas, não só, como em geral se quer fazer crer, pelas condições adversas em que se realizam as pesquisas, mas porque a formação que está sendo dada não é apropriada nem suficiente. Acrescenta Warde (1990) que há de se destacar que da utilização crescente das novas metodologias exploratórias/qualitativas decorre a composição de amostras intencionais ou arbitrárias, muito reduzidas e predominantemente constituídas de alguns sujeitos; no caso das descritivas-narrativas, a "amostra" é o próprio autor que expõe sua "experiência" ou "vivência". Mesmo utilizadas nas dissertações ou teses que abordam diferentes assuntos (educação popular, educação e movimentos sociais e outros), as novas metodologias preponderam entre os estudos relativos aos processos e às práticas intraescolares, com particular ênfase nos pedagógicos. Nesses estudos, são produzidas, em regra, propostas de ação (administrativas e/ou pedagógicas) para instituições ou redes de ensino. Qual a real validade disso?

É preciso reconhecer que não temos nos omitido no enfrentamento desses problemas, mas que, em contrapartida, nem tudo o que se faz sob o rótulo de pesquisa educacional pode ser realmente considerado como fundado em princípios da investigação científica. Ou seja, uma pesquisa que traduza com suficiente clareza suas condições de generalidade e, simultaneamente, de especialização, de capacidade de teorização, de crítica e de geração de uma problemática própria, transcendendo pelo método não apenas o senso comum mas também as racionalizações primárias.

Pesquisa em educação e seu impacto social

Realizamos dois trabalhos cujos objetivos eram os mesmos: analisar como e em que magnitude pesquisas realizadas nas instituições de ensino superior contribuíram para o desenvolvimento das reformas e das inovações realizadas ou em andamento no sistema educacional, nos níveis fundamental e médio (GATTI, 1986, 1994). Na medida em que entrevistamos pessoal tanto das universidades como das Secretarias de Educação, em diversos pontos do país e em diferentes níveis da administração, é-nos possível refletir a respeito dessa relação com base nas falas dos entrevistados. Os fatores aos quais se atribuem, no geral, a insuficiente participação das instituições de ensino superior nos projetos de desenvolvimento ou as inovações do sistema educacional, bem como a pouca utilização das pesquisas educacionais, são: desvinculação das universidades brasileiras com os níveis básicos de ensino; distanciamento das universidades em relação aos problemas práticos; visão idealizada e teórica da universidade sobre o ensino; falta de contato dos órgãos governamentais com a universidade; caráter teórico das pesquisas; inexistência quase total de trabalhos conjuntos; falta de divulgação dos resultados das pesquisas; dificuldades dos administradores de ensino de fazer a passagem da teoria para a prática; rigidez do sistema educacional na absorção de propostas inovadoras; pouca importância atribuída à pesquisa em alguns segmentos governamentais.

Os pesquisadores entrevistados levantam problemas para essa colaboração, como: falta de hábito dos administradores escolares de recorrerem a pesquisas para o desenvolvimento de seus projetos; falta de mecanismos eficientes de integração entre órgãos produtores e órgãos potencialmente consumidores de pesquisa educacional; projetos de pesquisa excessivamente individualizados, com descontinuidade na produção; problemas de comunicação e difusão.

Todas essas considerações são extremamente relevantes e merecem reflexão por parte dos pesquisadores. Porém, é preciso lembrar que na visão do pessoal que trabalha nas redes de ensino, bem como nas colocações feitas pelos pesquisadores de universidades também entrevistados, observa-se uma perspectiva linear, revelando uma concepção muito idealista quanto à relação pesquisa *versus* políticas *versus* ações educacionais. Isso não condiz com as perspectivas de produção histórica de relações, seja quanto a objetos da cultura, seja quanto a movimentos político-sociais. Há inegavelmente uma porosidade entre o que se produz nas instâncias acadêmicas e o que se passa nas gestões e ações nos sistemas de ensino, mas os caminhos que medeiam essa inter-relação não são simples nem imediatos. Fazem parte desse processo de porosidade todas as nuances e os ruídos relativos aos processos de comunicação humana, de disseminação dos conhecimentos, de decodificar informação e interpretá-las, num dado contexto de forças sociais em conflito. E estas são muitas. A leitura do produzido, como dizemos no jargão acadêmico, é polissêmica e feita no âmbito do processo de alienação histórico-social a que todos estamos sujeitos.

Agregado a isso há o fator tempo. Os tempos dos caminhos da investigação científica e da disseminação de sínteses são bem diferentes dos tempos do exercício "em tempo real" da docência e da gestão educacional. Os estudos e as pesquisas têm um tempo de maturação, e o professor não pode suspender sua ação, nem os gestores de sistemas em seus diferentes níveis de responsabilidade. Respostas imediatas e continuadas são exigidas destes, e não dos pesquisadores. Enquanto a pesquisa questiona e tenta compreender cada vez melhor as questões educacionais, os administradores, técnicos e professores estão atuando a partir dos conceitos e "in-formações" que lhes foram disponibilizados em outra oportunidade.

O conhecimento oriundo das reflexões e pesquisas na academia socializa-se não de imediato, mas em uma temporalidade histórica, e essa história construída nas relações sociais concretas seleciona aspectos dessa produção no seu processo peculiar de disseminação e apropriação. Exemplo disso foi o impacto dos estudos sobre fracasso escolar e a qualidade do ensino nas políticas dos anos 1990, com base em pesquisas e discussões do final dos anos 1970 e 1980. É evidente que o enfoque atualmente dado nas políticas públicas e nas discussões de jornais e revistas, ou em seminários de setores do trabalho em educação, assenta-se em uma construção lenta de conhecimento que se acumula em muitos anos. Mesmo quando se atualizam dados de demografia educacional, as perspectivas de análise fundam-se comumente em outros dados e em algumas reflexões consolidadas em um tempo anterior. Para os conhecedores da questão que utilizamos como exemplo, esses problemas começaram a ser revelados e abordados de maneira contundente para o público, justamente em pesquisas de porte realizadas e divulgadas no final dos anos 1970 e começo dos 1980. Depois desses trabalhos, o que se fez foi desenvolver a mesma trilha e mostrar que o problema só aumentava. Entre lá e cá alguns reflexos existiram em iniciativas políticas, algumas mais locais, em instituições específicas, outras mais amplas, em Estados ou municípios, por exemplo a implantação do ciclo básico no Estado de São Paulo; aí, também, as "escolas-padrão", as diferentes iniciativas de diversos governos para renovação dos processos de alfabetização, desenvolvimento da leitura e escrita; os ciclos de ensino nos municípios de São Paulo e Belo Horizonte, as "classes de aceleração" em muitos estados, entre outros.

Esse impacto assume as características do possível historicamente determinado, portanto, não assume uma feição do idealizado nas reflexões e nos desejos dos pesquisadores, mas afeição do factível, no confronto dos interesses e poderes que atuam no social, numa dada conjuntura.

A porosidade entre pesquisa e suas aplicações possíveis nas políticas educacionais também é determinada pela formação dos quadros componentes dos sistemas de ensino. Esses quadros receberam sua formação básica em um determinado tempo e lugar, tendo acesso a e lendo uma determinada bibliografia, ou sendo orientados por meio de exposições de seus professores. Ensinou-se a eles alguma coisa em um certo período histórico durante o qual se formaram concepções, ideais e valores. As aprendizagens, feitas pelas mediações de cada um, portanto transformadas, terão ressonância nos lugares em que suas ações profissionais irão se desenvolver. As ideias formuladas por pesquisas, estudos, reflexões, ensaios e que passam para as gerações que se estão formando, num dado tempo, bem como no contínuo de seu exercício profissional, são levadas de alguma forma para dentro desse exercício, e suas marcas fazem-se sentir numa temporalidade diferente daquela em que se formou uma base de conhecimentos e formas de pensar determinadas. Por outro lado, não deixam de receber novas informações que se confrontam ou se integram às que já têm. Então, o processo tem aspectos de sucessividade e de simultaneidade, num contexto institucional que é histórico, histórico pessoal e social. Alguns permanecem na escola ensinando, outros vão desempenhar outras funções, técnicas ou administrativas, ou normativas, mas portando consigo a base, mesmo que transformada, com a qual adentraram na seara da educação. Aí, manifestar-se-á em suas ações aquilo que construíram como conhecimento, a partir de seu próprio processo educativo e de sua prática social e profissional.

Há um papel social para consistência metodológica?

Os resultados de pesquisa, na sua disseminação pelo social, parecem também ter alguma relação com os métodos de trabalho dos pesquisadores na medida em que podem gerar alguma credibilidade dentro e, depois, fora dos ambientes acadêmicos. Algo ligado à plausibilidade dos resultados e de sua generalização ou transformação em ações e práticas. Claro que essa disseminação é seletiva, desigual e dependente dos jogos de forças sociais em determinado momento. Esse aspecto mereceria maiores estudos.

É como se houvesse uma sensibilidade social ao que é mais rigoroso, ou confiável, ao menos frágil metodologicamente, que não se pode demolir facilmente pelas lacunas nas coletas de dados ou análises e que, também, não se pode contra-argumentar com facilidade. Há, inclusive, nesse processo de impacto social, os consequentes da aplicação de resultados da investigação científica nos sistemas escolares – efetivos, não efetivos – que servem de avaliação para a consistência de seus resultados.

Historicamente, além das associações com determinados tipos de poder e conjuntura, para ser tomado como conhecimento relevante e penetrar no social, o conhecimento advindo das pesquisas parece ter necessidade de carregar em si um certo tipo de abrangência, nível de consistência e foco de impacto, aderência ao real, tocando em pontos críticos concretos. Há pesquisas "politicamente interessantes" de determinados grupos, mas que mostram fôlego curto diante do experimentado socialmente, em razão de suas inconsistências metodológicas. Há muitos exemplos históricos a respeito em pesquisas de diferentes áreas, e muitos são os fatores presentes na tensão e na porosidade entre as pesquisas e as políticas educacionais, entendidas estas tanto como as que se expressam nos aspectos de sua gestão mais ampla como também a que se concretiza nos cotidianos das escolas.

Referências

ANDRÉ, M. Texto, contexto e significados: algumas sugestões na análise de dados qualitativos. *Cadernos de Pesquisa*, São Paulo, n. 45, p. 66-70, mai. 1983.

CAMPOS, M. M. Pesquisa participante: possibilidades para o estudo da escola. *Cadernos de Pesquisa*, São Paulo, n. 49, p. 63-66, mai. 1984.

DEMO, P. Qualidade e representatividade de pesquisa em educação. *Cadernos de Pesquisa*, São Paulo, n. 55, p. 76-84, nov. 1985.

FRANCO, M. L. Porque o conflito entre tendência metodológicas não é falso. *Cadernos de Pesquisa*, São Paulo, n. 66, p. 75-80, ago. 1988.

GATTI, B. A. Algumas considerações sobre procedimentos metodológicos nas pesquisas educacionais. *ECCOS – Revista Científica*, São Paulo, n. 1, 1999.

GATTI, B. A. O problema da metodologia da pesquisa nas ciências humanas. In: RODRIGUES, M. L.; NEVES, N. P. (Org.). *Cultivando a pesquisa*. Franca: Edit. Unesp, 1998. p. 9-39.

GATTI, B. A. Participação do pessoal da educação superior nas reformas ou inovações do sistema educacional. *Cadernos de Pesquisa*, São Paulo, n. 59, p. 3-14, nov. 1986.

GATTI, B. A. Pesquisa educacional, ações e políticas educacionais. *Boletim – textos para discussão*. Brasília, DF: Inep, 1994. p. 1-7.

GATTI, B. A. Pesquisa educacional: em busca de uma problemática própria. *Impulso – Revista da Unimep*, v. 6, n. 12, p. 9-24, 1993.

GATTI, B. A. Pesquisa em educação: tendências e potencialidades da pesquisa educacional no Brasil. In: *Seminário Regional da Sociedade Brasileira de Educação Comparada, 3. Anais*. São Paulo: USP, 1987. p. 112-121.

GATTI, B. A. Pesquisa em educação: um tema em debate. *Cadernos de Pesquisa*, São Paulo, n. 80, p. 106-111, fev. 1992.

GATTI, B. A. Pós-graduação e pesquisa em educação no Brasil, 1978-1981. *Cadernos de Pesquisa*, São Paulo, n. 44, p. 3-17, fev. 1983.

GATTI, B. A.; SILVA, T. R. N.; ESPOSITO, Y. L. Alfabetização e educação básica no Brasil. *Cadernos de Pesquisa*, São Paulo, n. 75, p. 7-14, nov. 1990.

GOUVEIA, A. J. A pesquisa educacional no Brasil. *Cadernos de Pesquisa*, São Paulo, n. 1, p. 1-48, jul. 1971.

GOUVEIA, A. J. A pesquisa sobre educação no Brasil: de 1970 para cá. *Cadernos de Pesquisa*, São Paulo, n.19, p. 75-87, dez. 1976.

LUNA, S. O falso conflito entre tendências metodológicas. *Cadernos de Pesquisa*, São Paulo, n. 66, p. 70-74, ago. 1988.

MELLO, G. N. A Pesquisa educacional no Brasil. *Cadernos de Pesquisa*, São Paulo, n. 46, p. 67-72, ago. 1983.

WARDE, M. J. O Papel da pesquisa na pós-graduação em educação. *Cadernos de Pesquisa*, São Paulo, n. 73, p. 67-75, maio 1990.

Estudos quantitativos em Educação

Atualmente, na área da pesquisa educacional, excluindo análises de dados de avaliações de rendimento escolar realizadas em alguns sistemas educacionais no Brasil, poucos estudos empregam metodologias quantitativas. Há mais de duas décadas que na formação de educadores e de mestres e doutores em educação não se contemplam estudos disciplinares sobre esses métodos. No entanto, há problemas educacionais que, para sua contextualização e compreensão, necessitam ser qualificados através de dados quantitativos. Por exemplo, como compreender a questão do analfabetismo no Brasil e discutir políticas em relação a esse problema sem ter dados sobre seu volume e a sua distribuição segundo algumas variáveis, como gênero, idade, condição socioeconômica, região geográfica, cidade-meio rural, etc. Os números aqui se tornam muito importantes e suas relações também. No entanto, o uso das bases de dados existentes sobre educação é muito pequeno pela dificuldade dos educadores em lidar com dados demográficos e com medidas de um modo geral. Estudos que utilizam mensurações também são poucos. Essa dificuldade no uso de dados numéricos na pesquisa educacional rebate de outro lado na dificuldade de leitura crítica, consciente, dos trabalhos que os utilizam, o que gera na área educacional dois comportamentos típicos: ou se acredita piamente em qualquer dado citado (muitas vezes dependendo de quem cita – argumento de autoridade), ou se rejeita qualquer dado traduzido em número por razões ideológicas reificadas, *a priori*.

No emprego dos métodos quantitativos precisamos considerar dois aspectos como ponto de partida: primeiro, que os números, frequências, medidas têm algumas propriedades que delimitam as operações que se podem fazer com eles e que deixam claro seu alcance; segundo, que as boas análises dependem de boas perguntas que o pesquisador venha a fazer, ou seja, da qualidade teórica e da perspectiva epistêmica na abordagem do problema, as quais guiam as análises e as interpretações. Sem considerar essas condições como ponto de partida, de um lado, corre-se o risco de usar certos tratamentos estatísticos indevidamente, e, de outro, de não se obter interpretações qualitativamente significativas a partir das análises numéricas. Em si, tabelas, indicadores, testes de significância, etc. nada dizem. O significado dos resultados é dado pelo pesquisador em função de seu estofo teórico.

Os métodos de análise de dados que se traduzem por números podem ser muito úteis na compreensão de diversos problemas educacionais. Mais ainda, a combinação desse tipo de dados com dados oriundos de metodologias qualitativas podem vir a enriquecer a compreensão de eventos, fatos, processos. As duas abordagens demandam, no entanto, o esforço de reflexão do pesquisador para dar sentido ao material levantado e analisado.

Sem tradição sólida

Comum é encontrarmos a afirmação de que até meados do século passado predominavam no Brasil os estudos de natureza quantitativa, batizados de tecnicistas ou, mais inadequadamente, positivistas. No entanto, estudos publicados nos inícios dos anos 1970 (GOUVEIA,1980; DI DIO,1974) nos mostram, primeiro, que a pesquisa em educação era muito escassa e mesmo incipiente até então; e, segundo, que além disso, dos estudos levantados pelos autores citados, 71% não eram estudos que utilizavam dados quantitativos e, dentre os que os utilizavam, a maioria empregava apenas análise descritiva de tabelas de frequências, alguns poucos correlações e raríssimos estudos empregavam análise multidimensional. Di Dio (1974, p. 520) assim se expressa:

> 1. A esmagadora maioria das investigações são históricas ou estudos descritivos, levantamentos e outros enfoques não-experimentais.
>
> 2. O instrumento de medida preferido é o questionário.
>
> 3. Quando são empregadas técnicas estatísticas, trata-se usualmente de percentagens e coeficientes de correlação.

O uso de dados quantitativos na pesquisa educacional no Brasil nunca teve, pois, uma tradição sólida ou uma utilização mais ampla. Isso dificultou, e dificulta, o uso desses instrumentais analíticos de modo mais consistente, bem como dificulta a construção de uma perspectiva mais fundamentada e crítica sobre o que eles podem ou não podem nos oferecer; dificulta ainda a construção de uma perspectiva consistente em face dos limites desses métodos, limites que também existem nas metodologias ditas qualitativas, os quais, em geral, não têm sido também considerados. De outro lado, dificulta a leitura crítica e contextualizada quando dados quantitativos são trazidos à discussão, seja nos âmbitos acadêmicos, seja em âmbito público.

Devemos considerar também que muitos dos estudos quantitativos em educação, especialmente os que se utilizam de técnicas de análise mais sofisticadas, mais flexíveis e mais robustas, não são realizados por educadores, mas por pesquisadores de outras áreas que se debruçam sobre o objeto educação (economistas, físicos, estatísticos, sociólogos, psicólogos, etc.). Com isso, interpretações e teorizações nem sempre incorporam as discussões em pauta no campo das reflexões sobre a educação.

A abordagem quantitativa: significado e condições

As colocações de Falcão e Régnier (2000, p. 232) podem pautar nossa compreensão do papel da quantificação na pesquisa educacional. Esses autores postulam que a análise de dados quantitativos constitui-se em um trabalho que propicia que "a informação que não pode ser diretamente visualizada a partir de uma massa de dados poderá sê-lo se tais dados sofrerem algum tipo de transformação que permita uma observação de um outro ponto de vista". Complementam que "a quantificação abrange um conjunto de procedimentos, técnicas e algoritmos destinados a *auxiliar* o pesquisador a extrair de seus dados *subsídios* para responder à(s) pergunta(s) que o mesmo estabeleceu como objetivo(s) de seu trabalho". O grifo dessas duas palavras pelos autores citados é muito importante porque nos lembram que os métodos quantitativos de análise são recursos para o pesquisador, o qual deve saber lidar com eles em seu contexto de reflexão (num certo sentido deve dominá-los) e não submeter-se cegamente a eles, entendendo que o tratamento desses dados, por meio de indicadores, testes de inferência, etc., oferecem indícios sobre as questões tratadas, não verdades; que fazem aflorar semelhanças, proximidades ou plausibilidades, não certezas.

O domínio de que falamos demanda conhecimento dos pressupostos que sustentam cada técnica de análise quantitativa empregada e de seus consequentes. Pressupõe um conhecimento do contexto em que os dados foram produzidos e de sua forma de medida e de coleta. Pressupõe um conhecimento amplo e aprofundado da área em que os problemas estudados se situam. Pressupõe, pois, o domínio de teorizações e o conhecimento de seus contornos epistêmicos. Esse domínio permite escapar ao uso mecânico de técnicas de análise quantitativa, permite ainda detectar os maus usos dessas técnicas e as distorções de análises.

Há diversas formas de se obter quantificações, dependendo da natureza do objeto, dos objetivos do investigador e do instrumento de coleta. Podemos, *grosso modo*, distinguir três tipos de dados: categóricos, ordenados e métricos. Para cada um deles há possibilidades de tratamentos específicos. Os dados categoriais são aqueles que apenas podemos colocar em classificações (classes) e verificar sua frequência nas classes. Exemplo simples desse tipo de dado é a contagem de pessoas conforme seu sexo nas categorias masculino e feminino; a leitura preferida escolhida: livros ou revistas ou jornal ou nenhum; o último nível escolar frequentado: nenhum/fundamental/médio/superior. Categorizações permitem agrupamento segundo alguma característica, discriminando um agrupamento do outro. Podem-se cruzar categorizações obtendo maior detalhamento da informação: sexo X último nível escolar frequentado; ou sexo X último nível escolar frequentado X leitura preferida. Os dados são chamados de ordenados quando estão numa forma que mostra sua posição relativa segundo alguma característica, mas que não há associação de um valor numérico para essa característica nem um intervalo regular entre uma posição e outra. Um exemplo é a ordem de chegada de carros em uma corrida: primeiro, segundo, terceiro, etc., ou a ordenação de alunos por um professor apenas de acordo com a sua opinião sobre seu desempenho, do melhor ao pior: o primeiro colocado, o segundo, o terceiro, etc. O terceiro tipo de dado – métrico – consiste de observações relativas a características que podem ser mensuradas e expressas numa escala numérica: os graus da temperatura; notas em uma escala definida. Cada tipo de dado implica tipos diferentes de tratamento estatístico possíveis. Lembramos que todas as medidas são arbitradas, criadas, inventadas e não podem ser tomadas como sendo a própria natureza das coisas; isso também se aplica às categorias dos estudos de análise de conteúdo e de outras análises dos modelos qualitativos. O que se procura, ao criar uma tradução numérica ou categorial de fatos, eventos, fenômenos, é que essa tradução tenha algum grau de validade racional, teórica, no confronto com a dinâmica observável dos fenômenos.

Visitando alguns trabalhos

Procuramos trazer para comentar neste artigo alguns trabalhos realizados com abordagens quantitativas, representativos na discussão educacional nos últimos 30 anos, bem como representativos de formas de análise diversificadas. Tentaremos mostrar como dados se compõem com teoria e interpretações qualitativas e que determinadas questões demandam dados numéricos e suas técnicas de análise. Para a seleção dos trabalhos fizemos um levantamento exaustivo em todos os números publicados de 1970 para cá dos seguintes periódicos: *Revista Brasileira de Estudos Pedagógicos* (Inep/MEC); *Cadernos de Pesquisa* (Fundação Carlos Chagas); *Educação e Realidade* (UFRS); *Educação e Sociedade* (Cedes/ Unicamp); *Revista Brasileira de Educação* (ANPEd); *Estudos em Avaliação Educacional* (Fundação Carlos Chagas); *Ensaio* (Fundação Cesgranrio). Procedemos a um levantamento de fontes bibliográficas indexadas para detectar livros ou relatórios contendo esse tipo de abordagem. Não nos debruçamos sobre dissertações de mestrado ou teses. Entre os trabalhos encontrados selecionamos os que mais aparecem referenciados em determinado tema ou que se constituíram em foco de debate. Certamente algumas pesquisas importantes ficarão fora da presente exposição, mas uma escolha se fez necessária. Apresentaremos os trabalhos por subconjuntos temáticos.

Analfabetismo, percurso escolar e fracasso escolar

Muitos dos estudos sobre os problemas de fluxo escolar, analfabetismo, fracasso escolar são de natureza demográfica, ou seja, trabalham com massas de dados populacionais, de sistemas educacionais ou subsistemas. Esses estudos permitem: 1. análises do estado, da situação geral, ou associada a determinados fatores, em relação a problemas sociais/educacionais, pelo agrupamento de dados, pelo cálculo de taxas ou indicadores simples ou mais complexos; 2. análises de movimento, que propiciam perspectivas sobre ocorrências ao longo de um certo período de tempo (um ano, vários anos, décadas, etc.) evidenciando a dinâmica dos eventos.

Nos estudos demográficos em educação há tempos se destacam os trabalhos de Alceu R. Ferrari, não só pelos tratamentos que realizou e realiza com dados censitários abordando problemas do analfabetismo, dos fluxos escolares, como pelas suas preocupações metodológicas e de teoria educacional. Ferrari (1979, p. 253-266) em artigo publicado pela revista *Educação e Realidade* da Faculdade de Educação da Universidade Federal do Rio Grande do Sul, em que trata dos usos de estatísticas educacionais dos censos e dos registros escolares, deixa clara sua preocupação em mostrar as diversas possibilidades de utilização das estatísticas educacionais tanto descritiva como explicativamente, seu alcance e seus limites, considerando a "importância de se evitar o empirismo, o maior risco, sem dúvida, na utilização de fontes estatísticas", como também considerando que a "mediação teórica é indispensável para se passar do dado para o indicador. Não bastam dados, uma calculadora e um operador". Citando Solari (1963, p. 61) lembra: "Todo indicador supõe um ou mais dados elaborados de maneira refinada ou tosca, porém eles não bastam para se construir um indicador, já que se requer sua inserção em uma teoria". Selecionamos três trabalhos de Ferrari (1985; 1988; 2002) realizados em momentos diferentes de nossa história educacional, que trouxeram dados e análises que são fontes seguras de inspiração tanto para a reflexão crítica sobre os sistemas educacionais como para a proposição de ações educacionais. No artigo "Analfabetismo no Brasil: tendência secular e avanços recentes" (FERRARI, 1985, p. 35-49), confronta dados das PNADs

1977 e 1982 (Pesquisa Domiciliar por Amostragem de Domicílios) e do Censo Demográfico de 1980 com as experiências do Mobral relativamente ao declínio dos índices de analfabetismo no Brasil na década de 1970. Analisa a tendência secular (1872 a 1980) dos índices de analfabetismo para o Brasil e algumas regiões, levantando a questão das origens históricas das desigualdades educacionais regionais. Com base em comparação de dados de diversas naturezas e indicadores procura lançar luz sobre o processo de produção do analfabetismo e sobre as relações entre analfabetismo e ensino fundamental. Conclui questionando as políticas oficiais em suas contradições, mostrando ainda como a escola produz o analfabetismo por meio do processo de exclusão, processo este que engloba tanto aqueles que são excluídos sem sequer chegar a ser admitidos a ela na idade de escolarização obrigatória quanto os que, tendo sido admitidos, são depois excluídos no próprio processo de ensino pela reprovação e a repetência.

A exclusão praticada no processo de alfabetização, através da reprovação e repetência, alimenta, no momento seguinte, através do que eufemisticamente se denomina de evasão escolar, o contingente dos já excluídos do processo (FERRARI, 1985, p. 49)

No texto de 1988 (p. 55-74) publicado pela *Revista Brasileira de Estudos Pedagógicos (RBEP)*, Alceu Ferrari estuda a evolução da matrícula e dos índices de atendimento pré-escolar no Brasil, entre 1968 e 1986, confrontando a participação do setor público e do privado nessa evolução. Usando dados censitários brutos, taxas de escolarização, taxas de incremento e dados de renda familiar, discute a relação público/privado, as políticas do Conselho Federal de Educação no setor, questões de renda e pré-escola e a questão da qualidade do atendimento pré-escolar. Nas conclusões ressalta que os resultados "casam muito bem com o próprio projeto social do período da ditadura militar – projeto autoritário, seletivo, excludente. Não há nada nas análises feitas que indique uma diminuição das desigualdades escolares e sociais através da educação pré-escolar oferecida pelos poderes públicos". Os índices e as relações encontradas mostram uma realidade que fica muito distante "das intenções ou propósitos enunciados pelos formuladores da política educacional" (FERRARI, 1988, p. 72). O artigo de Ferrari (2002, p. 21- 47) publicado pela revista *Educação e Sociedade* trata do analfabetismo e dos níveis de letramento no Brasil. Faz uma grande síntese histórica de dados, a partir da discussão da emergência do analfabetismo como problema político no final do período imperial e das mudanças conceituais quanto à caracterização do analfabetismo, o que gera problemas de comparabilidade. A partir disso, estuda as tendências de longo prazo, desde o primeiro Censo de 1872 até o Censo de 2000, e, com base neste censo, classifica a população em diferentes níveis de letramento.

Por um lado, os dados trabalhados mostram a persistência do analfabetismo no país. Verifica-se pelas tabelas e gráficos que, se houve queda progressiva da taxa de analfabetismo no Brasil, por outro verifica-se o aumento continuado do número absoluto de analfabetos até 1980, com queda nesse número até o ano 2000, porém, restando ainda muitos milhões de brasileiros "marcados com o estigma do analfabetismo, essa forma extrema de exclusão educacional, geralmente secundada por outras formas de exclusão social". Quanto aos níveis de letramento, mostra que dois terços da população de 15 anos ou mais (71 milhões) estão entre a categoria "sem instrução e menos de um ano de estudo" e "até sete anos de estudo", ou seja, sem terminar o ensino fundamental. Isso dá uma dimensão do "tamanho do desafio posto à educação nos próximos anos (ou décadas?)". Assim, pensando política educacional, "os resultados do estudo obrigam a questionar fortemente o princípio e a prática de, a título de priorização da educação fundamental na 'idade própria', relegar-se a segundo plano a educação de jovens e adultos e a educação infantil". Lembra então que, "o não acesso de muitas crianças ainda à educação infantil está constituindo-se rapidamente em fator de diferenciação e discriminação no processo de escolarização" (FERRARI, 2000, p. 44).

Ainda podemos destacar estudo sobre os indicadores de analfabetismo de Pinto *et al.* (2000, p. 511-524), publicado na *RBEP*/Inep, analisando fatores associados ao analfabetismo, a partir do Censo de 2000, detalhando o analfabetismo por município, gênero, idade e renda, tendo como contexto de análise as políticas e os programas de erradicação do analfabetismo e a questão dos alfabetizadores. Em função do grande número de programas para superação do analfabetismo, e em função de sua descontinuidade, é preciso pensar em otimizar recursos e qualificar melhor os alfabetizadores. Concluem:

> De qualquer forma, uma coisa é certa: sempre há e sempre houve disposição da população para se engajar nos programas de alfabetização; o que faltou muitas vezes foram programas de qualidade, claramente delineados para seus diferentes perfis, e com o nível de profissionalização que se espera de qualquer atividade. Nesta área, improvisação geralmente redunda em fracasso[...] (PINTO *et al.*, 2000, p. 523).

Fluxo escolar/análise de coortes: outra metodologia

Em 1993 Sérgio C. Ribeiro publica artigo confrontando as análises quantitativas do MEC com as feitas por um modelo alternativo – Profluxo (FLETCHER; RIBEIRO, 1989) – com o qual elabora um novo cenário do fluxo de alunos no ensino fundamental no Brasil. Suas análises mostram com clareza os problemas da repetência no âmbito escolar: "Os graduados levam (no ensino fundamental) em média 11,4 anos frequentando a escola de 1º grau, o que corresponde a um acúmulo de mais de três repetências por graduado" (Ribeiro, 1993, p. 67). As curvas de fluxo, "além de mostrar a ineficiência do sistema, reforçam também a interpretação sobre a persistência de nossos alunos em sua determinação de se educar". Ribeiro analisa as diversas formas de repetência praticadas no cotidiano do sistema e suas consequências (em dados), estuda essa questão segundo índices de renda e grupos populacionais diferentes, complementando suas análises com comparação de dados do desempenho de alunos de 13 anos de idade em matemática, com o produto nacional bruto (PNB) *per capita* e gastos com educação. Isso o leva a tratar do custo aluno/ano no sistema público de ensino fundamental. Avança no texto algumas conclusões, como: "A ideia de que a repetência é boa para o aluno e sinal de bom ensino na escola está baseada num dos muitos mitos equivocados. Observa-se que a probabilidade de um aluno repetente ser aprovado é quase a metade da probabilidade de aprovação de um aluno novo na série...". Com este dado afirma que "a repetência é, em si mesma, uma das principais causas da repetência", completando:

> É claro que nessa nossa "pedagogia da repetência", a ameaça de reprovação constitui o principal mecanismo de pressão ou 'motivação' para que os alunos estudem. Esse mecanismo revela a cultura autoritária e repressiva de nossa sociedade, e é difícil de ser substituído por outros tipos de motivação, de natureza positiva (Ribeiro, 1993, p. 72).

Ribeiro encerra seu texto discutindo um novo modelo de gestão e financiamento da escola pública e o papel do Estado. Esse trabalho, sem dúvida, causou impacto na discussão do problema da repetência nos sistemas de ensino.

A questão do letramento: uma discussão recente

Do ponto de vista de análises que utilizam dados quantificados, destacamos aqui os trabalhos realizados por pesquisadoras da ONG Ação Educativa. Ribeiro (1998, 2003), estudando analfabetismo funcional no âmbito de um projeto internacional comparado, coordenado pela OREALC/Unesco, aplicou, em São Paulo, a uma amostra representativa de mil jovens e adultos, da população de 15 a 54 anos de idade, um teste de leitura e um questionário, e, com uma sub-amostra de 26 casos, realizaram-se entrevistas em profundidade, propondo-se também tarefas simuladas de leitura e escrita para serem realizadas em interação com as entrevistadoras. O delineamento da pesquisa, os instrumentos e as análises fundamentaram-se em discussões teóricas sobre o conceito de alfabetismo/analfabetismo funcional e seu papel social, havendo um cuidadoso tratamento do estado do campo teórico. Isso conduziu a algumas definições metodológicas que nortearam o trabalho de campo e as análises.

> Considerando que toda a população pesquisada participa de uma socie-
> dade caracterizada pelo alfabetismo, ou seja, pela ampla utilização da
> linguagem escrita em várias esferas do sistema social, passam a interessar
> as diferentes atitudes em relação a esses contextos e a essa tradição cultural
> que possam estar associadas a diferentes graus e tipos de habilidade e uso
> da linguagem escrita (RIBEIRO, 1998, p. 7).

O estudo abordou ainda as relações do alfabetismo com a escolarização.
O conjunto da amostra foi caracterizado segundo níveis de habilidades evi-
denciados no teste, cruzando-se esses níveis com alguns fatores explicativos.
As análises ainda levaram à distinção de quatro domínios relacionados ao
alfabetismo: atitudes com relação à expressão da subjetividade; atitudes com
relação à informação; atitudes com relação ao planejamento e ao controle
de procedimentos; atitudes com relação à aprendizagem. Feitas as análises
estatísticas, entre elas análises multivariadas, e discutidos os resultados à
luz do referencial adotado, Ribeiro faz uma reflexão crítica detalhada sobre
as implicações político-pedagógicas em função do que esse conjunto de
dados evidenciou. Contesta a imagem da alfabetização "como uma vacina"
que erradicaria para sempre o analfabetismo; os contextos de vida podem
complementar/extinguir essas habilidade. Processos fugazes não resolvem
o problema.

> As políticas de intervenção nesse campo devem fundar-se numa visão
> integrada dos processos de aquisição, manutenção e desenvolvimento das
> habilidades de leitura e escrita entre crianças, jovens e adultos, no trabalho,
> na escola, na família, nas organizações da coletividade, estabelecendo nexos
> entre a educação básica e a educação continuada (RIBEIRO, 1998, p. 11).

É importante garantir um patamar comum de habilidades e atitudes
com relação à linguagem escrita, pois isto é

> [...] um fator fundamental de coesão nas sociedades complexas, de igual-
> dade de oportunidades e de ampliação de possibilidades comunicativas,
> graças às quais cada pessoa se apropria e se enriquece com a diversidade
> que é própria da cultura (RIBEIRO, p. 14).

Uma pesquisa extensiva ao Brasil, nesta mesma direção, foi realizada
em 2001 e publicada sob o título "Letramento no Brasil: alguns resultados
do indicador nacional de alfabetismo funcional (RIBEIRO; VÓVIO; MOURA,
2002, p. 49-70). A amostra representativa nacional abrangeu pessoas de 15
a 64 anos, e os dados foram analisados levando em conta níveis obtidos em
habilidade de leitura e escrita, por anos de estudo, regiões, subgrupos da
população, renda, sexo, idade, gosto por ler. Os dados da pesquisa sobre letramento no Brasil mostrou com clareza nichos bem problemáticos quanto ao
uso da leitura e escrita. Pelos números e tratamentos multivariados vê-se que

um contingente significativo utiliza as habilidades de leitura e escrita em contextos restritos e, consequentemente, demonstra habilidades restritas no teste de leitura... A pesquisa revela como os déficits educacionais se traduzem em desigualdades quanto ao acesso a vários bens culturais, oportunidades de trabalho e desenvolvimento pessoal que caracterizam as sociedades letradas (RIBEIRO, 1998, p. 68).

Políticas de educação básica

Um dos estudos que causou impacto nas análises de políticas educacionais para o ensino fundamental (à época, ensino de 1º e 2º graus), nos anos 1980, foi o realizado por Barretto *et al.* (1979, p. 21-40). A pesquisa foi realizada nos anos finais da ditadura militar, numa perspectiva crítica, discutindo e contrapondo dados do sistema de ensino aos objetivos colocados nos documentos oficiais. Além de analisar taxas de escolarização no ensino fundamental, sob as condições de vários fatores, trazem dados da dinâmica evolutiva da pirâmide educacional, agregando dados sobre a pré-escola, o ensino supletivo e a orientação curricular vigente então. A perspectiva em que as autoras se colocam, e que orientou o tratamento dos dados, assim se traduzia:

> A análise da política educacional não pode prescindir do confronto do que é declarado nos pressupostos e metas que as orientam, com os dados a respeito dos resultados alcançados. [...] Desse modo, a dimensão do declarado – expressa pelos planos, programas e projetos de ação – passa a ser entendida em seu caráter político, isto é, como produtos da negociação entre interesses diferentes ou até mesmo antagônicos, tendo em vista obter certo grau de consenso acerca dos fins e dos meios da educação, consenso este que, mesmo que provisório, é necessário como apoio à ação político-educacional (RIBEIRO, 1998, p. 21).

A alocação de recursos tem papel importante aqui, visto que pensar a democratização do ensino não basta, é preciso que as ações efetivamente realizadas sejam democratizadoras. As análises, os contrapontos de dados efetivados, a perspectiva de fundo que orientou as autoras levam-nas a afirmar que "a escola é muito mais determinada do que determinante em suas relações com o meio social" (RIBEIRO, p. 36). Mas isso não pode ser um álibi cômodo para os gestores e componentes do sistema. Se por um lado as autoras põem em questão "o pedagogismo ingênuo que supõe ser a educação o principal elemento propulsor da superação da pobreza", por outro colocam a tarefa inadiável, nessa tomada de consciência, de "encontrar e viabilizar alternativas de ação que permitam à escola ocupar esse espaço que lhe é próprio [...] Nesse caminho passar-se-á pelo pedagógico". Não esquecendo que "mudanças qualitativas e prioridades quantitativas são integrantes de uma mesma unidade [...]" e que "uma escola que se modifica para ir de [*sic*] encontro às necessidades da maioria, deverá necessariamente expandir-se quantitativamente no mesmo sentido" (RIBEIRO, 1998, p. 36). Esse trabalho gerou vários outros e teve penetração não apenas nos âmbitos acadêmicos, mas nos âmbitos da administração pública da educação, gerando em ambos os meios novas formas de tratar a questão da democratização do ensino.

Na linha das análises de inspiração demográfica, indispensáveis para uma visão macro das situações educacionais, com dados que permitiram panoramas sobre o atendimento de crianças de zero a seis anos, encontramos os trabalhos de Rosemberg (1989; 1991; 1992; 1996; 1999; 2001). Situa seus dados perante ideias difundidas e políticas implementadas. Seus trabalhos tiveram ressonância seja em Comissões Parlamentares, seja em órgãos executivos da área da Educação, seja em órgãos da sociedade civil, não só no Brasil como em nível internacional. Entre seus trabalhos destacamos o artigo "Educação infantil, classe, raça e gênero" (ROSEMBERG, 1996, p. 58-65). A autora usa, neste texto, tabulações especiais de PNADs para situar seu problema no complexo de variáveis que o compõem, analisando também, através de várias outras fontes, dados sobre a escolaridade de trabalhadores(as) de educação infantil, em diversas modalidades de estabelecimento e pelas suas várias denominações profissionais. Com base nos achados numéricos e agregando vários estudos à sua discussão, inclusive sobre as tendências de políticas de educação infantil no Brasil e em outros países, mostra que nesses países havia um movimento de requalificação da educação infantil, após um processo de expansão, o que não se verifica no Brasil.

A expansão desordenada, caótica e, principalmente, a permanência de trajetórias duplas, triplas ou quádruplas em educação infantil – creches públicas, creches conveniadas, pré-escolas públicas e conveniadas –, geralmente abrem possibilidades ao oferecimento simultâneo de serviços com qualidade extremamente desigual. É essa desigualdade no custeio/qualidade que penaliza crianças pobres e negras de diferentes formas, inclusive esta que denominei de morte educacional anunciada [...] O caminho que nos parece mais adequado neste momento para superar esse intrincado jogo de subordinação de classe, raça, gênero e idade que vem prejudicando as crianças através da educação infantil seria o da formação e qualificação da trabalhadora que lida diretamente com a criança (ROSEMBERG, 1996, p. 64).

Continuando essa discussão, Rosemberg publica, em 1999, um novo estudo sobre a expansão da educação infantil e os processos de exclusão, trabalhando com diferentes indicadores construídos para várias décadas – taxas de escolarização, IDH, etc. – e considerando idade, cor, rendimento familiar, sexo, situação urbana ou rural, região. Parte de dados do IBGE,

PNADs, de Secretarias de Estado da Educação e da Cultura (SEEC/MEC), do Programa das Nações Unidas para o Desenvolvimento (PNUD/IPEA), faz análises de movimento da população inserida/não inserida na educação infantil, delineia perfis das crianças, calcula correlações entre indicadores sociorraciais, faz testes de significância. Mostra com clareza como complexas relações de elementos socioeconômicos, culturais e políticos constroem a exclusão de camadas populacionais que ficam à margem do processo de mobilidade social:

> [...] as análises apontam que houve um exacerbamento desse processo no bojo da implantação de uma política educacional para todos, baseada no argumento da equalização de oportunidades: para os pobres (compensação de carência) e para as mulheres (a educação infantil como alternativa de guarda do filho, permitindo o trabalho materno). E o paradoxal é que, em todos os estados que implantaram esse modelo de educação infantil a baixo investimento, as constituições estaduais estampam pronunciamentos anti-racistas e anti-sexistas no capítulo da educação (ROSEMBERG, 1999, p. 34).

Quanto ao ensino médio as referências e estudos são em menor número do que os relativos ao ensino fundamental e à educação infantil. Trabalho recente de Franco e Zibas (1999) traz uma detalhada análise de indicadores para o final do século XX. Dissecam a questão analisando a evolução das matrículas nesse nível com comparações populacionais, os municípios ofertantes/não ofertantes, por região, funções docentes e formação, dependência administrativa, turno escolar, faixa etária, distorção série/idade, sexo, aprovação/reprovação, habilitações. Ao longo do texto discutem os dados à luz de discussões de políticas em educação, da legislação proposta. Partem da ideia de que,

> Nesse cenário de grandes inovações, é necessário, mais do que nunca, manter sempre atualizados os indicadores quantitativos, submetendo- os constantemente a análises que tracem o panorama evolutivo do Ensino Médio, construindo diagnósticos e prognósticos que orientem novas ações dos órgãos centrais, seja para reforçar diretrizes já traçadas, seja para corrigir efeitos não desejados (FRANCO; ZIBAS, 1999, p. 3).

Ao finalizarem seu texto, pontuam:

> As análises realizadas permitem concluir que o aumento considerável das matrículas no Ensino Médio, principalmente nas redes estaduais, está exigindo o aprimoramento de estudos projetivos para que se possa aquilatar o ritmo de crescimento da demanda. A urgência de maior investimento – financeiro e técnico – nas redes estaduais é o imperativo mais contundente que se deduz a partir das estatísticas detalhadas neste trabalho. Além disso, a predominância de cursos noturnos, que deve, infelizmente, permanecer por muito tempo ainda, indica a necessidade de que o Ensino Médio se reestruture para o atendimento das peculiaridades do trabalhador-estudante (p. 65).

Financiamento da Educação/Municipalização

Ao analisarmos os estudos sobre financiamento da educação verificamos que teoricamente se acham associados às discussões de políticas. Esses estudos dependem de exame detalhado de dados quantitativos, com domínio da contabilidade pública e sua legislação. Esses dados não prescindem de tratamentos adequados, pois, em bruto, pouco informam. Nessa área, infelizmente, poucos estudos analíticos são feitos. Podemos citar, como referência, alguns trabalhos clássicos e outros mais recentes. O texto de Melchior (1980), sobre financiamento da educação no Brasil numa perspectiva democrática, foi marcante. Melchior analisou aspectos do financiamento da educação, com dados reprocessados e reorganizados para uma análise mais consistente da questão, em geral discutida sem grandes apoios em dados fidedignos. Trabalhou com uma visão integrada de aspectos políticos, econômicos e sociais, chegando a propor sugestões a curto, médio e longo prazos. Em 1982, Paro publica estudo dos custos diretos do aluno do ensino público do Estado de São Paulo. Pesquisando, por um sistema amostral nas escolas, e com a discussão de alguns conceitos relativos aos tipos de dados a serem colhidos, expõe a metodologia de cálculo a que chegou. Com isso estuda o custo/aluno/ano segundo os tipos de escola, as regiões, as classes de renda *per capita*, os níveis de carência, os níveis de hierarquia funcional, o número de alunos e número de turnos, levantando questões relevantes para a discussão do financiamento da escola. Gomes Netto (1993) estudou a relação entre investimentos em educação – livro escolar, material didático, condições físicas da escola – e melhoria da eficiência, constatando impacto positivo na trajetória escolar associado a esses investimentos. Jacques Velloso (1985; 1987a-b; 2000) e Velloso *et al.* (1992) desenvolveram vários trabalhos no tema, sendo referência na área, tratando de aspectos diversos dos recursos para o ensino e as políticas educacionais. A *Revista Brasileira de Estudos Pedagógicos*, em seus números 200/201/202 (v. 82), de 2001, publicou o relatório do Grupo de Trabalho criado pelo ministro Cristóvam Buarque (a data da revista não corresponde à data de sua real publicação que foi em 2003) sobre financiamento da educação. Analisam-se os gastos feitos pelos diferentes níveis de governo, como também pelas famílias, discutindo-se os custos estimados de uma escola de qualidade e o impacto do Fundo (a criar) de Manutenção e Desenvolvimento da Educação Básica e da implementação das metas estabelecidas no Plano Nacional de Educação (PNE). Com a análise dos dados e os cálculos estimados conclui-se que os gastos públicos com educação, para atingir os patamares propostos, deveriam atingir em dez anos 8% do PIB. Nesse mesmo número está um artigo de Ivan C. Almeida (2001) trabalhando indicadores de gasto com educação no período de 1994 a 1999, em série histórica, por nível de ensino e por dependência administrativa, trabalhados com metodologia desenvolvida pelo Ipea. Em outra direção, cabe citar o artigo de Oliveira (2001), que desenvolveu estudo para avaliar os custos e os benefícios de programas para regularização do fluxo escolar no ensino fundamental, trabalhando dados diversos, inclusive dos programas de aceleração, levantando as implicações para as políticas públicas.

A questão da responsabilidade dos municípios em relação à educação vem ocupando espaço nos trabalhos recentes, sobretudo com análises financeiras e de eficácia do FUNDEF, o que exige tratamento de dados quantitativos de variadas naturezas. Podemos citar aqui os trabalhos de Monlevade; Ferreira (1997); Guimarães (1999; 2000); Verhine (1999; 2000); Castro (1998); Pinto (2002). Ampliando o escopo dessas discussões, recentemente Martins; Perez (2002) finalizaram trabalho sobre o processo de municipalização no Estado de São Paulo, estudando, além de questões do Fundo, mudanças institucionais e os atores escolares, tentando verificar "se o novo desenho institucional configurado pelo processo de municipalização em curso democratizou a gestão da rede de escolas, tornando mais equânime a cobertura dos serviços educacionais, ou não" (MARTINS; PEREZ, 2002, p. 3); o trabalho de campo combinou dados quantitativos com coletas qualitativas, intercruzando inferências. Trabalharam com distribuição de matrículas numa sequência de seis anos, analisando a municipalização por ano, porte do município, por regiões administrativas, pelo partido do prefeito, forma de municipalização, forma de contribuição para o Fundef. Constata-se uma heterogeneidade muito grande segundo subconjuntos de fatores intervenientes no processo de implementação dos sistemas municipais e, com os estudos de caso realizados, mostram que de um lado

> [...] a mudança de lócus de negociação – da esfera estadual para a esfera municipal – atingiu as reivindicações e/ou expectativas dos docentes, acentuando ou (re)normatizando os conflitos entre os pares e entre estes e o novo centro do poder: a Secretaria Municipal de Educação. De outra parte, permitiu que os professores realizassem uma (re)leitura do próprio conjunto normativo-legal, possibilitando a construção de uma aprendizagem mais do que pedagógica, política, pois estes se viram na contingência de negociar em bases diferenciadas daquelas praticadas até então, possibilitadas pela proximidade do centro de poder. No entanto, nem todas as escolas municipalizadas encontraram caminhos de construção de seus próprios projetos, tendo em vista que os problemas provocados pelo convênio no que tange à situação funcional, atingiram a própria possibilidade de exercício da profissão. A emergência e consolidação de formas mais plausíveis de gestão descentralizada da escola pública dependerão do grau de maturidade política das instâncias e dos atores envolvidos nesse processo que será tanto maior, quanto maiores forem as chances de se exercitar a democracia como prática e não como conceito (MARTINS; PEREZ, 2002, p. 109-110).

Fatores sociais e educação

As preocupações com as questões sociais e suas relações com a educação tornam-se mais explícitas no final da década de 1970 e inícios de 1980. Gouveia (1980, p. 3-30) publica então amplo estudo sobre origem social, escolaridade e ocupação. Seu pano de fundo teórico é a determinação social da extensão da escolaridade, considerando ocupação do pai, sexo, idade, região (Nordeste/São Paulo), posições associadas a diferentes graus de escolaridade, participação na PEA (População Economicamente Ativa). Utilizando-se de indicadores e de testes de significância (qui-quadrado) vai entretecendo um panorama relativamente detalhado sobre as relações entre estes fatores e a escolaridade. Em conclusão afirma que,

> [...] se por um lado, a origem familiar condiciona a extensão da escolaridade do indivíduo, de outro, esta pode modificar o destino ocupacional comumente associado àquela mesma origem. A vantagem da escolaridade depende, porém, de certas circunstâncias, relacionadas em parte com transformações históricas que a todos os indivíduos de alguma forma atingem... Assim, o "efeito" de um curso "não se faz sentir da mesma maneira entre pessoas que provenham de origens diversas.

Não só este trabalho mas, vários outros de Joly Gouveia, influenciaram as reflexões e outras pesquisas de toda uma geração de pesquisadores na sociologia da educação.

Estudo de Lia Rosenberg publicado como livro (1984), sob o título *Educação e desigualdade social*, procurou analisar as relações entre origem social e rendimento escolar na rede pública de ensino fundamental, levando em conta algumas características das escolas onde os alunos estudavam. Preocupa-se também com os fatores intraescolares, ainda pouco estudados. A pesquisa foi amostral, por estratificação proporcional, integralizando 7.111 alunos, e coletou dados sobre idade, sexo, naturalidade, repetência anterior, inserção no mercado de trabalho, série, turno, rendimento escolar dos alunos. Utilizou dados para caracterização socioeconômica das famílias desses alunos compreendendo renda familiar mensal, renda *per capita* mensal, escolaridade do chefe de família e classificação na escala Azzi-Marchi. Trabalhou com tabelas cruzadas e fez testes de significância estatística. Mostrou que, quanto mais baixa a origem social do aluno, mais baixas as notas obtidas e mais altas as porcentagens de repetência, especialmente nas séries iniciais; que existe uma associação entre repetência anterior e uma nova repetência; mantida constante a origem social, que a duração da jornada e outras condições da escola mantêm forte relação positiva com o rendimento; e que a influência dos fatores intraescolares na determinação do rendimento escolar é maior para os alunos de origem social mais baixa. Levanta a questão de que, se fatores sociais externos interferem no desempenho escolar, este também é fortemente determinado por fatores intraescolares. Há um processo de seletividade social em curso no interior das escolas, mas considera que "o conflito e as contradições tanto no interior da escola como na sua relação com o social constituem o terreno para semear a inovação". Esse trabalho com amostra ampla criou condições para a discussão do papel dos fatores intraescolares na aprendizagem dos alunos, ampliando as perspectivas dos estudos de caso, muito situados e delimitados a uma sala de aula, a uma escola. O estudo de Lia Rosenberg, com ampla amostra, deu base para uma discussão em nível de sistema e da cultura educacional mais geral.

Velloso (1984) estudou a questão da relação distribuição de renda X educação X políticas de Estado com base em hipóteses sugeridas por estudos econômicos e sociológicos. Trabalhou com um modelo de regressão múltipla, aplicado a dados de uma amostra de trabalhadores do sexo masculino, no setor urbano, que perceberam algum rendimento (a fonte foi o Censo Demográfico do Brasil). Estudou com esses dados as variações quanto à desigualdade de renda em função da alteração da distribuição de educação de 1960 a 1980 e quanto às taxas de retorno da educação. Os resultados levam à conclusão de que "contrapondo- se à crença na suficiência do papel redistributivo da educação está a evidência relativa aos efeitos da política econômica do Estado no aumento da desigualdade social" (VELLOSO, 1984, p. 281). Ou seja, a desigualdade de renda não diminui necessariamente com mudanças na distribuição da educação ou com o crescimento econômico nas nações subdesenvolvidas.

Os jovens e a educação

Em meados da década de 1980-90 despontam com maior força discussões sobre as questões ligadas aos jovens na dinâmica social e educacional. Madeira (1986) publica à época estudo sobre os jovens e as mudanças estruturais, a partir de indicadores de vários tipos que tratam da inserção no trabalho de jovens, segundo sexo, setor da economia, tipo de ocupação, rendimento mensal, horas trabalhadas, situação domiciliar, situação econômica da família, cruzando com escolaridade (nível e anos de estudo). Algumas interpretações que avança dão conta da incompatibilidade do nível de crescimento e modernização de setores básicos da economia e o "descalabro" da situação educacional da população jovem brasileira, dentre outras constatações; por exemplo, que, na década anterior ao estudo, o que aumentou em ritmo mais acelerado foi a escolaridade da população jovem trabalhadora, a parcela que combina cotidianamente escola e trabalho.

Em outros termos, o que os dados estão evidenciando é que ao longo da década a escolaridade tornou-se uma credencial da maior importância, já que há uma clara tendência a que os níveis de escolaridade de adolescentes e jovens na PEA (população economicamente ativa) sejam mais elevados quando comparados com aqueles que estão fora da PEA (MADEIRA, 1986, p. 26).

Em trabalho mais recente, Bercovich, Madeira e Torres (1997) pesquisaram "quantitativa e espacialmente as informações recentes relativas à situação demográfica, de trabalho e escolaridade dos adolescentes". Mostram onde estão, quantos são e quantos serão (estimativas), sua situação no trabalho por ramos de atividade – a partir do dado da PNAD em 1995, segundo o qual 56,6% dos adolescentes eram economicamente ativos –, sua situação escolar e a relação escola/trabalho/família. O panorama traçado sobre os adolescentes no Brasil só foi possível por contar com dados numéricos e por uma escolha criteriosa de metodologia comparativa e multivariada que permitiu um quadro-síntese provocativo. De um lado vê-se que não há como desconsiderar as diferenças regionais, e de outro observa-se que dinamicamente avançam apenas um pouco os níveis educacionais de adolescentes, mas diminui sua taxa de atividade, o que leva a constatar que "a dificuldade de inserção no mercado de trabalho tem produzido muito mais, como vimos, a perigosa inatividade total dos jovens do que facilidades para o avanço na escolaridade".

Avaliação educacional

É no campo dos estudos de avaliação educacional, mais especialmente nos estudos de rendimento escolar em nível de sistemas ou subsistemas, que se encontra a maioria dos estudos de cunho quantitativo nos últimos dez anos. É também nessa área que modelos de análise mais complexos vêm sendo utilizados: modelos da Teoria da Resposta ao Item, modelos de análise hierárquica, estudos de relações multivariadas, uso da teoria dos valores agregados, testes de componentes de variância diversos, entre outros. Algumas referências são os estudos de Vianna (1989) analisando o desempenho de alunos de escolas públicas em cidades de grande porte; de Ribeiro (1991) sobre "A pedagogia da repetência"; de Fletcher (1991) estudando o perfil cognitivo da população brasileira; de Vianna (1991) trabalhando com dados de rendimento escolar de alunos do último ano do ensino médio; de Neubauer, Davis e Espósito (1996) apresentando análises sobre o processo de inovações no ciclo básico e seus impactos sobre a situação de ensino, com análise longitudinal; de Taurino (1997) pesquisando os conceitos de norma e critério de desempenho como parâmetros para avaliação de programas; de Costa (1999) avaliando os impactos sociais de uma política educacional democrática; de Valle (2000) apresentando a Teoria da Resposta ao Item e aplicações em estudos avaliativos, sobretudo sobre comparações longitunais; de Barbosa e Fernandes (2000) trabalhando modelo multinível aplicado a dados variados de avaliação educacional; de Davis, Espósito e Nunes (2000) trabalhando o modelo de avaliação do Saresp e seus resultados, com estudo de significação de fatores intervenientes; de Soares, Alves e Oliveira (2001) pesquisando o efeito de escolas de nível médio no vestibular da UFMG numa sequência de anos; de Fernandes e Natenzon (2003) estudando a evolução recente do rendimento escolar das crianças brasileiras através de uma reavaliação dos dados do Saeb; de Klein (2003) discutindo o emprego da Teoria da Resposta ao Item no Saeb; de Sztajn, Bonamino e Franco (2003) analisando a formação docente a partir dos levantamentos sucessivos do Saeb, com constructos elaborados especificamente para esta análise.

Cada um desses estudos traz informações e interpretações relevantes sobre aspectos diversificados e críticos da situação educacional, social e de aprendizagem de grandes camadas da população brasileira, levantando questões tanto sobre políticas como sobre ensino-aprendizagem, além de visões sobre aspectos de impacto social da educação.

Temas variados/estudos amostrais menores

Neste tópico lembramos de trabalhos com foco mais restrito, alguns de natureza quase experimental, que utilizaram escalas de medida de diversas naturezas e/ou modelos de análise mais sofisticados, para além de médias e porcentagens, buscando modelos inferenciais, com testes de significância, análises de variância, análises de regressão múltipla, análises fatoriais, etc. Foram mais frequentes nos anos 1970 até meados de 1980, sendo raríssimos na década de 1990. Citamos, entre vários, o clássico estudo de Poppovic, Espósito e Cruz (1973), que criou uma metodologia para estudo de marginalização cultural, chegando a um complexo índice de referência, estudando-se, então, características psicológicas de adolescentes culturalmente marginalizados. Os dados analisados mostraram que, "assim como o aluno culturalmente marginalizado não está preparado para a escola existente, também a escola não está preparada para atender a esse aluno" (p. 43), completando que o fator "escola" completaria a direção a ser dada às pesquisas sobre marginalização cultural, as quais deveriam conter três aspectos fundamentais – os fatores ambientais atuantes, o aluno com suas características e a escola.

Para se ter uma ideia do leque de temas tratados com as técnicas de análise destacadas acima, citamos como exemplo os estudos de: Gatti e Goldberg (1974) analisando o impacto de uma modalidade didática no desenvolvimento do comportamento científico em adolescentes; de Barroso, Mello e Faria (1978) quanto à influência de características do aluno na avaliação do seu desempenho; de Medeiros, Santarosa e Lewin (1979) estudando o papel do rádio no treinamento de professores; de Silva (1980) analisando a questão da responsabilidade pelo sucesso e fracasso escolar em crianças; de Alencar e Rodrigues (1980) buscando compreender as causas de satisfação e insatisfação entre professores do ensino de primeiro grau; de Victoria e Martines (1982) estudando numa amostra de 500 crianças de 1ª série de 1º grau a relação entre fatores socioeconômicos, estado nutricional e rendimento escolar; de Carraher e Rego (1984) sobre desenvolvimento cognitivo e alfabetização; de Freitag (2000) com um estudo sobre os efeitos de diferentes métodos de alfabetização sobre a psicogênese infantil e sobre o rendimento escolar e de Leite (1993) com um estudo sobre a passagem para a 5ª série. Nesse trabalho o autor teve por objetivo avaliar o repertório de alunos da 4ª série, introduzir programas de revisão e propor a continuidade do trabalho na 5ª série, tendo mostrado, a partir da análise dos resultados, que houve progressos relevantes no desempenho acadêmico dos alunos, discutindo-se as dificuldades específicas intraescolares encontradas.

Conclusão

Essas análises, a partir de dados quantificados, contextualizadas por perspectivas teóricas, com escolhas metodológicas cuidadosas, trazem subsídios concretos para a compreensão de fenômenos educacionais que vão além dos casuísmos e contribuindo para a produção/enfrentamento de políticas educacionais, para planejamento, administração/ gestão da educação, podendo ainda orientar ações pedagógicas de cunho mais geral ou específico. Permitem ainda desmistificar representações, preconceitos, "achômetros", sobre fenômenos educacionais, construídos apenas a partir do senso comum do cotidiano ou do marketing.

Lembramos que muito se discute sobre a qualidade dos dados estatísticos, das grandes bases, como os Censos e outros, sendo essa questão muito antiga. Não há como deixar de lado o problema da qualidade dos dados dessas bases, sendo que vários autores se debruçaram sobre o assunto apresentando os limites e possibilidades das mesmas. Porém, é inegável que essa qualidade melhorou, e muito, a partir das discussões e sugestões propostas por vários pesquisadores e demógrafos. Também é inegável que sem dados de natureza quantitativa muitas questões sociais/educacionais não poderiam ser dimensionadas, equacionadas e compreendidas, e algumas não seriam mesmo levantadas. Cabe estarmos atentos, também, ao fato de que os processos necessários à quantificação (criação de medidas, de categorias, imposições formais, etc.) podem levar a mistificações do fenômeno, pelo que não se pode deixar de ter domínio sobre esses condicionantes e levá-los em conta, como ainda não se pode deixar de trabalhar com apoio de sólido referencial teórico transcendendo a essas modelagens, permitindo a visão clara dos limites desses estudos.

Mesmo concordando com a afirmação de Popkewitz (2001) de que as "estatísticas participam da lógica sedutora da ciência numa idade de racionalidade e razão" (p. 114), lembramos que as metodologias qualitativas também são empregadas dentro dessa racionalidade. Cabem, então, distinções de foro filosófico ou teórico-interpretativo na atribuição de significação a números e tratamentos, sejam estes quantitativos ou qualitativos. Muito já se lembrou a afirmação de Karl Marx no "Prefácio" à primeira edição de *O capital* em que critica fortemente a consistência das estatísticas sociais da Alemanha e do resto do continente europeu ocidental, em relação com o que vira na Inglaterra, à época, mais de século atrás. Mesmo com a pertinente crítica, não deixou de utilizar essas estatísticas afirmando: "Ainda assim, levanta o véu o bastante para deixar entrever atrás do mesmo uma cabeça de Medusa" (MARX, 1983, v. 1, p. 12-13).

Quanto aos diferentes registros de escolarização, Ferrari (2002, p. 44) comenta que

> [...] a área de educação poderia dar mais atenção às potencialidades, aos limites e aos métodos relacionados com o uso de dados originados de fontes como os censos, as PNADs e os registros escolares. Temo que, com o argumento de livrar-se do quantitativismo e dos problemas relacionados com a utilização das estatísticas educacionais, tenha-se acabado por jogar fora a criança junto com a água do banho. Se assim foi, talvez se possa ainda recuperá-la.

O mesmo comentário pode ser aplicado quanto ao emprego de quantificação em trabalhos de escopo mais específico, em estudos de dimensão menor.

Referências

ALENCAR, E. M.; RODRIGUES, C. J. Causas de satisfação e de insatisfação entre professores do ensino de 1º grau. *Revista Brasileira de Estudos Pedagógicos*, Brasília, v. 63, n. 146, p. 391-402, jan./abr. 1980.

ALMEIDA, I. C. Gastos com educação no período de 1994 a 1999. *Revista Brasileira de Estudos Pedagógicos*, Brasília, v. 82, n. 200/202, p. 137-198, jan./dez. 2001.

BARBOSA, M. E.; FERNANDES, C. Modelo multinível: uma aplicação a dados de avaliação educacional. *Estudos em Avaliação Educacional*, São Paulo, n. 22, p. 135-154, jul./dez. 2000.

BARRETTO, E. S. *et al.* Ensino de 1º e 2º graus: intenção e realidade. *Cadernos de Pesquisa*, São Paulo, n. 30, p. 21-40, set. 1979.

BARROSO, C. L.; MELLO, G. N.; FARIA, A. L. Influência de características do aluno na avaliação do seu desempenho. *Cadernos de Pesquisa*, São Paulo, n. 26, p. 61-80, set. 1978.

BERCOVICH, A. M.; MADEIRA, F. R.; TORRES, H. G. *Mapeando a situação do adolescente no Brasil*. Belo Horizonte: mimeo, 1997.

BONAMINO, A.; COSCARELLI, C.; FRANCO, C. Avaliação e letramento: concepções de aluno letrado subjacentes ao SAEB e ao PISA. *Educação & Sociedade*, Campinas, v. 23, n. 81, p. 91-113, dez. 2002.

CARRAHER, T. N.; REGO, L. L. Desenvolvimento cognitivo e alfabetização. *Revista Brasileira de Estudos Pedagógicos*, Brasília, v. 65, n. 149, p. 38-55, jan./abr. 1984.

CARVALHO, J. C. Diagnóstico educacional dos municípios periféricos da região metropolitana do Rio de Janeiro. *Revista Brasileira de Estudos Pedagógicos*, Brasília, v. 64, n. 148, p. 165-190, set./dez. 1983.

CASTRO, J. A. *O fundo de manutenção e desenvolvimento do ensino e valorização do magistério FUNDEF e seu impacto no financiamento do ensino fundamental*. Brasília: IPEA, 1998.

COSTA, M. Avaliando impactos sociais de uma política educacional democrática. *Estudos em Avaliação Educacional*, São Paulo, n. 19, p. 25-55, jan./jun. 1999.

DAVIS, C.; ESPÓSITO, Y. L.; NUNES, M. M. Sistema de avaliação do rendimento escolar: o modelo adotado pelo estado de São Paulo. *Revista Brasileira de Educação*, São Paulo, n. 13, p. 25-53, jan./abr. 2000.

DI DIO, R. A. A pesquisa educacional no Brasil. *Revista Brasileira de Estudos Pedagógicos*, Rio de Janeiro, v. 60, n. 136, p. 461-629, out./dez. 1974.

FALCÃO, J. T.; RÉGNIER, J. Sobre os métodos quantitativos na pesquisa em ciências humanas: riscos e benefícios para o pesquisador. *Revista Brasileira de Estudos Pedagógicos*, Brasília, v. 81, n. 198, p. 229-243, maio./ago. 2000.

FERNANDES, R.; NATENZON, P. E. A evolução recente do rendimento escolar das crianças brasileiras: uma realização dos dados do Saeb. *Estudos em Avaliação Educacional*, São Paulo, n. 28, p. 3-22, jul./dez. 2003.

FERRARI, A. R. Analfabetismo e níveis de letramento no Brasil: o que dizem os censos? *Educação & Sociedade*, Campinas, v. 23, n. 81, p. 21-47, dez. 2002.

FERRARI, A. R. Analfabetismo no Brasil: tendência secular e avanços recentes. *Cadernos de Pesquisa*, São Paulo, n. 52, p. 35-49, fev. 1985.

FERRARI, A. R. Evolução da educação pré-escolar no Brasil no período de 1968 a 1986. *Revista Brasileira de Estudos Pedagógicos*, Brasília, v. 69, n. 161, p. 55-74, jan./abr. 1988.

FERRARI, A. R. Utilização das estatísticas educacionais dos censos demográficos e dos registros escolares: uma tipologia de análises. *Educação e Realidade*, Porto Alegre, v. 4, n. 2, p. 253-266, jul./set. 1979.

FLETCHER, P. R. Avaliação do perfil da população brasileira. *Estudos em Avaliação Educacional*, São Paulo, n. 4, p. 27-64, jul./dez. 1991.

FLETCHER, P. R.; RIBEIRO, S. C. *Modeling education system performance with demographic data: na introdution to the PROFLUXO model.* Brasília: IPEA, 1989. Mimeografado.

FRANCO, M. L.; ZIBAS, D. M. *O ensino médio no Brasil neste final do século: uma análise de indicadores.* São Paulo: FCC/DPE, 1999. (Textos FCC, n. 18)

FREITAG, B. Alfabetização e linguagem. *Revista Brasileira de Estudos Pedagógicos*, Brasília, v. 70, n. 166, p. 317-345, set./dez. 2000.

GATTI, B. A.; GOLDBERG, M. A. A. Influência dos "kits": os cientistas no desenvolvimento do comportamento científico em adolescentes. *Cadernos de Pesquisa*, São Paulo, n. 10, p. 13-23, ago. 1974.

GOMES NETTO, J. B. *et al.* Investimentos auto-financiáveis em educação. *Cadernos de Pesquisa*, São Paulo, n. 85, p. 11-25, maio 1993.

GOUVEIA, A. J. Origem social, escolaridade e ocupação. *Cadernos de Pesquisa*, São Paulo, n. 32, p. 3-30, fev. 1980.

GUIMARÃES, J. L. As vulnerabilidades do FUNDEF: conjecturas a partir da sua implantação no estado de São Paulo. In: BICUDO, M. A.; SILVA JR., C. (Org.). *Formação do educador e avaliação educacional: organização da escola e do trabalho pedagógico.* São Paulo: UNESP, 1999. v. 3. p. 53-67.

GUIMARÃES, J. L. O Impacto do FUNDEF para a educação infantil: conjecturas a partir da sua implantação no estado de São Paulo. In: MACHADO, M. L. A. (Org.). *Educação infantil em tempos de LDB*, São Paulo, 2000. p. 75-91. (Textos FCC, n. 19)

KLEIN, R. Utilização da teoria da resposta ao item do Sistema Nacional de Avaliação da Educação Básica (SAEB). *Ensaio*, Rio de Janeiro, v. 11, n. 40, p. 283-296, jul./set. 2003.

LEITE, S. A. A passagem para a 5ª série: um projeto de intervenção. *Cadernos de Pesquisa*, São Paulo, n. 84, p. 31-42, fev. 1993.

MADEIRA, F. R. Os jovens e as mudanças estruturais na década de 70: questionando pressupostos e sugerindo pistas. *Cadernos de Pesquisa*, São Paulo, n. 58, p. 15-48, ago. 1986.

MARTINS, A. M.; PEREZ, J. R. *O processo de municipalização no estado de São Paulo: mudanças institucionais e atores escolares.* São Paulo: FCC, 2002. (relatório técnico)

MARX, K. *O Capital.* São Paulo: Abril Cultural, 1983. v.1.

MEDEIROS, M. F.; SANTAROSA, L. M.; LEWIN, Z. G. O papel do rádio no treinamento de professores. *Educação e Realidade*, Porto Alegre, v. 4, p. 7-33, jan./jun. 1979.

MELCHIOR, J. C. A aplicação de recursos financeiros em educação. *Cadernos de Pesquisa*, São Paulo, n. 25, p. 5-16, jun. 1978.

MELCHIOR, J. C. Financiamento da educação no Brasil numa perspectiva democrática. *Cadernos de Pesquisa*, São Paulo, n. 34, p. 39-83, ago. 1980.

MONVELADE, J.; FERREIRA, E. S. *O FUNDEF e seus pecados capitais: análise do fundo, suas implicações positivas e negativas e estratégias de superação de seus limites.* Ceilândia: Idea, 1997. 96p.

NEUBAUER, R.; ESPÓSITO, Y. L.; DAVIS, C. Avaliação do processo de inovações no ciclo básico e seu impacto sobre a situação de ensino-aprendizagem na região metropolitana de São Paulo. *Estudos em Avaliação Educacional*, São Paulo, n. 13, p. 35-64, jan./jun. 1996.

OLIVEIRA, J. B. A. Custos e benefícios de programas para regularizar o fluxo escolar no ensino fundamental: novas evidências. *Ensaio*, Rio de Janeiro, v. 9, n. 32, p. 305-342, jul./set. 2001.

PARO, V. H. O custo do ensino público no estado de São Paulo: estudo de custo/aluno na rede estadual de primeiro e segundo graus. *Cadernos de Pesquisa*, São Paulo, n. 43, p. 3-29, ago. 1982.

PINTO, J. M. de R. Financiamento da educação no Brasil: um balanço do governo FHC (1995-2002). *Educação & Sociedade*, Campinas, v. 3, n. 80, p. 109-136, set. 2002.

PINTO, J. M. *et al.* Um olhar sobre os indicadores de analfabetismo no Brasil. *Revista Brasileira de Estudos Pedagógicos*, Brasília, v. 81, n. 199, p. 511-524, set./dez. 2000.

POPKEWITZ, T. Estatísticas educacionais como um sistema de razão: relações entre governos da educação e inclusão e exclusão sociais. *Educação & Sociedade*, Campinas, n. 75, p. 111-148, ago. 2001.

POPPOVIC, A. M.; ESPOSITO, Y. L.; CRUZ, L. M. Marginalização cultural: uma metodologia para seu estudo. *Cadernos de Pesquisa*, São Paulo, n. 7, p. 5-60, jun. 1973.

RELATÓRIO do grupo de trabalho sobre financiamento da educação. *Revista Brasileira de Estudos Pedagógicos*, Brasília, v.82. n. 200/202, p. 117-136, jan./dez. 2001.

RIBEIRO, S. C. A educação e a inserção do Brasil na modernidade. *Cadernos de Pesquisa*, São Paulo, n. 84, p. 3-96, fev. 1993.

RIBEIRO, S. C. A pedagogia da repetência. *Estudos em Avaliação Educacional*, São Paulo, n. 4, p. 73-86, jul./dez. 1991.

RIBEIRO, V. M. Alfabetismo e atitudes: pesquisa junto a jovens e adultos paulistanos. *Revista Brasileira de Educação*, São Paulo, n. 9, p. 5-15, set./dez. 1998.

RIBEIRO, V. M. (Org.). *Letramento no Brasil*. São Paulo: Global; Ação Educativa; Instituto Paulo Montenegro, 2003.

RIBEIRO, V. M.; VÓVIO, C. L.; MOURA, M. P. Letramento no Brasil: alguns resultados do indicador nacional de analfabetismo funcional. *Educação & Sociedade*, Campinas, v. 23, n. 81, p. 49-70, dez. 2002.

ROSEMBERG, F. 0 a 6: desencontro de estatísticas e atendimento. *Cadernos de Pesquisa*, São Paulo , n. 71, p. 36-48, nov. 1989.

ROSEMBERG, F. Avaliação de programas, indicadores e projetos em educação infantil. *Revista Brasileira de Educação*, São Paulo, n. 16, p. 19-26, jan./abr. 2001.

ROSEMBERG, F. Educação infantil, classe, raça e gênero. *Cadernos de Pesquisa*, São Paulo, n. 96, p. 58-65, fev. 1996.

ROSEMBERG, F. A educação pré-escolar brasileira durante os governos militares. *Cadernos de Pesquisa*, São Paulo, n. 82, p. 21-30, ago. 1992.

ROSEMBERG, F. O estado dos dados para avaliar políticas de educação infantil. *Estudos em Avaliação Educacional*, São Paulo, n. 20, p. 5-57, jul./dez. 1999.

ROSEMBERG, F. Expansão da educação infantil e processos de exclusão. *Cadernos de Pesquisa*, São Paulo, n. 107, p. 7-40, jul. 1999.

ROSEMBERG, F. Indicadores sócio-demográficos de crianças de 0 a 6 anos no Brasil. *Revista Brasileira de Crescimento e Desenvolvimento Humano*, São Paulo, v. 1, n. 1, p. 99-109, jan./jun. 1991.

ROSEMBERG, F. Instrução, rendimento, discriminação racial e de gênero. *Revista Brasileira de Estudos Pedagógicos*, Brasília, v. 68, n. 159, p. 324-355, mai./ago. 1987.

ROSENBERG, L. *Educação e desigualdade social*. São Paulo: Loyola, 1984. (Coleção Espaço)

SOARES, J. F.; ALVES, M. T.; OLIVEIRA, R. M. O efeito de 248 escolas de nível médio no vestibular da UFMG nos anos de 1998, 1999 e 2000. *Estudos em Avaliação Educacional*, São Paulo, n. 24, p. 69-118, jul./dez. 2001.

SILVA, T. R. A responsabilidade pelo sucesso e fracasso escolar em crianças. *Cadernos de Pesquisa*, São Paulo, n. 32, p. 31-44, fev. 1980.

SOLARI, A. Indicadores em educação. In: MENDES, C. *et al. O outro desenvolvimento*. Rio de Janeiro, 1963. p. 61-97.

STAJN, P.; BONAMINO, A.; FRANCO, C. Formação docente nos *surveys* de avaliação educacional. *Cadernos de Pesquisa*, São Paulo, n. 118, p. 11-39, mar. 2003.

TAURINO, M. Norma e critério de desempenho como parâmetros da avaliação da aprendizagem. *Estudos em Avaliação Educacional*, São Paulo, n. 15, p. 135-198, jan./jun. 1997.

VALLE, R. Teoria da resposta ao item. *Estudos em Avaliação Educacional*, São Paulo, n. 21, p. 7-92, jan./jun. 2000.

VELLOSO, J. Distribuição de renda: educação e políticas de Estado. In: LEVIN, H. M. *Educação e desigualdade no Brasil*. Rio de Janeiro: Vozes, 1984. p. 255-289.

VELLOSO, J. O financiamento da educação na transição democrática. *Em Aberto*, Brasília, v. 4, n. 25, p. 29-38, jan./mar. 1985.

VELLOSO, J. Financiamento das políticas públicas: a educação. *Revista da ANDE*, São Paulo, v. 6, n. 12, p. 27-32, 1987a.

VELLOSO, J. Política educacional e recursos para o ensino: o salário-educação e a Universidade Federal. *Cadernos de Pesquisa*, São Paulo, n. 61, p. 3-29, mai. 1987b.

VELLOSO, J. Universidade na América Latina: rumos do financiamento. *Cadernos de Pesquisa*, São Paulo, n. 110, p. 39-66, jul. 2000.

VELLOSO, J. *et al.* Financiamento da educação no Brasil. In: VI CONFERÊNCIA BRASILEIRA DE EDUCAÇÃO. *Anais*. Campinas: Papirus, 1992.

VERHINE, R. E. O FUNDEF: suas implicações para a descentralização do ensino e o financiamento da educação no Brasil. *Revista da FAEEBA*, Salvador, v. 8, n. 12, p. 131-151, jul./dez. 1999.

VERHINE, R. E. Um experimento chamado FUNDEF: uma análise do seu desempenho no cenário nacional e no contexto da Bahia. *Educação Brasileira*, Brasília, v. 22, n. 45, p. 121-146, jul./dez. 2000.

VIANNA, H. M. Avaliação do rendimento de alunos de escolas do 1º grau da rede pública: um estudo em 20 cidades. *Educação e Seleção*, São Paulo, n. 19, p. 33-98, jun. 1989.

VIANNA, H. M. Avaliação do rendimento escolar de alunos da 3ª série do 2º grau: subsídios para uma discussão. *Estudos em Avaliação Educacional*, São Paulo, n. 3, p. 71-102, jan./jun. 1991.

VICTORIA, C. G.; MARTINES, J. C. Fatores sócio-econômicos, estado nutricional e rendimento escolar: um estudo em 500 crianças de primeira série. *Cadernos de Pesquisa*, São Paulo, n. 41, p. 38-48, mai. 1982.

Pesquisa, Educação e pós-modernidade: confrontos e dilemas

Pesquisa educacional – Pós-modernidade – Valores – Currículo

A compreensão dos processos educacionais, seja em sistemas, seja nas escolas ou nas salas de aula, representa um desafio aos estudiosos da educação, e isso tem demandado que se saia das dispersas e padronizadas representações cotidianas sobre esses processos e se adentre em um movimento investigativo questionador desse objeto em seu contexto. Para essa compreensão, não há como se furtar ao confronto com as críticas emanadas do movimento histórico-cultural que se interroga sobre a modernidade e sua possível superação: a constituição do espaço que viria a ser o da pós-modernidade. Aqui, muitos dilemas se colocam à reflexão do educador e do pesquisador.

O emprego dos termos pós-modernidade, pós-moderno não encontra consenso entre os que se preocupam com a compreensão do momento histórico contemporâneo, em suas diferentes manifestações. A discussão sobre essa questão intensificou-se a partir da segunda metade do século passado. O século XX construiu caminhos históricos da sociedade e de seus conhecimentos que acabaram por problematizar as grandes utopias e os modelos de análise produzidos nos séculos anteriores, na chamada era da modernidade. Os caminhos das ciências também foram revolucionados nesse século por novas formas de lidar com as teorizações e as linguagens. A evidência dos novos fatos socioculturais levou alguns estudiosos a caracterizá-los como pós-modernos, instalando-se uma polêmica sobre o fim da modernidade. De outra parte, argumenta-se que esses eventos tratados como novos não o são em essência, eles estão ainda sob a regência da modernidade, e esta é tida como um período histórico-cultural e científico que ainda não acabou.

De qualquer modo, não se pode falar em pós-modernidade sem fazer um contraponto com a modernidade. A modernidade veio no bojo de uma cultura na qual se quebram os vínculos metafísicos que explicavam o homem e o mundo, tornando-se a razão a fonte da produção dos saberes, da ciência, ancorada em critérios de objetividade, distanciando-se dos objetos ou dos poderes transcendentais, religiosos ou metafísicos. Também o sujeito, o eu, passa a ser considerado como um sujeito empírico, objeto entre outros objetos do mundo real, mas que se constitui simultaneamente como condição fundamental de qualquer experiência possível e da sua análise (GOERGEN, 1996, p. 16). O realce da subjetividade traz a liberação para que o homem se sirva de seu próprio entendimento – a sua razão – para conscientemente criar normas de pensar e agir livres de fundamentos em argumentos transcendentes. Com isso, a modernidade abre-se para o futuro e gera a condição de se pensar e produzir "progresso". Essas características da modernidade não se põem apenas nos ambientes científicos ou filosóficos, elas pervasam toda a sociedade. A modernidade caracteriza-se como a era da racionalidade, a qual fundamenta não só o conhecimento científico, como as relações sociais, as relações de trabalho, a vida social, a própria arte, a ética, a moral. Cria, por sua vez, condições de verdade que enclausuram a própria razão e que geram formas de poder e homogeneízam contextos e pessoas, impondo-se como instrumento de controle (HABERMAS, 1990). Críticas abrem-se contra essa razão que se põe como absoluta e objetivada, razão que, nas palavras de Goergen,

> [...] se anunciara como caminho seguro para a autonomia e liberdade do homem, revelar-se-ia, ao final, o mais radical e insensível inimigo do homem por transformá-lo em objeto a serviço dos ditames da performatividade científicotecnológica. A eficiência alçada ao nível de norma suprema da razão impôs o abandono dos ideais e fins humanos (1996, p. 22).

As técnicas e a tecnologia assumem papel de destaque. Busca-se o que funciona bem, sendo sua base a ciência positivada. A homogeneidade é o ideal de referência, e com isso se aplainam as diferenças, em favor de um geral e um universal abstratos. Porém, instala-se na modernidade uma crise, uma contradição histórica que se traduz nas rupturas trazidas quer pelas formas cotidianas do existir, fazendo emergir a necessidade de consideração das heterogeneidades, das diferenças, das desigualdades gritantes, quer pelas fissuras lógicas nas ciências. Sem dúvida, há uma inquietação instalada que para os analistas toma sentidos diferentes e para a qual se propõem respostas distintas.

Habermas, partindo do pressuposto de que a modernidade não foi superada, argumenta que dentro das próprias condições instauradas pela modernidade é possível avançar, sair da camisa de força de uma racionalidade fechada, por meio do uso do que chama de "razão comunicacional", uma razão dialógica, no lugar da razão autorreferente, trazendo a ideia de uma teoria da ação comunicativa. Segundo ele, se entendermos o saber

> [...] como transmitido de forma comunicacional, a racionalidade limita-se à capacidade de participantes responsáveis em interações de se orientarem em relação a exigências de validade que assentam sobre o reconhecimento intersubjetivo. (1990, p. 289)

Muda o centro de referência, instaurando-se uma racionalidade que implica consciência reflexiva das expressões humanas, uma racionalidade, que cria no diálogo os pontos de apoio de sua validade. Isso pressuporia a diferenciação clara do mundo dos fatos objetivos, do mundo das normas sociais e do mundo da experiência interior. A noção habermasiana de racionalidade comunicativa, segundo Wellmer (1991, p. 92), refletiria a condição cognitiva e moral dos humanos num mundo "desencantado". É por isso, ainda segundo esse autor, que Habermas pode pensar a ação comunicativa como portadora potencial de uma racionalidade diferenciada, que só se pode manifestar depois que se tenha destruído o dogmatismo implícito das concepções de mundo tradicionais e onde os requisitos de validade possam ser construídos pela argumentação, pelo confronto de diferentes posições, na procura de consensos aceitáveis. A argumentação, como meio de se obter consenso intersubjetivo, assume um papel fundamental quando ela e as formas de ação comunicativa substituem outros meios de coordenação de ações, de integração social e de reprodução simbólica, constituindo o que Habermas denomina "racionalização comunicativa".

Como encaminhar, nesse caso, então, a discussão do pós-moderno? Assim como os que postulam a continuidade da modernidade nos tempos atuais, a posição dos que postulam o contrário – seu fim – emerge da crise nos estatutos da própria modernidade. O termo pós-modernidade tem se mostrado polissêmico, sendo utilizado no mais das vezes de modo genérico. De qualquer forma denota o que vem depois da modernidade, sendo problemático seu sentido, justamente por tentar traduzir um movimento da cultura em sociedades em rápida mutação, movimento que se ainda está produzindo, sem que se distingam consolidações que ajudem a qualificá-lo melhor. Pós-moderno designaria uma ruptura com as características do período moderno, o que, como já dissemos, para muitos analistas ainda não aconteceu de modo claro. Pode-se adotar a posição de que estamos vivendo a transição para a pós-modernidade e que os sinais, as tendências verificáveis traduzem caminhos mais do que posições consolidadas. Na expressão de Rouanet (1987, p. 230), a polissemia desse conceito se deve ao fato de que ele reflete "um estado de espírito, mais do que uma realidade já cristalizada."

No entanto, o termo tem sido usado cada vez com maior frequência e vem sendo empregado para traduzir a posição do saber nas sociedades mais desenvolvidas, posição que se delineia nos cenários atuais, cibernético-informáticos, informacionais e comunicacionais. Conforme Lyotard (1993, p. 15), designa-se com essa expressão "o estado da cultura após as transformações que afetaram as regras dos jogos da ciência, da literatura e das artes". Ou seja, a expressão tenta traduzir as mudanças de estatuto dos saberes, que se processam ao mesmo tempo que as sociedades entram na idade dita pós-industrial. Aqui já se coloca uma perspectiva que está deixando a era da modernidade no passado. Para Lyotard (1993, p. 3) essas mudanças fizeram-se mais presentes e intensas a partir do final dos anos 1950, quando a Europa completou sua reconstrução, tendo sido mais ou menos rápidas conforme o país e, mesmo dentro dos países, tendo variado conforme o setor de atividade. Isso se traduz por uma falta de sincronia geral que torna complexo o quadro desse conjunto.

Alguns pontos característicos da pós-modernidade foram sintetizados por Azevedo (1993). O primeiro ponto é que a pós-modernidade surge, como já afirmamos, pela invalidação histórica e cultural das grandes análises e seus decorrentes relatos de emancipação. As amplas visões filosóficas, políticas ou religiosas típicas da modernidade, que pretendiam tornar aceitáveis normas unicistas, pelas quais deveriam se reger as coletividades, a ciência, o progresso, dando uma visão integrada, explicativa de eventos e fatos, passam a ser consideradas apenas narrações estilizadas, e não visões objetivas da realidade. A uniformização que impõem, a sua pretensão a uma objetividade universal e suas decorrentes promessas de salvação para indivíduos e grupos foram desqualificadas pelos eventos históricos, pelos totalitarismos, pela dizimação de populações, pelas coletivizações agressivas, restritivas e pauperizantes. Os sonhos de alcance universal foram abalados, e as posturas pós-modernas desqualificam essas narrativas, essas visões amplas, percebendo os contextos locais, com suas singularidades e particularidades, "como fontes de resistência a toda pretensão moderna e hegemônica de uma cultura universal" (AZEVEDO, 1993, p. 29). Instala-se grande suspeita quanto aos ideais da modernidade, pela falência das utopias criadas – seja como explicações científicas do real, seja como proposições salvadoras – e não realizadas no cotidiano da cultura e da sociedade modernas. O desejo de escapar a um mundo duro e a respeito de cuja transformação não se tem esperança exacerba a individuação, a fuga da realidade, a falta de ideais partilháveis, a afirmação da falta de sentido da vida. Há um "esvaziamento cético de palavras emblemáticas como liberdade, justiça, solidariedade" (AZEVEDO, 1993, p. 30). Na pós-modernidade só permanecem no horizonte como passíveis de melhoria as relações interpessoais próximas.

Outro aspecto é que, na pós-modernidade, ocorre a ruptura dos grandes modelos epistemológicos, com suas pretensões de verdade, objetividade e universalidade, ruptura esta que se faz pela via da ideia "da indeterminação, da descontinuidade, do pluralismo teórico e ético, da proliferação de modelos e projetos" (AZEVEDO, 1993, p. 31). Os caminhos buscados pelas ciências afirmam este posicionamento. O determinismo das leis da natureza, como discute Prigogine, foi posto em questão. Esse modelo, em suas palavras,

> [...] teve um imenso sucesso. A explicação de qualquer fenômeno natural, em termos de leis deterministas, parecia estar à disposição e, uma vez que contássemos com essas leis básicas, daí derivaria todo o resto (a vida, nossa consciência humana) por simples dedução. Com isso, as leis é que existem, não os eventos (1996, p. 26-27).

A descoberta das instabilidades em vários sistemas, o uso do conceito de caos, de probabilidade, a consideração da irreversibilidade do tempo, entre tantas mutações em conceitos antes formulados como certezas, trazem uma nova perspectiva da natureza. As diferenciações sócio-humanas também emergem como fatos e, assim, a variabilidade humana, as heterogeneidades, e não as unicidades, são enfatizadas. Morin (1996, p. 46-47), considerando as proposições da modernidade, da cientificidade clássica que penetraram nas ciências sociais e humanas, lembra, por exemplo, que na psicologia o sujeito foi substituído por estímulos, respostas, comportamentos; na história também retirou-se o sujeito, "eliminaram-se as decisões, as personalidades, para só ver determinismos sociais. Expulsou-se o sujeito da antropologia, para só ver estruturas, e ele também foi expulso da sociologia". A consideração da existência do sujeito, sua reposição nas ciências humano-sociais que se tem processado sob variadas formas trouxe a implicação necessária de se considerar o princípio da incerteza nas vidas e na história humanas.

Uma última característica seria que a era pós-moderna "minimiza o sentido emancipador da história que o moderno dá ao homem, através dos mitos do progresso, da salvação e da construção da própria história. Não é negado este sentido, mas sua unicidade" (AZEVEDO, 1993, p. 91). Com a intensificação da fragmentação da realidade social e cultural, desencadeada pelas tecnologias, pela comunicação de massa, pela informação intensa, instantânea e rasa, sem reflexão, resvala-se para uma multiplicidade de sentidos sem sentido e para a perda de referências mais sólidas, estas substituindo-se em avalanches marqueteiras ou midiáticas. Conforme Moraes (2000, p. 212), estamos passando "por uma nova era quando a produção da cultura tornou-se integrada à produção de mercadorias em geral: a frenética urgência de produzir bens com aparência cada vez mais nova". O impacto instantâneo prevalece sobre os significados, e a falta de profundidade de grande parte da produção cultural atual é posta em evidência (JAMESON, 1996).

Azevedo (1993, p. 32) conclui sobre a pós-modernidade afirmando que, num sentido negativo, ela traz "um estilo de pensamento desencantado da razão moderna e dos conceitos, a ela vinculados", vendo na modernidade os "riscos de coerção, totalitarismo, desenvolvimento competitivo e funcionalista"; em contrapartida, num sentido positivo, a pós-modernidade traz uma nova forma de racionalidade, "pluralista e fruitiva" longe de pretensões universalistas. Santos (1991), com um olhar em fatos sociais, arrola pontos de oposição na vida social entre o modernismo e o pós-modernismo, sinalizando alterações significativas e alguns indícios. No modernismo aponta: o motor a explosão, a fábrica, objetos, sociedade de consumo, notícia, luta política, subjetivismo, unidade. No pós-modernismo: o chip, signos, shopping; espetáculo, simulacros do real, atuação na micrologia cotidiana, ecletismo, pluralidade, egocentrismo narcisista.

Pontuadas essas questões em torno da modernidade/pós-modernidade, a posição que assumimos na discussão do tema proposto para este texto é a da transição: não saímos totalmente das asas da modernidade nem estamos integralmente em outra era. Ou, como pondera Goergen (1997, p. 63), "modernidade e pós-modernidade não se encontram numa relação de superação de uma pela outra, mas numa relação dialética". Mas, como aponta Terrén (1999, p. 12), isso não elimina a ocorrência de deslegitimação das instituições da modernidade, sendo que a transição instalada traz questões sobre a legitimidade dos símbolos, das identidades e das interpretações construídas ao longo da modernidade e, consequentemente, de seu discurso educacional. Esse evento cria, nas relações de trabalho, vazios culturais, éticos, representacionais, que podem ser ocupados por doutrinas econômico-sociais ou religiosas, cujos impactos são incertos e causam tensões. As incertezas e ambivalências socioeconômico-culturais e institucionais deixam margem ao *nonsense*. Assinalamos também que, para o conhecimento nas ciências, resta como fato a existência de uma crise no conceito de razão e nas formas de abordagem da natureza, do homem e da cultura.

Na reflexão educacional algumas perplexidades se apresentam diante de uma história social que se tem construído nas condições discutidas. Moraes, considerando esse peculiar mundo socioeconômico e cultural, indaga:

> [...] que espécie de currículo deveremos ter na escola para enfrentar esse desafio? De quais características da modernidade e do currículo moderno, deveremos livrar-nos a fim de fazer com que a escola consiga se alinhar aos novos tempos? O que conservar? Quais modismos evitar? [...] Quais valores, práticas e identidades são, em princípio, dignos de respeito e por quê? (2000, p. 215).

A multiplicação e a fragmentação dos conhecimentos rebate na educação, mas os currículos encontram ainda boa sustentação no discurso científico da modernidade, com seus conhecimentos tomados como um saber objetivo e indiscutível. Em contrapartida, o volume e a constante mudança em conhecimentos e áreas de saber trazem para os currículos escolares uma obsolescência que os expõe à crítica de vários setores sociais. Conforme sinaliza Subirats (2000, p. 201), a resposta do sistema educacional tem sido a de multiplicar as matérias, o que é "uma aposta perdida de antemão, já que o crescimento exponencial dos saberes torna totalmente impossível sua aquisição em uma determinada etapa da vida". Essa situação cria, segundo a autora, uma distinção espontânea entre

> [...] aquilo que é preciso saber para ser aprovado, que se aprende na escola e não se usa para mais nada, e aquilo que é preciso saber para viver, que, em geral, aprende-se pela televisão, cada dia menos controlável pela população e mais inclinada ao despropósito como meio de chamar a atenção (2000, p. 201).

É preciso considerar que se o discurso científico é uma referência fixa para as matérias curriculares,

> [...] ao contrário, não existem referências fixas no que se refere aos valores e aos comportamentos morais, que hoje entendemos basicamente como fatos opináveis, contingentes e discutíveis, pouco aptos, portanto, para uma transmissão sistemática e apoiada em um saber profissional (2000, p. 203).

Essas dissincronias aguardam melhor problematização. O debate está em pauta, as dissonâncias entre escola e comunidades, instituições e sociedade, também. Como investigar essas questões? Uma nova gestalt é necessária para novos modos de questionar a realidade, os processos socioeducativos, e para a condução de pesquisas que nos aproximem de compreensões mais adequadas desses processos, das decalagens e disrupturas.

A corrida mundial em busca de novos currículos educacionais e de uma formação ao mesmo tempo polivalente e diversificada de professores, as propostas de transversalidade de conhecimento em temas polêmicos mostram que a área educacional encontra-se no meio desse movimento em busca de alternativas formativas.

A passagem de uma sociedade industrial para uma sociedade da informação, de uma sociedade segura para uma sociedade plural e instável gerou crises. No capitalismo informacional instaurado, "as desigualdades não se configuram em simples estrutura de um centro e de uma periferia, mas como múltiplos centros e diversas periferias, tanto em nível mundial como local" (Subirats, 2000, p. 212).

Nesta sociedade informático-cibernética a educação é chamada a priorizar o domínio de certas habilidades a ela relacionadas, e os que não possuem as habilidades para tratar a informação, ou não têm os conhecimentos que a rede valoriza, ficam totalmente excluídos. Fossos e diferenciações entre grupos humanos estão abertos. "A crise surge pela inexistência de uma única forma de vida e pensamento, porque as tradições têm que se explicar e porque a informação não é um terreno restrito aos especialistas" (FLECHA; TORTAJADA, 2000, p. 24-25). Crise designa um período de dificuldades, sinaliza uma ruptura de equilíbrio em um contexto, seja ele social, individual, cultural, econômico. Ela incorpora aspectos positivos e negativos que nos movimentos sociais-históricos se entrechocam. As ações educacionais estão entre propiciar a transformação ou exacerbar a exclusão.

Cabe observar, no entanto, que nos sistemas mais institucionalizados, dentre esses, os sistemas educacionais, a razão da modernidade continua a marcar presença. Nos sistemas educacionais, de um ângulo, temos conhecimentos estruturados em verdades que são propostos como necessários às novas gerações, ao lado de normas e hábitos institucionalizados, formatados na modernidade, e, de outro, o cotidiano das escolas com seu burburinho interno, pessoas com pessoas buscando formas de entendimento mútuo e alternativas de comportamento, gestando linguagens, ajustando lógicas diferentes. A um observador não atento às diferenças ou às trincas, rupturas e buscas que se processam nesse cotidiano, o que aparece – e isso se observa na maioria dos relatos da pesquisa em educação – é uma espécie de unicidade técnica abstrata com uma rotina massacrante. Isso está posto também na realidade escolar. Porém sua apresentação como face única das salas de aula, pela descrição das atividades dos professores como apenas uma atividade instrumental, de ensino de soluções e dicas, de algoritmos e técnicas, não deixa entrever a multiplicidade de ocorrências próprias dos cotidianos de pessoas em relação – no caso uma relação pedagógica, com determinadas intencionalidades, em ambientes culturais heterogêneos. O voo de águia, pode parecer que essas descrições do caráter instrumental das ações dos docentes explicam plenamente a relação educativa hoje – esta é uma visão da modernidade –, mas a pesquisa educacional recente tem se debruçado com outros olhares no espaço escolar, mergulhando aí com outras posturas, disposições e valores, trazendo maiores nuanças sobre a lida cotidiana de professores e alunos, questionando se esse "instrumental" é tão instrumental assim, tão técnico ou tão cientificamente referenciado. Com isso emergem idiossincrasias, humores, linguagens e códigos, símbolos novos, trocas inusitadas. Rotina e rupturas, normas externas e consensos intragrupos, imposição e negociação, lição e interpretação, código culto geral e códigos locais marcam presença nas relações escolares, construindo- se alternativas de convivência e aprendizagens não tão padronizadas. Está-se falando aqui de milhões de pessoas – crianças, jovens, adultos –, em milhares de escolas e salas de aula, criando modos de ser e entender o seu mundo e o mundo em geral de modos diversificados. Entendimentos, compreensões construídas na imponderabilidade. Controles e cercas, balizas normativas e currículos atuam até certo ponto nesses espaços. O que nele se gesta? É esse tipo de questão que tem surgido nos estudos em educação mais recentemente. Rompendo com determinismos e grandes modelos explicativos buscam-se novas formas de compreensão do real, em que o diferente e o divergente se instala. Por mais que tentemos homogeneizar as escolas e a vida escolar, a ela são levados hábitos sociais diferenciados, múltiplas etnias, culturas específicas, representações parceladas, situações sociais díspares, pronúncias diferentes, linguajares grupais, valores heterogêneos, etc. Será que a escola com seus ritos tão bem descritos pelas pesquisas, sob a égide da compreensão moderna, sufoca tudo isso homogeneizando crianças e jovens como produtos industriais, ou nela se passam outras mediações não tão acomodadoras e padronizadoras assim? Quais movimentos podemos distinguir nas escolas? Há metamorfoses a procurar para além dos ritos e das explicações já dadas em abstratos modelos interpretativos do processo educacional? De que maneira têm-se constituído, como cidadãos, os sujeitos que nesse processo estão envolvidos? As respostas têm mesmo sido dadas pelas grandes teorias vigentes? A visão determinista que se encontra em muitos estudos quer nos fazer crer em relações e resultados fixados por categorias bem definidas, segundo princípios lógicos predefinidos. Até onde essas análises mantêm sua validade?

Lingard e outros (1998, p. 85), discutindo, por exemplo, a pesquisa em avaliação educacional, argumentam que os novos tempos demandam uma reconceitualização dos efeitos, dos produtos e das funções da escolarização, lembrando que mesmo esses termos são artefatos de uma era industrial. Afirmam que, para compreender a significação sociopolítica da escola e mudar a redundância das pesquisas sobre a sua eficiência, a própria pesquisa educacional precisa ser reconectada à real função da escola na produção de igualdades/desigualdades em vários contextos, pondo-se em questão o "valor" dos indicadores tradicionais, problematizando-os em cortes sociodemográficos e culturais. Com isso, poderia distanciar-se do modo tautológico utilizado até aqui, o qual só reforça as hipóteses educacionais da era industrial: produtividade/eficiência/uniformidade. Esses autores colocam ainda que há muitas mudanças ocorrendo nos espaços escolares em sua conexão com as comunidades em que se situam e com aspectos mais amplos de uma sociedade informático-comunicacional, as quais não podem ser avaliadas simplesmente pela focalização nesses elementos da modernidade, porque "as escolas respondem a outras pressões além daquelas propostas e esperadas pelo estado". Citam Ball (1994, p. 11), dizendo que o autor focaliza a questão quando observa que "política como prática é 'criada' em uma relação trialética entre dominância, resistência e caos/ liberdade". As escolas estão involucradas em outros espaços para além da relação binária dominação/resistência, como é sugerido na literatura sobre políticas educacionais. Há muito mais vida nas escolas e nas salas de aula para além dessa relação binária, como outros interesses, preocupações, necessidades, demandas, pressões, objetivos e desejos. Por isso, a emergência da necessidade na pesquisa em avaliação de rever seus conceitos de efeitos e impactos.

As questões que a contemporaneidade traz para a pesquisa educacional são, portanto, muitas. A forma de proposição dessas questões tem mudado, especialmente pelo esgotamento das análises que não acrescentam conhecimento e patinam numa repetição de jargões e padrões já exauridos. Emerge uma ânsia de compreender processos e situações que, para o pesquisador atento e crítico, estão à margem, ou para além do usual modelo de explicações e grandes categorias já dadas, as quais não mais dão conta da realidade, dos desencaixes do teorizado e do que sucede, em que despontam as insuficiências de fórmulas aprendidas. Essa percepção, no entanto, demanda a libertação de modelos interpretativos erigidos em verdades inquestionáveis e de formas e lógicas tomadas como definitivas e últimas.

A educação está imersa na cultura, e não apenas vinculada às ciências, que foram tomadas na modernidade como as únicas fontes válidas de formação e capazes de oferecer tecnologias de ensino eficientes. A educação coloca-se, no seu modo de existir no social, em ambientes escolares e similares, organizada em torno de processos de construção e utilização dos significados que conectam o homem com a cultura em que se insere e suas imagens, com significados gerais, locais e particulares, ou seja, com significados que se fazem públicos e compartilhados, mas cujo sentido se cria nas relações que medeiam seu modo de estar nos ambientes e com as pessoas que estão. Transverso a isso, temos as mídias, as normas, as crenças, os valores extrínsecos. Há surpresas nesses meandros da história vivida, e, como coloca Bruner (1991), essas surpresas são importantes pois provocam a reflexão sobre aquilo que damos por certo e evidente, ou seja, ela é uma reação impulsionada pela ruptura de uma certeza. O pesquisador precisa colocar-se a possibilidade de surpreender-se, senão, por que pesquisar? Num período transicional em que estruturações e desestruturações, normatizações e transgressões, imbricam-se, dialeticamente, à pesquisa em educação surgem desafios consideráveis para a compreensão das tessituras das relações no ensinar e no aprender, na heterogeneidade contextual em que essas tessituras se fazem. Ademais, a própria compreensão da educação como propósito social e seu estatuto institucional requerem interrogações que transcendem sua modelagem por teorias ou filosofias que narram um real cada vez menos real.

Referências

AZEVEDO, M. C. Não moderno, moderno e pós-moderno. *Revista de Educação – AEC*, v. 22, n. 89, p. 19-35, out./dez. 1993.

BALL, S. *Education reform: a critical and post-structural approach*. Buckingham: Open University Press, 1994.

BRUNER, J. *Actos de significado: más allá de la revolución cognitiva*. Madrid: Alianza Editorial, 1991.

FLECHA, R.; TORTAJADA, I. Desafios e saídas educativas na entrada do século. In: IMBERNON, F. *A Educação no século XXI: os desafios do futuro imediato*. Porto Alegre: Artmed, 2000, p. 21-36.

GOERGEN, P. L. A Avaliação universitária na perspectiva da pós-modernidade. *Avaliação*, v.2, n.3, p. 53-65, set. 1997.

GOERGEN, P. L. A Crítica da modernidade e educação. *Pro-posições*, v.7, n. 2, p. 5-28, jul.1996.

GUIDDENS, A. *et al. Habermas y la modernidad*. Madrid: Cátedra, 1991. p. 65-110.

HABERMAS, J. *Discurso filosófico da modernidade*. Lisboa: Dom Quixote, 1990.

JAMESON, F. *Pós-Modernismo: a lógica cultural do capitalismo tardio*. São Paulo: Ática, 1996.

LINGARD, B. *et al*. School effects in postmodern conditions. In: SLEE, R.; WEINER, G.; TOMLINSON, S. (Eds.). *School effectiveness for whom? Challenges to the school effectiveness and school improvement movements*. London: Falmer Press, 1998, p. 84-100.

LYOTARD, J.-F. *O pós-moderno*. 4. ed. Rio de Janeiro: José Olympio, 1993.

MORAES, S. E. Currículo, transversalidade e pós-modernidade. In: SANTOS FILHO, J. C. (Org.). *Escola e universidade na pós-modernidade*. São Paulo: Mercado das Letras, 2000. p. 201-247.

MORIN, E. A Noção de sujeito. In: SCHNITMAN, D. F. (Org.). *Novos paradigmas, cultura e subjetividade*. Porto Alegre: Artes Médicas, 1996, p. 45-56.

PRIGOGINE, I. O Fim da ciência? In: SCHNITMAN, D. F. (Org.). *Novos paradigmas, cultura e subjetividade*. Porto Alegre: Artes Médicas, 1996. p. 25-40.

ROUANET, S. P. *As razões do iluminismo*. São Paulo: Companhia das Letras, 1987.

SANTOS, J. F. *O que é pós-modernismo*. 5. reimpr. São Paulo: Brasiliense, 1991.

SUBIRATS, M. A educação do século XXI: a urgência de uma educação moral. In: IMBERNON, F. *A educação no século XXI: os desafios do futuro imediato.* Porto Alegre: Artmed, 2000. p. 195-205.

TERRÉN, E. Postmodernidad, legitimidad y educación. *Educação e Sociedade*, v. 20, n. 67, p. 11-47, ago. 1999.

WELLMER, A. Razón, utopia, y la dialéctica de la ilustración. In: GUIDDENS, A. *et al. Habermas y la modernidad.* Madrid : Cátedra, 1991. p. 65-110.

Política de ciência e tecnologia e formação do pesquisador na área da Educação[1]

Primeiramente toco na questão das relações gerais entre a pesquisa conduzida no cotidiano das universidades e de institutos de pesquisa e as políticas científicas. Nos cotidianos institucionais a pesquisa tende, na maioria das áreas do conhecimento, a seguir em linhas de trabalho que representam o status do conhecimento em determinado setor, procurando confirmações, inovações, contraposições, novas compreensões e explicações. Essas pesquisas se situam dentro de vocações institucionais, nas condições de formação de seus quadros de investigadores, nas condições de infraestrutura existentes, e constroem, ou não, no movimento histórico de sua produção, eixos analíticos que em última instância – nos grupos mais avançados – produzem rupturas em perspectivas de análise, propiciando o avanço das proposições, teorias e metodologias investigativas; em suma, podem vir a gerar novas formas de conhecimento e compreensões inovadoras. Já as políticas científicas referem-se a orientações ou condições macro postas por diferentes governos, no caso do Brasil, também por alguns entes federativos, em seus marcos de governo específicos, ou por organizações de porte dentro de certas áreas produtivas. As políticas de maior impacto entre nós, pela ausência desse tipo de políticas na maioria dos Estados brasileiros, acaba sendo a política definida em nível da União. Também porque o sistema de pós-graduação (mestrados e doutorados), onde boa parte dessa pesquisa é produzida, tanto por docentes como pelos alunos, é regulado em nível federal, conforme disposto na Lei n. 9394/96 (Lei de Diretrizes e Bases da Educação) e normatizações subsequentes. Há uma inegável relação – embora não totalmente determinante – entre essas duas instâncias, uma estimuladora de determinados eixos de pesquisa, outra realizadora dos projetos. Dependendo da instituição e de seus recursos encontramos uma variação de dependência/independência

---

[1] Conferência de Abertura do Encontro de Pesquisa em Educação do Norte-Nordeste – EPENN – Aracaju – SE, 2007.

entre as políticas governamentais de financiamento e a produção científica. De qualquer modo, as políticas científicas dos níveis governamentais pautam em boa parte a produção científica no tempo, no que se refere a nichos preferenciais de investigação. Compreender essas políticas e suas tônicas pode elucidar aspectos dominantes/recessivos nas temáticas investigativas privilegiadas e seus procedimentos.

Uma história

A formação de pesquisadores em educação passou a ser preocupação mais explícita em termos de política de governo e teve ações fortemente dirigidas a partir do início da década de 1970, dentro do quadro político do desenvolvimentismo econômico e no contexto da necessidade posta de aumento da "massa crítica" de pesquisadores no país. Os Planos Básicos de Desenvolvimento Científico e Tecnológico (PBDCT), elaborados nessa perspectiva, deram ao país balizas básicas para diversas áreas, em especial as tecnológicas, visando ao desenvolvimento do parque industrial e dos recursos humanos para esse fim. Estava-se no período do discurso do desenvolvimentismo e do "capital humano".

É nesse período que se instalam, nos moldes vigentes até hoje, as pós-graduações stricto sensu por indução da política do governo militar. Também, em nível federal, ampliam-se as verbas para bolsas de mestrado e doutorado no exterior e cria-se um sistema de bolsas para os cursos de pós-graduação no país, para os quais também se destinam recursos variados (infraestrutura, suportes, por exemplo) e ampliam-se as verbas para auxílios à pesquisa, a partir principalmente de três organismos: o CNPq (Conselho Nacional de Pesquisa), a CAPES (Coordenadoria de Aperfeiçoamento de Pessoal de Ensino Superior) e a FINEP (Financiadora de Estudos e Projetos). Não há prioridade, propriamente, para a área de pesquisa em Educação, e, entre as chamadas ciências humanas e sociais aplicadas, a área bem aquinhoada é a da Economia. Para a Educação coloca-se como área prioritária de investimento a das Tecnologias Educacionais.

No contexto das políticas científicas nacionais destaca-se de início o I Plano Básico de Desenvolvimento em Ciência e Tecnologia (PBDCT) (1973-74). Com esse Plano aglutinaram-se recursos, especialmente através do Fundo Nacional de Desenvolvimento Científico, e, através dele, desenvolveu-se reforço institucional de infraestrutura de pesquisa, principalmente na área oficial. A CAPES subsidiaria a formação de profissionais de nível superior, estimulando a instalação de pós-graduações e fazendo seu monitoramento, e o Inep subsidiaria pesquisas educacionais pontuais. Porém, no I PBDCT essas ações não foram articuladas, mas se constituíram em eixos isolados, próprios a cada órgão.

A partir do II PBDCT (1975-79) atribui-se ao CNPq a coordenação geral do programa de desenvolvimento científico, visando a melhorar a articulação das ações a serem implementadas e a maximização dos recursos. Nesse período, definiu-se como prioridade em Educação o desenvolvimento de novas metodologias de ensino, com duas grandes linhas: uma, orientada para a utilização de equipamentos, tais como TV, rádio e computadores; outra, visando ao desenvolvimento de materiais didáticos para o ensino de ciências e para o melhor desenvolvimento dos processos de ensino-aprendizagem em todos os níveis do sistema educacional. A abordagem é técnica, disseminando-se o pensamento de que a aproximação da ciência com a educação se faz pelas tecnologias. A ideia-mestre é a de que meios e métodos solucionariam os problemas de qualidade do ensino básico. Capacitações são desenvolvidas nessa direção, e muitos projetos são financiados: 58 deles de pesquisa e 90 de produção de material e utilização de equipamentos no ensino. São financiados 79 cursos de capacitação e de extensão visando à formação de recursos humanos. Criam-se estímulos para mestrados desenvolverem formação de pesquisadores nessa especialidade. Envolveram-se nessas atividades 62 instituições de ensino superior (Cf. SEPLAN/CNPq,1981). A formação técnica e tecnológica dos pesquisadores e educadores é privilegiada sobremaneira pelas ações dos governos militares.

Mas há uma nova perspectiva florescendo na formação de pesquisadores nesses anos, pois, em parte dos mestrados criados e dos doutorados em implantação, a formação privilegiada situa-se numa vertente mais crítica, em perspectivas filosóficas e sociológicas com forte influência das vertentes marxistas, das teorias do conflito e da reprodução e a das carências socioculturais. Pesquisadores aprofundam sua formação e realizam trabalhos com esses enfoques. No final dessa década (anos 1978, 79, 80) movimentos diversos surgem na sociedade, sejam sindicais ou outras organizações, fazendo aparecer as inquietações latentes pela democratização do país e pela situação socioeconômica de grandes parcelas da população. Nesse momento, observa-se a agregação de novos quadros em algumas agências governamentais e encontra-se em documentos oficiais o aparecimento da questão do desenvolvimento social como uma necessidade do país. Assim, na FINEP, de vocação estritamente tecnológica, cria-se um setor destinado ao desenvolvimento social, onde verbas são concedidas para estudos em educação, sobretudo no sentido de se ter diagnósticos e prognósticos em relação à situação educacional do país, inclusive sobre sua qualidade, dificuldades, lacunas e necessidades, a partir de referentes sociais mais amplos. No

CNPq cria-se uma Diretoria de Desenvolvimento Social, com fundamento na perspectiva de que "A vinculação da ciência e da tecnologia ao desenvolvimento social registra um compromisso de colocar o conhecimento a serviço do homem e de todos os homens" (SEPLAN/CNPq, 1981, p. 5). E que "[...] o conhecimento científico deve ser patrimônio comum a serviço de toda sociedade". Dentro dessa Diretoria de Desenvolvimento Social, instala-se uma Coordenação de Educação e Cultura, que vai estimular e subsidiar estudos e ações no campo da educação com enfoques sociais e perspectivas de contexto, em consonância com os debates da área, mudando os rumos dos estudos em relação ao estimulado até aqui.

Já estamos nos tempos em que movimentos sociais de diversas origens colocam-se no cenário da luta pela volta à democracia, processo que está em marcha. Mas estamos também em tempos em que, realmente, pelo número de instituições de ensino superior existentes, poucos se dedicavam à pesquisa em educação de forma permanente, como trabalho continuado. A maioria dos trabalhos de pesquisa, até esse momento, provinha das dissertações de mestrado e de algumas teses de doutorado, e não propriamente de grupos de pesquisa institucionalizados e com tradição investigativa. Raros centros de pesquisa em educação existiam. Pouquíssimas revistas especializadas havia à época. Considere-se que as instituições de ensino superior, aí incluídas as universidades, não tinham tradição de formação específica e ampliada para seus quadros docentes, integrando nesses quadros graduados que se destacavam e que desejavam a docência, mas com pouca ou nenhuma formação ulterior. Não havia exigências normativas quanto a essa formação. Alguns desses docentes eram brilhantes autodidatas. Também não havia na maioria dessas instituições a tradição de estímulo, apoio e espaço para a pesquisa em educação, a não ser em raros casos.

Neste momento – primeiros anos da década de 1980 – a Sociedade Brasileira Para o Progresso da Ciência (SBPC), a Associação Nacional de Pesquisa e Pós-Graduação em Educação (ANPEd), a Associação Nacional de Educação (ANDE), a Associação Nacional dos Docentes do Ensino Superior (ANDES), o Centro de Estudos Educação e Sociedade (CEDES), por seus debates, impulsionam estudos diferenciados em educação e fazem-se importantes eventos, por exemplo as Conferência Brasileira de Educação (CBEs), nos quais pesquisadores colocam seus trabalhos em discussão. Predominam as discussões políticas e os embates de diferentes ideários.

Novos horizontes são colocados neste momento, tanto em órgãos governamentais como na própria área de pesquisa em educação por estudos críticos sobre si mesma. Penso ser importante olhar com cuidado esse momento porque ele foi determinante para as décadas vindouras, para a reestruturação das pós-graduações e formação de novos docentes-pesquisadores. É um momento em que se amplia a interlocução entre representantes de órgãos governamentais em ciência e tecnologia e docentes dos cursos de mestrado e doutorado, com a participação destes como consultores ou em comissões para discussão de política científica na área educacional, e é um momento que levanta reflexões e proposições que, talvez, devamos retomar hoje em dia. Interessante é, desse ponto de vista, recordar, de um lado, as análises feitas pela Subcomissão de Desenvolvimento Social do Conselho Científico e Tecnológico do CNPq (SEPLAN/CNPq, 1981), e, de outro, a Avaliação e Perspectivas da área de Educação – 1982, realizada com o olhar de pesquisador, tendo como relatora a autora, indicada pela ANPEd (SEPLAN/CNPq, 1983; *Cadernos de Pesquisa*, FCC, n. 44, 1983).

Tomemos o citado documento do Conselho Científico e Tecnológico. Depois de uma descrição do proposto no II PBDCT em termos da vinculação tecnologia-educação, como já colocado anteriormente, levantam-se questões quanto ao desenvolvimento dessa política. Lê-se:

> Em primeiro lugar, constata-se a esperança colocada na tecnologia como uma das soluções para problemas decorrentes da carência de educação em quantidade e qualidade suficientes para atender aos reclamos do País em termos de desenvolvimento econômico e social. Contudo, a despeito da relevância social deste propósito [...] não há evidência de que nem o padrão de ofertas e nem o de qualidade do ensino tenham se modificado no sentido intentado. [...] No que se refere ao ensino superior, [...] não parece que a tecnologia em qualquer de suas concepções, tenha introduzido, neste nível de ensino, mudanças qualitativas apreciáveis.

Mais adiante, afirma-se que o exame de um rol de pesquisas educacionais realizadas em instituições de ensino superior financiadas pelo programa não teve como objeto privilegiado a educação básica. (p. 9 - 10). Como nova base para políticas futuras explicita-se: "[...] a convicção de que a educação supõe um projeto existencial que extrapola os limites do ambiente escolar. Este projeto implica solidariedade com dimensões múltiplas do indivíduo e do grupo social"(p. 13). Então, propõe-se que se deve reconhecer que as tecnologias têm um papel apenas instrumental e que seu caráter é de complementariedade nas ações pedagógicas. Ao pesquisador da área, "a quem cabe subsidiar certas mudanças no cenário educacional", coloca-se o desafio de refletir e "...desvencilhar-se das amarras de uma dependência de soluções importadas o que, de maneira alguma, significaria isolacionismo no campo do conhecimento científico" (p. 15). O desafio posto neste texto é de natureza filosófica e de postura autônoma. Por fim, coloca-se a necessidade do estímulo ao desenvolvimento das ciências que fundamentam a educação, tomando-se como necessário "[...] o suporte que advém do conhecimento científico dos múltiplos fatores que formam a teia da realidade educacional, então gerar esse conhecimento torna-se imperativo" (p. 15).

Essas posições revelam uma reviravolta e tanto para as proposições de políticas governamentais para a área da pesquisa educacional. Lança-se, nesse documento, também, um olhar crítico à dispersão das linhas de pesquisa nos Programas de Pós-Graduação em Educação (nesse ano existiam 26 programas e 59 linhas de pesquisa) e, também, à dissociação profunda entre a pesquisa educacional e o meio social e os sistemas de ensino, bem como à fragilidade dos vínculos dos PPGE "com o processo cultural e, em particular com os fatos da vida escolar..." (p. 20). Como perspectiva, a proposta do III PBDCT (cuja vigência foi de 1980-85) "... procura corrigir algumas das questões antes apontadas ao enfatizar a subordinação da política de desenvolvimento ao interesse social" (p. 23). Entre as recomendações colocadas destacamos as que seguem: a) "enfatizar o fato de que a Educação é manifestação elaborada da Cultura que a envolve. Por esse motivo, os estudos referentes à Cultura, em sentido amplo, devem ser buscados como meio de aprimorar e melhorar o papel da Educação no conjunto da Sociedade"; b) "estimular estudos nas ciências humanas, principalmente naqueles campos que concorram mais particularmente para fundamentar e aprofundar o conhecimento da Educação"; c) "estabelecer, ao lado das linhas convencionais de projetos específicos de pesquisa, mecanismos que facilitem a organização de grupos de pesquisa, a nível regional"; d) "garantir a manutenção de mecanismos de formação científica em instituições universitárias e agências de pesquisa, mediante bolsas de estudo, acordos ou outros meios considerados adequados; e) "criar mecanismos que garantam o desenvolvimento do espírito científico, mediante a participação dos discentes na formulação e desenvolvimento de projetos de pesquisa, inclusive estabelecendo remuneração para o trabalho"; f) "apoiar associações científicas e profissionais como órgãos representativos dos docentes e pesquisadores e instrumento de participação destes nos processos de formulação, acompanhamento e avaliação dos programas de fomento à pesquisa educacional". Não posso deixar de pontuar que, na finalização desse documento, há um chamamento democrático: "Deve-se observar, finalmente, que a continuidade de evolução da pesquisa educacional não dependerá exclusivamente da formação de quadros de pessoal e de novos e melhores arranjos institucionais, mas principalmente do grau de liberdade e autonomia da Universidade e Centros de Pesquisa" (p. 25).

No trabalho de Gatti (1983a), que, como avaliação de área, também influenciou os documentos do CNPq, há uma análise detalhada de dados, documentos e pesquisas de programas de mestrado e doutorado da área da educação (em 1981 já havia 27 programas de mestrado em educação e 7 de doutorado, sendo que, destes, nenhum ainda credenciado, embora alguns já com teses defendidas, em razão do sistema de credenciamento à época). O texto aponta o aspecto positivo da expansão desses cursos na área na década precedente, cujo papel formativo de quadros vinha sendo da maior importância, fazendo-o dentro de padrões desejáveis quanto a currículo oferecido e titulação docente. Porém ressalta alguns problemas e necessidades. Sobre as pesquisas, destacamos aqui: a) a dispersão dos temas tratados; b) a falta de continuidade de projetos por grupos de pesquisa; c) o excesso de imediatismo e pragmatismo dos trabalhos, com argumentações pouco fundadas em referentes mais consistentes (campo do "achômetro"); d) a fragmentação dos objetos de análise; e) a falta de meios de disseminação do produzido. Quanto aos cursos, levanta a falta de maior apoio institucional, de bibliotecas mais equipadas, a falta de bolsas para os alunos e de tempo de dedicação à orientação e à pesquisa dos docentes. Recomenda, entre vários outros aspectos, que se apoiem por períodos mais longos os grupos de pesquisa para garantir sua continuidade e favorecer a capacitação de novos pesquisadores; criar mecanismos de apoios diversos para intercâmbio interinstitucionais; aumentar o intercâmbio de pesquisadores de diferentes regiões do país que trabalhem com temas semelhantes, visando o aprimoramento do trabalho científico e possibilitando a pesquisa comparada; propiciar aos iniciantes na pesquisa oportunidades de estágios; aumentar a representatividade de professores-pesquisadores em educação nos diferentes comitês assessores dos órgãos de fomento; criar no CNPq um Comitê Assessor de Educação específico (até então inexistente).

Estava-se, no cenário nacional, na transição para a democracia. Os embates de ideias se abriam em leques variados, as reuniões científicas abordavam as carências nacionais não resolvidas, sobretudo na área educacional. As novas orientações de políticas em ciência e tecnologia para a área de educação apoiaram-se nesses estudos e foram consubstanciadas no III PBDCT (1980-85). Assim é que, no documento sobre as ações programáticas com vistas à década de 1980, para a área da Educação (SEPLAN/CNPq, 1982), reconhece-se, com base em escrito de Dermeval Saviani (1978), que "ganha força o enfoque que concebe a educação como atividade mediadora no seio da prática social global, tendo seu espaço localizado na intersecção do individual e do social, do particular e do geral, do teórico e do prático, da reflexão e da ação", portanto como potencializadora de ações tranformadoras da realidade social. Se, de um lado, os novos enfoques político-científicos dessa década, explicitados nos documentos oficiais, são reflexo de estudos e debates da área e da interlocução com pesquisadores e estudiosos mais críticos do campo da educação, de outro, as posturas das políticas dos órgãos oficiais concretizadas em ações programáticas e disponibilização orçamentária vêm a produzir impactos consideráveis na área, tanto na produção de seus estudos quanto na formação de novos quadros.

As ações programáticas dirigem-se, então, à consolidação e ao desenvolvimento de pessoal para a pesquisa, que se consubstanciam em apoios diversos aos programas de pós-graduação, inclusive aos emergentes, incluindo consultorias para melhorar o desenvolvimento curricular e os projetos de dissertações, teses e os de pesquisa, ampliação do número de bolsas de vários tipos e dos apoios à pesquisa (ao mesmo tempo que se definem melhor os padrões de qualidade teórico-metodológicos), organiza-se e implementa-se o Programa Integrado de Educação, coordenando ações das várias agências de fomento em nível federal, destacando-se dentro deste o Programa de Intercâmbio de Pesquisadores na Educação, que financiou estágios conjuntos de pesquisadores mais experientes com menos experientes, em áreas temáticas afins, entre 1983 e 1992. Deu-se ênfase aos programas de cooperação internacional e às bolsas de iniciação científica e ao financiamento de encontros científicos da área, seminários, congressos, etc. Desenvolve-se um projeto de financiamento de revistas científicas para o setor. Cria-se vinculado ao CNPq o Comitê Assessor de Educação, com cinco representantes, sendo um deles da área de educação em ciências, com cotas próprias para auxílios diversos e bolsas. É importante assinalar que os membros desse Comitê, indicados pelos pares, tiveram, nessa década, papel destacado nas análises das ações implementadas para o desenvolvimento da pesquisa na área, nas avaliações da qualidade da pesquisa em educação e nas proposições de novas ações, bem como na luta por mais bolsas e verbas. A presidência do Comitê tinha acesso direto ao Conselho de representantes. Na estrutura curricular dos programas de mestrado e doutorado assume-se como eixo norteador a pesquisa, o que faz com que esses programas reestruturem-se, e os novos se estruturem, em torno de linhas de pesquisa mais bem-definidas, com créditos mais voltados para a atividade de pesquisa.

Os movimentos da área, conjugados com novas posturas de órgãos governamentais, em seus encontros/desencontros, vão abrir espaços de reflexão sobre o que se apresentava como pesquisa em educação, sobre a formação de pesquisadores, sobre a relação ensino-pesquisa e sobre políticas científicas para desenvolvimento de pesquisas na e para a área. Isso se tornou possível não só pelo contexto sociopolítico, mas porque, com os investimentos na implantação de mestrados e doutorados no país, e em bolsas de mestrado e doutorado no exterior, acumula-se um número razoável de titulados com formação em pesquisa. A área de pesquisa em educação se fortalece em sua base. Nas décadas subsequentes aqueles mecanismos de fomento a pesquisa e formação de quadros de pesquisadores continuaram existindo, com poucas alterações, ora com maior dotação financeira, ora com redução de investimentos.

Nos anos 2000 observam-se índices estáveis no financiamento nas áreas sociais aplicadas, onde a educação se inclui – sempre muito menores que para outras áreas, diga-se: nem grandes ganhos, nem reduções substantivas. Porém, há a impregnação de um tipo de espírito cientificista, a crença em padrões únicos cresce e são tomados como reguladores para todas as ciências nos órgão de fomento, e as normatizações mais burocráticas vão crescer com força no final dos anos 1990 e recrudescer nos anos 2000. Aqui temos de lembrar a questão das disputas de poder entre as áreas científicas e as hegemonias resultantes, através da ocupação de postos no governo na área científica. As "humanidades" não se enquadram como "empoderadas", ao contrário, são enquadradas como todas as demais áreas, sem ponderações razoáveis e sem consideração pelas naturezas diferentes dos problemas de pesquisa e métodos, no rol da concepção de "ciência una", "critérios únicos" dos setores dominantes.

Para a última década há algumas mudanças substantivas nos eixos condutores das políticas científicas, em consonância com a filosofia da competitividade e da concorrência que se instalou no cenário das políticas do país – ressoando aspectos da globalização econômica – e que instauram a questão da produtividade e da internacionalização como elemento motor em ciência e tecnologia. Assume importância crescente a ideia que os programas de pós-graduação estão consolidados, assim como os grupos de pesquisa, e que a alta qualificação de ambos deve ser exigida, qualificação entendida como quantidade de produções e participações, nacionais e internacionais, o que leva a que os critérios de implantação de mestrados e doutorados em educação e sua avaliação, em seus vários componentes, sejam cada vez mais exigentes quanto à contagem da produção científica, especialmente em meios considerados altamente seletivos (Consultar Portal CAPES e documentos da Comissão de Avaliação da Área de Educação). Instalam-se controles de diversas naturezas sobre a "produtividade científica", com monitoramento de currículo dos docentes e discentes (Sistema Lattes), das revistas científicas que são "metrificadas" em sua "qualidade" e até de editoras, entre outros fatores. Há mesmo uma certa "esquizofrenia" na área, vez que temos de outro lado um discurso "libertador", "emancipador", de equidade, de flexibilidade, de inserção social intensa, contra a seletividade social e educacional, de luta pela educação dos desfavorecidos social e economicamente, com fortes críticas à avaliação como *fonte* de melhoria educativa. Longe estamos dos embates dos inícios dos anos 1980, período das lutas democráticas, e dos ideários lá gerados, como é possível aquilatar pela comparação dos documentos daquele período, como exposto no início deste texto, com os atuais, no tratamento que dão ao desenvolvimento da ciência e tecnologia, dos cursos de pós-graduação e da formação de pesquisadores em educação. As ideias de excelência pela competitividade, com minimização de custos, não estavam postas naquele cenário, mas estão postas hoje com muita força. E essa força se avoluma na medida em que discussões mais críticas sobre essa questão são descartadas tanto pelos órgãos governamentais como pela área.

Formação dos quadros de pesquisa

A ideia de que a formação de pesquisadores teria espaço privilegiado nos programas de mestrado e doutorado ganhou força na década de 1980, consolidando-se o conceito de que as dissertações e teses deveriam se basear, preferencialmente, em pesquisas empíricas ou documentais. As pesquisas computadas na área eram em grande parte reflexos desses trabalhos, tanto que as análises procedidas sobre a investigação científica em educação no país tiveram como foco principal justamente as dissertações e as teses. Somente em meados da década de 1990 é que estudos dessa natureza terão como foco principal a produção dos docentes-pesquisadores, em termos de projetos desenvolvidos e trabalhos publicados, uma vez que foi na década anterior que se generalizou a cultura de produção de pesquisa institucionalmente vinculada e que a carreira docente passou a ser vinculada à titulação e à produção científica, cultura existente, até então, somente em poucas universidades.

Nessa relação entre políticas governamentais e formação de pesquisadores, encontramos, de um lado, perspectivas de grupos de trabalhadores da área da educação que viam a pesquisa como necessidade social e atividade inerente à carreira docente universitária, perspectiva também esposada por algumas das principais associações da área (ANPEd e ANPAE, sobretudo), e, de outro, a interseção com algumas políticas governamentais, com normatizações quanto à carreira docente no ensino superior e, principalmente, quanto às exigências de produtividade científica para docentes da pós-graduação e para a concessão de bolsas e auxílios por parte de órgãos governamentais. Entra nessa composição também a visibilidade social dada às titulações, o que motiva a busca de formação pós-graduada estrito senso e estimula algumas instituições a dar incentivos a seus docentes para a obtenção dessa formação. Há um jogo dialético entre as exigências e os incentivos de políticas relativas a pessoal de ensino superior e de políticas científicas propriamente ditas – a força da burocracia – e a cultura investigativa construída na área educacional, por seus pesquisadores e organizações – a força dos pares –, que impacta na qualificação das instituições pela formação de seu corpo docente, de seus pesquisadores e de sua produção científica.

A expansão dos cursos de pós-graduação na área de educação, que responde a demandas educacionais colocadas na contemporaneidade, se de um lado sinaliza o crescimento do número de docentes titulados com doutorado e das produções em pesquisa e publicações, de outro tem preocupado atualmente analistas da área no que respeita à qualidade formativa e das produções discentes desses programas.

Duas questões são recorrentemente apontadas: a própria condição de formação dos docentes-pesquisadores e suas produções; as estruturas institucionais e as normas que engessam os cursos.

A questão da orientação

Em trabalho realizado para a ANPEd, em 1987, Bernardete Gatti colocou a ideia de que, assim como ninguém aprende a nadar lendo um manual de natação – é preciso entrar na água com a orientação de alguém "que sabe" –, ninguém aprende a fazer pesquisa apenas lendo um manual de investigação científica nem apenas seguindo protocolos pré-elaborados. Claro que ter essa referência é importante, bem como ler bons relatórios de pesquisa e artigos, mas só se aprende a pesquisar pesquisando em coparticipação, com a orientação dos mais experientes, participando, discutindo, observando fazer, dialogando, realizando. Há uma sensibilidade associada ao ato de pesquisar. O papel do mestre-orientador aqui é importante, é o papel do educador mesmo. A experiência e a formação em pesquisa desse mestre-orientador contam muito. Inegavelmente o orientador também se forma, através dos diferentes processos acadêmicos dos quais participa: discussão de projetos, realização de pesquisas, escrita das pesquisas, pareceres diversos, bancas de qualificação e defesa, etc. Podemos, então, perguntar: em que ponto esse docente estará "mais pronto" para orientar? Remi Hess, em seu texto *Produzir sua obra – o momento da tese* (2005), aponta as diferenças entre produzir uma tese conforme a área de conhecimento (não é igual fazer uma tese em educação e uma tese em medicina ou engenharia). Na educação há que se considerarem as discussões anteriores, as teorizações diversas, os problemas de fundo, os tipos de argumentação e, assim, a apresentação da pesquisa requer "um trabalho que encontra sua coerência em um pensamento e uma escrita" (p. 26). Isso requer tempo, domínio de referências e de habilidades analíticas. Aponta no processo de orientar, de formar, que é importante considerar o contexto de trabalho, que nenhuma orientação de tese é semelhante a outra, que é preciso que haja a convergência de um bom tema e de um bom orientador, o saber lidar com as limitações de tempo, o ter estratégias de atendimento, pensar a tese como uma obra. E, hoje, com a aceleração dos tempos de cursos, com as exigências da produtividade, o docente-pesquisador-orientador encontra vários dilemas: como formar bem em uma "pedagogia de massa"? Como formar bem numa corrida contra o tempo? Como formar bem com a formação que os alunos têm? Com o tempo pessoal de que eles dispõem? Com o tempo que ele próprio dispõe? O tornar-se docente-pesquisador-orientador traduz-se para Hess, na epígrafe que traz em um de seus capítulos, citando M.-C. Josso (2002, p. 123): *"Como me portar para que outrem possa voar?"*. Os desafios da orientação não são poucos, a relação orientador-orientando é sempre tensional, o que nos reporta a considerar a maturidade e o domínio intelectual na área necessários aos orientadores.

Aspectos institucionais e normativos

Cabe colocar aqui o papel das restrições drásticas e obrigatórias de tempo para a formação pós-graduada que têm sido colocadas por órgãos governamentais, no caso, em especial a CAPES. O tempo para maturar uma formação em ciências humanas e sociais parece não ser compatível com os tempos burocráticos sinalizados para a avaliação dos programas, os quais, para não serem penalizados, acabam por fazer arranjos relativos aos trabalhos de conclusão, com redução de seu escopo, especialmente nos mestrados. O tempo de leitura e reflexão necessários a uma boa formação avançada não se torna viável nos prazos impostos para titulação. O impacto desse "encurtamento" formativo não é trivial. Alunos e docentes ressentem-se disso, mas acham-se impossibilitados de reagir às imposições draconianas gestadas em instâncias de governo. Aqui me vem à mente o documento do CNPq já citado no início deste texto, em que os educadores-pesquisadores são instados a se libertarem de modelos importados adotados sem as necessárias ponderações quanto à realidade brasileira. O "encurtamento" dos cursos de pós-graduação é visivelmente uma importação pouco analisada quanto à sua adequação e mais especialmente quanto à área das ciências humanas e as condições dos cursos de graduação no país.

Privilegiando-se a formação de atitudes investigativas e do pesquisador, ao refletir sobre a formação em pós-graduação na Educação, há um fato social ocorrendo: cada vez mais os estudantes desse nível têm que arcar com os custos deste ensino e dividir seu tempo entre trabalho e estudo. Esse é o horizonte que se descortina no Brasil para os demandantes à pós-graduação. Assim, a questão de prazos rígidos para a conclusão dos cursos – e que afetam sua avaliação e os fomentos que podem receber – toma outra feição, pelo menos dentro de um pensar mais democrático de possibilidades de acesso ao saber. Os mestrandos e doutorandos não bolsistas, que são a maioria dos frequentadores desses cursos, obviamente têm outras condições quanto à dedicação de tempo aos estudos, mas nem por isso são menos qualificados para aí estarem. Fechar possibilidades a esse tipo de pós-graduando é criar mais um espaço de exclusão. É preciso considerar também que, trabalhando, em geral, em áreas afins aos seus estudos pós-graduados, emprestam a estes uma nova qualidade que advém da experiência no trabalho e do seu trato cotidiano com variados e concretos tipos de problemas, gerando outras possibilidades de aprendizagens. A questão do aluno-trabalhador e dos prazos de formação trazem um desafio e tanto para o modelo credencialista vigente e, diante das necessidades e das condições reais dos estudantes nesse nível, esse modelo, com sua rigidez, parece colocar-se na contramão da história social. Velloso e Velho (1997), analisando a pós-graduação, discutem a questão do tempo imposto rigidamente para a realização desses cursos, ponderando que a fixação de prazos inadequados, segundo alguns autores, constitui não apenas fonte de frustração mas também de desperdício de tempo e dinheiro por parte dos estudantes e das instituições. Nos Estados Unidos da América, onde têm sido relativamente abundantes os estudos sobre os prazos de titulação, verificou-se que estes vêm aumentando desde os anos 1960 (p. 75).

Estudos em diversos países apontam na mesma direção. Os autores citados lembram que, em países cientificamente fortes, o mestrado tem um caráter residual e, por essa razão, os estudos sobre essa questão referem-se mais ao doutorado. Citando vários autores, mostram que o tempo gasto pelos estudantes matriculados nesse nível passou de cerca de pouco mais de cinco anos para aproximadamente sete anos.

Também, considerando a importância da formação em pesquisa, a questão de acessibilidade, permanência e terminalidade nos cursos de mestrado e doutorado, é preciso lembrar que, diferentemente das propostas desenvolvidas em outros países, no Brasil as ofertas de atividades e disciplinas nesse nível mantêm o padrão semestral, sem ofertas diversificadas em épocas de verão ou inverno, períodos de férias escolares e outros, replicando disciplinas ou atividades já oferecidas no "semestre padrão". Não oferece também oportunidades de preenchimento de créditos em períodos alternativos, que podem ser estruturados no semestre mesmo, maximizando a utilização dos recursos institucionais e flexibilizando as trajetórias dos alunos nesse nível de formação. A inflexibilidade curricular cerceia oportunidades, especialmente para os alunos-trabalhadores. Mais um grande desafio a superar.

Propugna-se como metas para a educação superior, no discurso, flexibilidade em estruturas e currículos, formação com flexibilidade cognitiva, mas a rigidez estrutural dos cursos, os prazos estritos, a homogeneização dos diferentes segmentos do alunado com diferenciadas condições para dedicação aos estudos, bolsistas e não bolsistas, etc. mostram um sistema de mão única e via estreita, onde oportunidades são restringidas e flexibilidade real é coisa inexistente. Esse fato não permite aos estudantes experimentar essa qualidade concretamente nem apreendê-la pelo exercício de escolhas. Isso é um paradoxo educacional claro.

Sob o ângulo que vimos desenvolvendo, o desafio está em não comprometer a formação desses novos contingentes que estão demandando esse nível de cursos, todos com direito a uma boa formação, com a contrapartida de sua própria responsabilidade em relação a essa formação. As dificuldades ante mudanças forçam a manutenção da visão dominante, mas estamos alijando pessoas e profissionais que teriam nesses cursos oportunidades de desenvolvimento pessoal, profissional, social e científico de todo relevantes para os desafios dos anos vindouros. Estamos, em nível dos mestrados e doutorados, de certa forma, criando diques contra a ampliação social de potencialidades humanas.

Democratizar acesso, flexibilizar currículos, formatos e tempos, construir diferentes trajetórias possíveis nesses cursos, com formas de terminalidade diversificadas não quer dizer "perda de qualidade". A boa qualidade das aprendizagens não passa certamente por formatos fechados e padrões preestabelecidos quando se trata de formação de pessoas e do desenvolvimento e ampliação de suas potencialidades. Tem faltado criatividade e ousadia na busca de rotas diversificadas e alternativas para dar respostas às demandas que são feitas nesse nível educacional, demandas que aumentarão em muito. O desafio será atender a todo um novo contingente que começa a procurar esse nível educacional, com heterogêneas necessidades, suplantando a ideia de que boa qualidade se faz criando reservas de domínio em áreas de conhecimento.

A formação de pesquisadores ou de "mentes pesquisantes/pensantes" não pode estar apenas atrelada a induções de políticas governamentais, mas tem que estar integrada a uma vocação institucional, em uma cultura institucional e de grupos que busquem e valorizem a construção de novos conhecimentos. O exercício da autonomia universitária – tão decantada, mas, na realidade tão pequena – precisaria se fazer nesse espaço formativo. Mas o pensamento é: o que o governo quer, o que o governo deixa...

Finalizando

A dinâmica das políticas em ciência e tecnologia ofereceram, e oferecem, um quadro geral formativo e de desenvolvimento para a pesquisa em educação, em consonância com contextos políticos mais amplos – o regime militar, a retomada do regime democrático e, na última década, a valorização do papel da competitividade pela produtividade. Cada momento com seu impacto específico sobre os pesquisadores, tanto nos novos como nos experientes. Nos últimos anos questões de fundo não têm sido tratadas nas esferas da ciência e da tecnologia, impregnadas que estão de um pragmatismo produtivista, ficando em segundo plano reflexões de cunho humanista e cultural, reflexão sobre finalidades em relação a contextos socioeducativos, sobre o papel formativo-humano dos cursos de pós-graduação, as questões de sentido social das instituições e sobre perspectivas de civilização, como se ciência dispensasse consciência e padrões objetivos de "produtividade científica" traduzissem os sentidos da reflexão humano-científica, os sentidos do próprio existir humano. Essa excessiva objetivação mensurável do formativo – papel dos cursos de mestrado e doutorado e das pesquisas – compromete o próprio conceito de educação como processo criador, transformador, crítico, gerador de consciências autônomas, pelo esquema de submissão a critérios na sua maior parte alheios aos aspectos qualitativos da formação humano-científica. Cria-se um espectro reducionista dos significados dos processos educacionais e civilizatórios, comprometendo também o sentido da atividade científica reduzindo-a a produtos, no mais das vezes fragmentários, alijando de sua consubstanciação processos do pensar – refletir, duvidar, contrapor – numa temporalidade que não é a da fábrica. Em se tratando da área da Educação, a ausência dessa reflexão causa a maior das perplexidades.

Cremos que, somente na medida em que se reconhecer que a pesquisa e a formação, sobretudo para nós as de natureza educacional, devem estar envolvidas com uma ética da vida que implique a superação de processos que alimentam a excessiva desigualdade entre pessoas e grupos, poder-se-á desencadear um processo de rearticulação, de um lado, dos domínios de informação, da construção de conhecimentos e sua disseminação, e, de outro, da responsabilidade social. Um novo tipo de consciência humano-social-científica será requerida para encaminhar esta rearticulação, não a que hegemonicamente aí está.

Pensar em maior ênfase em uma cultura de "curiosidade autêntica", de "dúvida permanente", de "consciência dos limites do que se estrutura como conhecimento" seria desejável. Consolidar uma cultura de busca continuada de compreensões sobre nosso dinâmico mundo, cuja história não se contém em laboratórios, nem nos muros universitários, nem nos desejos dos acadêmicos. Um mundo que se faz simultaneamente em múltiplos lugares, na diversidade das pessoas todas que fazem a história humana construir-se, escapando aos nossos desígnios, aos nossos enquadramentos, às nossas teorizações e a nossos dados, num movimento incessante que põe em cheque nossas mais brilhantes conclusões. Uma cultura de mentes abertas e atentas.

Referências

GATTI, B. A. Educação. In: *Avaliação e perspectivas*. SEPLAN/CNPq. Coordenação Editorial, 1983a.

GATTI, B. A. Formar professores ou pesquisadores no mestrado em educação? *BOLETIM ANPEd. Reabrindo um Debate: Produção e Disseminação do Conhecimento na área Educacional*, v. 9, n. 1, jan-mar. 1987.

GATTI, B. A. Pós-graduação e pesquisa em educação no Brasil, 1978-1981. *Cadernos de Pesquisa*, FCC, n. 44, p. 3-17, 1983b.

HESS, Remi. *Produzir sua obra: o momento da tese*. Brasília: Liber Livro, 2005.

PRESIDÊNCIA DA REPÚBLICA/SEPLAN. I PBDCT – Plano Básico de Desenvolvimento em Ciência e Tecnologia (1973-74). Brasília, DF: 1973.

PRESIDÊNCIA DA REPÚBLICA/SEPLAN. II PBDCT – Plano Básico de Desenvolvimento em Ciência e Tecnologia (1975-79). Brasília, DF: 1975.

PRESIDÊNCIA DA REPÚBLICA/SEPLAN. III PBDCT: III Plano Básico de Desenvolvimento Científico e Tecnológico – 1980/1985, Brasília, DF: 1980.

SAVIANI, D. *Educação, Ciência e Tecnologia*. CNPq, 1978 (mimeo).

SEPLAN/CNPq. Ação programada em Ciência e Tecnologia – EDUCAÇÃO. Brasília, DF: Coordenação Editorial, 1982.

SEPLAN/CNPq. *Ciência e Tecnologia na Educação: Desempenho do Setor no período 1975-1979*. Brasília, DF: Coordenação Editorial, 1981.

SEPLAN/CNPq. Programa Integrado de Educação: CNPq/CAPES/FINEP. Brasília, DF: Coordenação Editorial, 1983. 23 páginas (mimeo).

VELLOSO, J.; VELHO, L. Política de bolsas, progressão e titulação nos mestrados e doutorados. *Cadernos de Pesquisa*, n. 101, FCC/Autores Associados, p.50-81, 1997.

Reflexões sobre questões metodológicas e práticas em pesquisas em Educação[1]

Pelo contexto sociocultural que contemporaneamente se delineia, os estudos no campo da Educação estão cada vez mais submetidos a novas exigências de qualidade, até de excelência mesmo. Esse campo vem sendo pressionado por imperativos de ordem científica e de ordem profissional, como também de ordem política, administrativa e econômica, imperativos às vezes complementares, mas, muitas vezes, contraditórios. As tensões criadas por essas pressões nem sempre são decodificadas e analisadas mais a fundo.

Vale perguntar, então, sobre conceitos utilizados para caracterizar o campo, distinções que podem clarificar significados e contribuir para sua autoafirmação, sobre identidade e formas investigativas. A questão sobre se nossos interlocutores, especialistas de outros campos, estão compreendendo e podem *articular* os tipos de contribuições que estamos oferecendo com nossos estudos não é algo periférico. Refere-se à consistência do campo investigativo em educação.

Há perguntas que precisam ser consideradas: De onde partimos? Com quais referentes? Para quem queremos falar? Por quê? Que tipos de dados nos apoiam?

Temos utilizado muitas vezes diversificados termos para significar uma mesma coisa, na dependência de posturas momentâneas. No Brasil optamos por usar em larga escala e com amplos significados a palavra "educação". Não nos preocupamos, por exemplo, com distinguir *educação em geral* – fato social que permeia a sociedade como um todo e seus vários instituídos – de *educação escolar* – aquela que a escola provê. Na maior parte dos trabalhos publicados falamos desta última, porém sem qualificar isso, criando um espaço um tanto vago de entendimento para diversos interlocutores.

---

[1] Trabalho apresentado no III EPISTED – III Seminário de Epistemologia e Teorias da Educação e IV Colóquio de Epistemologia da Educação Física. 9, 10 e 11 de dezembro de 2008.

Fica colocada a questão da identificação um pouco mais clara do campo relativo às pesquisas educacionais, na medida em que desejamos – e também somos instados a – nos comunicar com diferentes setores sociais e setores acadêmicos e por ser necessário que sejamos compreendidos, que nossos conhecimentos sejam bem interpretados e que tragam contribuições realmente relevantes. Para tanto precisamos nos preocupar com alguns aspectos básicos relativos à validade de nossos trabalhos de pesquisa.

Campo de investigação

A identificação do campo das pesquisas em educação tem sido objeto de análises mais intensas nos últimos anos. Três aspectos que interferem na identificação desse campo enquanto campo científico – campo de conhecimento com especificidades –, bem como quanto ao espaço que pode ocupar no âmbito das ciências humanas e sociais, merecem nossa consideração. São eles: o das denominações e conceitos utilizados, a própria ideia de campo e as questões de identidade e formas investigativas. Esse último aspecto se liga aos caminhos da pesquisa em educação e às suas relações com questões formativas.

Conceitos e autoafirmação do campo

No contexto internacional, e especialmente entre autores europeus, está posto o debate sobre os termos utilizados para a qualificação de estudos no vasto campo que se denomina "educação", termos tais como "pedagogia", ou "ciências da educação", ou "ciências do ensino", ou "didática", etc., considerando-se que a forma e os contextos de emprego desses termos confunde interlocutores de outras áreas e os leigos como também gestores, dificultando, muitas vezes, a delimitação de domínios e o clareamento de articulações, interfaces e transvariações com outros campos de conhecimento. Considera-se que autores adotam um dos termos sem que se tenha muita clareza do porquê, ou usam os termos como sinônimos, tornando, também, confusa ou ambígua sua qualificação disciplinar em currículos e programas de formação acadêmica. Questiona-se, então, o sentido de seus usos, suas abrangências, semelhanças, diferenças e suas relações. A busca desses sentidos faz-se não no intuito de impor uma unicidade de denominação, mas na direção de se tentar superar alguns conflitos que se instauram pelas preferências terminológicas entre os acadêmicos como também para clarear algumas especificidades associadas a cada termo, o que pode permitir situar posições na investigação científica e colocar maior clareza para nossos interlocutores. É preciso, nessa ótica, cuidar de nossa linguagem conceitual e de nossas formas comunicativas sociais

(Mazzotti; Oliveira, 2000; Schurmans, 1998; Hofstetter; Schneuwly; Gretler, 2000). Ao preferirmos a expressão "pesquisa em educação", *tout court*, estamos sinalizando uma posição integradora, convergente de várias áreas, porém com um ponto de partida: os processos educativos. Preferindo "ciências da educação", sinalizamos um olhar que distingue vários campos de investigação em educação, separados e voltados a conhecimentos que se originam e se dirigem a outros campos, e assim por diante. As expressões carregam significados. A consciência sobre esses significados, e a escolha de emprego de uma outra expressão a partir dessa consciência, representaria um passo na superação da alienação – ou da cooptação – com que expressamos pela linguagem nossos pensamentos.

Charlot (1998) defende que a concepção que temos das "ciências da educação", e particularmente de sua história, é nitidamente influenciada pela posição que se ocupa no campo e/ou por uma certa experiência (ou não experiência) em atividades de pesquisa em educação. Portanto, usar um termo ou outro (ciências da educação, ciências do ensino, pedagogia, didática, etc.) tem mais a ver com o histórico e a posição profissional dos que produzem no campo e menos a ver com os significados, a questão conceitual em si. Certas ancoragens profissionais e disciplinares determinam a preferência pelo emprego ou do termo "ciências da educação", ou "ciências do ensino", bem como dos termos "pedagogia" ou "didática". A questão é saber, mesmo com certa flexibilidade e extensibilidade, do que se está falando e por que, quando se emprega um ou outro termo. Na interlocução intra-área e interáreas seria fator de consistência. Isso ajudaria a fortalecer o campo da educação no confronto com outros e a qualificar melhor os debates e sua posição no âmbito das ciências sociais e humanas. Essa questão tem a ver com certa coerência de posições e de identidade.

Tomemos os termos "pedagogia" e "didática". O que setores fortes, conceitualmente, das áreas humanas e sociais questionam é: de que afinal estamos falando quando falamos de pedagogia ou quando falamos de didática, por exemplo. É comum encontrarmos nas publicações o uso desses termos como sinônimos.

Então, vejamos. O termo "pedagogia" tem sido usado com variações grandes de significado, indo desde abranger uma teoria educacional até a traduzir uma prática particular de ensino. É usual ouvir: "sua pedagogia não é boa" quando se quer dizer "sua didática não é boa", ou "suas práticas de ensino não são boas", ou "sua técnica de ensino não é boa"... Nas falas do cotidiano talvez isso não seja de maior importância, porém na fala de educadores especialistas pode refletir, na interpretação de outros especialistas, a inconsistência da área ou sua fragilidade conceitual/teórica. O termo didática também é empregado ambiguamente e, até certo ponto foi entre nós deixado meio à parte, tomado como aparentado a tecnicismo, ou como sendo um campo conceitualmente esvaziado.

Tomando os termos "pedagogia" e "didática", tantas vezes empregados como sinônimos, verificamos que os estatutos da pedagogia e da didática constituíram-se de forma inter-relacionada, porém com sentidos diferentes, tendo sofrido metamorfoses determinadas por condições e contextos históricos da educação. Teóricos que se preocupam com a questão preferem distinguir uma expressão da outra. Segundo Lenoir (2000) pode-se admitir que essas duas áreas se constituem complementarmente na análise da relação ensino-aprendizagem, cada uma tratando dessas relações segundo tipos e níveis diferentes de abordagem.

Sobre o termo "Pedagogia" poderíamos nos situar com D. Hameline (1998) que, em texto denso e atual intitulado "Pedagogia", disseca a questão de seu significado, assumindo que "a pedagogia é a educação que pensa a si mesma, ou seja, que fala para si, se avalia e se imagina". A pedagogia seria o espaço das grandes reflexões em educação, das teorizações integrantes, o que a diferenciaria da área da Didática. Quanto ao termo "didática", ficamos com a posição de Oliveira e André (2003, p. 1), segundo a qual esse termo enuncia, em geral, a ideia de ação qualificada do ato de educar, vivências e reflexões de, sobre e para as relações educativas intencionais. Oliveira e André enfatizam que "a área de Didática constitui um campo de conhecimento sobre o ensino" (p. 7).

A pesquisa no âmbito da pedagogia colocar-se-ia, assim, no contexto das teorias, como análise de fundamentos, de consequentes e de perspectivas, em vertentes filosóficas e epistemológicas de diferentes enfoques: idealista, funcionalista, pragmatista, empirista-lógico, hermenêutico, marxiano, fenomenológico, pós-moderno, etc. Aqui, o campo se mostra pelas diferentes vertentes construídas ao longo da história na tentativa de traduzir como o conhecimento humano-científico se constitui. Ele se fortalece e se afirma pelo domínio lógico-metodológico da vertente pela qual se enbereda. Sobre esse estatuto poucas reflexões e discussões se põem com clareza nos trabalhos e encontros de pesquisadores. Pouco se coloca na formação dos próprios educadores.

Já no que se refere à didática levanta-se a necessidade de uma reflexão sobre a educação não apenas de natureza filosófico-epistemológica mas também praxiológica. Seria necessário discutir o escopo das práticas de ensino no âmbito da didática.

Nem tudo se tranquiliza com essas colocações, porém elas podem balizar posições e pesquisas e, sobretudo, *domínios cognitivos*. Seria desejável que a escolha de termos fosse mais consciente por parte dos pesquisadores e mais claramente enunciada em certas análises. Seria desejável também que se refletisse mais vezes sobre essas denominações, perguntando se atendem a um estatuto epistemológico ou a conveniências institucionais ou de nichos profissionais. É quase um imperativo para que o campo da pesquisa em educação se afirme e deixe de ser considerado "uma geleia geral", expressão jocosa que ouvimos de profissionais de outros campos ao se referirem aos termos pouco precisos, pouco explicitados, que os profissionais do campo da educação muitas vezes usam. Não é, pois, desprezível, a procura por melhor qualificação das áreas atinentes ao campo da pesquisa em educação, enquanto lugar de um conhecimento especializado, especialmente os relativos à pedagogia e à didática, com as subáreas decorrentes.

Educação como campo de conhecimento comporta a pedagogia, como construção e reflexão, e comporta a didática, como reflexão para e das ações educativas intencionais. Talvez seja necessário, de fato, maior cautela por parte de intelectuais e pesquisadores no uso desses termos, no sentido de se obter maior consistência para o campo de estudos em educação.

No Brasil, temos um elemento a mais que confunde um pouco mais a explicitação do termo "pedagogia". Como "pedagogia" nomeia um curso de formação profissional de professores, a representação geral desse termo se mostra associada a aspectos curriculares e operacionais de formação de professores para os primeiros anos da educação básica, introduzindo mais uma faceta, ou aresta, na construção da interface com campos de investiga-ção em ciências humano-sociais que têm significados conceituais mais bem- definidos (como a sociologia ou a psicologia) que se apresentam como áreas de estudo com objetos e/ou processos em foco, mais claros. O termo "pedagogia", entre nós, mais geralmente associado a curso formativo de professores das séries iniciais, mostra-se nas representações, conceitual-mente, distante de seu objeto, tal como Hameline e outros teóricos discutem, com imagem diferente de campo específico de pesquisa e de estudos com foco claro. Tanto que esse termo é pouquíssimo referido entre nós como área de estudos, havendo preferência neste sentido, pelo termo "educação" e também nas suas derivações, como a expressão "relações pedagógicas", ele significa relações de ensino (confundindo-se com didática e práticas de ensino).

Por outro lado, o termo "didática" vem sendo substituído pela expres-são "Prática de Ensino", cada vez mais usado, especialmente em currículos escolares, deixando "didática" para designar campo de estudos mais teóricos relativos às questões do ensinar – aprender, rarefazendo-se seu emprego, ficando as "Práticas de Ensino" como técnicas ou formas de ensinar bem específicas. Porém, nem sempre isso é clarificado nos estudos.

Exercitar uma certa cobrança relativa a maior clareza conceitual não tem sido propriamente uma preocupação na área, entre nós. Porém, perante as demandas científicas e sociais, estamos instados a refletir sobre nossos referentes e o significado dos termos que usamos, nos contextos de trabalho que escolhemos. Como campo que trabalha também pela apropriação teórica do produzido em outros campos (como a Filosofia, a Sociologia, a Antropologia, a Linguística, etc.), a questão conceitual e de posição epistêmica torna-se problema central. No entanto, nem sempre as fontes de referência originais têm seu campo conceitual tratado com adequação, pertinência e fineza teórica.

A linguagem é viva. Muda. Significados mudam. As reflexões acima podem parecer desnecessárias para muitos, serem consideradas perfumaria para outros. Porém cabe pontuar que temos sido descuidados nas teorizações e conceitos, na colocação clara de nosso objeto e/ou problemas e vale lembrar que a não distinção conceitual que vem caracterizando os estudos no campo da educação tem provocado dificuldades comunicacionais e interpretativas nesse campo de investigação, bem como na interlocução com outros campos, e nos contextos sociopolíticos, com prejuízos quanto à atribuição de relevância aos seus estudos.

Ideia de campo de conhecimento

Estudos que revelam a diversidade disciplinar quando se trata do campo da educação nos fazem levantar a questão da multiplicidade de abordagens mas também de qual é a especificidade associada ao campo e de sua circunscrição no domínio das ciências humanas e sociais. Há sempre um questionamento, especialmente de cientistas sociais e profissionais da filosofia, sobre o estatuto da educação como campo de conhecimento. Pergunta-se se há um domínio específico desse campo ou um domínio que assegure de alguma forma sua unidade (fatos, teorias, postulados, etc.), permitindo-lhe, diante de outros campos de estudo, conservar uma certa especificidade, tendo a possibilidade de integrar a multiplicidade das disciplinas anexas que o próprio campo cria (TENORTH, 1998, p. 140).

A organização conceitual e institucional do campo de pesquisa em educação e suas relações e articulações com outros campos, no contexto das tensões tanto de ordem científica quanto das práticas profissionais a ele associadas, emerge contemporaneamente como uma necessidade, pelo risco da dispersividade e da consequente desconsideração dos demais campos nas ciências humanas e sociais, com os quais se confronta, ao mesmo tempo que se interliga. Para os que se colocam dentro do campo educacional nem sempre esses questionamento são levados em conta, mas no concerto das políticas científicas e das políticas tecnológicas, bem como no das políticas de ensino, especialmente as políticas de formação de professores, a força do campo ou a sua fraqueza tem a ver com seu impacto e relevância. Essa afirmação dos estudos em educação pode vir pela sua segurança conceitual, que, a nosso ver, se constitui na interdisciplinaridade. Não se trata de assumir uma unidade de campo como homogeneidade mas de assumir uma unidade de *propósitos* com clareza de abrangência e de estruturas conceituais. Trata-se da aquisição pelo campo de estudos em educação de uma caracterização mais clara enquanto campo acadêmico e investigativo, mesmo mantendo seu referencial plural.

Identidade e formas investigativas

Pergunta-se também pela identidade, pelas formas investigativas e pela relação com as demandas sociais, das investigações que podem ser colocadas no guarda-chuva da educação, esta tomada como amplo campo disciplinar. Muitos campos têm estudos que podem ser tomados como pesquisa em educação, e não somente os associados a disciplinas específicas como pedagogia e didática ou ao rótulo genérico de "ciências da educação" ou "ciências do ensino". Há uma vasta gama de estudos sobre e para a educação em variados campos do conhecimento tornando difícil assumir-se epistemologicamente um eixo identitário. Há estudos que podem ser qualificados como de educação, por exemplo, no campo da Linguística, no dos estudos da Comunicação e da Informação, na Semiótica, nas Neurociências, etc. Publicações se debruçam sobre essas questões, e a multiplicidade de possibilidades e olhares mostra o que se pode chamar de uma "disciplina indisciplinada" (HOFSTETTER; SCHNEUWLY; GRETLER, 2000, p. 26).

Resta-nos, então, considerar neste âmbito; questões do tipo: Como colocamos nossos problemas de investigação? O que é uma questão que pode sem dúvida ser qualificada como de pesquisa em educação? Qual nosso foco? Então, temos que pensar o que constitui uma ótica propriamente educacional, portanto considerar de onde partimos e aonde queremos chegar. A educação é o ponto de partida e de chegada? Coloca-se aqui o conflito entre uma ótica propriamente de educação (como campo investigativo) e óticas pertinentes a outros campos. Coloca-se também a questão sobre como utilizar-se da interdisciplinaridade/transdisciplinaridade mantendo o foco do campo da educação.

Em estudo amplo realizado sobre a pesquisa em educação na França, cujas análises e reflexões nos parecem pertinentes de modo geral para outros países, Beillerot (2000) pontua três aspectos que merecem atenção: o primeiro, é, justamente, o fato de que se encontra uma grande complexidade de discursos e de explorações em relação à educação e à formação. Entre os extremos, por exemplo um grande levantamento macroscópico da economia dos sistemas escolares e a observação da ação educativa cotidiana de uma mãe em relação a seu bebê, há uma multiplicidade de situações, de dados, de práticas para as quais, sem dúvida, no momento, é vã a tentativa de querer ou de esperar que elas se juntem todas sob um único rótulo... (p. 158).

O segundo aspecto diz respeito às maneiras de proceder nas pesquisas. Esse autor encontrou uma grande gama de formas de coleta e relato de dados e fatos em estudos, desde a pesquisa mais ao estilo jornalístico até aos ensaios, passando por pesquisas que buscam a produção de dados e a investigação empírica problematizada.

Em terceiro lugar, coloca o aspecto relativo à relação pesquisa e demanda social. O discurso de que as pesquisas devem responder às demandas sociais é presente tanto no meio acadêmico quanto em segmentos sociais que conseguem de alguma forma "ter voz". Beillerot (2000) considera que, mesmo sendo a ideia de demanda social muito sugestiva, resta a questão de discernir com clareza o que é uma demanda social, quem a exprime, por que, para quem, quando, para que. Segundo ele, em educação, como em outras práticas, os indicadores de demandas são muito claros em alguns casos, mas, em outros casos, são bem mais aleatórios. No primeiro grupo estariam as demandas que tomam a forma de plataformas descritas e solicitadas pelos legisladores, ou pelos executivos, pelas diferentes instâncias de gestão. O segundo grupo de indicadores de demanda social seria representado notadamente pelas diferentes formas de mídia que dão voz a agentes sociais diversos (mandatários ou não) e que dão forma, a partir de informações triadas, selecionadas, ao que as clientelas ou as ideologias têm necessidade de dizer, como sendo sua opinião própria, suas reivindicações. Aqui toda demanda social é flutuante, sujeita aos modismos, a grupos hegemônicos eventuais. Assim, "o que se tem na realidade é que os debates com argumentos fortes, de boa fé e fundamentados são raros. O que é chamado de demanda social está mais sujeito à paixão e à ideologia do que à razão. Isso faz com que os estudos e as pesquisas progridam muito pouco". Pode-se dizer que as demandas sociais, assim "produzidas", não se dirigem à construção científica (amplamente entendida) da educação propriamente, mas a outras instâncias, sobretudo as de poder, como crítica ou reivindicação, o que gera o risco de não se ultrapassar, dentro do campo investigativo em educação, a produção de "autodemandas sociais" como expressão de desejos internos, não escapando "às quimeras do corporativismo e do messianismo reunidos" (BEILLEROT, 2000, p. 159). Essas posturas comprometem o campo, enquanto campo investigativo que deve avançar com perspectivas de genericidade, nos termos de Heller, ou seja, um pouco menos alienadas, que não sejam totalmente fruto de pressões, ou desejos de domínio ou projeção, ou imposição de ideias e valores de um grupo hegemônico.

Considerando essas questões, pode-se afirmar que, do lado dos pesquisadores, há necessidade de um exame sereno da questão da "demanda social", que pode ser feita no confronto dos dois indicadores de demanda apontados anteriormente com o conhecimento acumulado através de investigações confiáveis que já compõem o campo de saberes em educação e em suas áreas específicas. É nas sínteses possíveis, a partir de análises desses contrapontos, que a pesquisa educacional poderá avançar e produzir conhecimentos mais pertinentes e referenciais mais confiáveis, não ficando ao sabor de circunstâncias ou da superficialidade com que questões são postas nessas demandas, ou a partir delas. Trata-se aqui da consistência na construção dos problemas do campo educacional.

Dois pontos importantes restam a considerar. O primeiro diz respeito à dúvida quanto a se as posições que esse debate instaura pelos estudos, artigos, congressos, serão não somente percebidas mas levadas em conta nas atividades dos pesquisadores, no futuro. O debate dessas questões é pertinente e importante para o contexto histórico atual e tem consequências para as perspectivas epistemológicas e políticas do campo – para o aspecto de sua valorização e de sua posição no contexto social, político e no contexto científico. Como coloca Charlot (1998), os atores do campo disciplinar, especialistas de diversos domínios, serão capazes de superar uma visão estreita, individualista, concorrencial, muito dependente do contexto político ou institucional do momento? As questões corporativistas e ideológicas implicadas na produção, disseminação e utilização dos conhecimentos serão olhadas e analisadas de modo mais consequente? Ou, ainda, podemos perguntar se no campo da educação se pode apostar que a análise, a pesquisa e a reflexão vão fortalecer o campo e transformar a ação?

O segundo ponto diz respeito às características e às nuances da identidade do campo e de seus estudos, identidade pensada como uma topologia de metamorfose, na composição de diversidades, na produção de um saber válido, legitimado tanto pela comunidade científica como pelas comunidades outras de referência e a sociedade em geral. Identidade e legitimidade construídas num processo transacional de cooperação conflituosa, na expressão de Schurmans (1998), porém na busca de consistência analítica e comunicativa. O termo "educação", designando um campo de estudos e um campo de ação, acaba por traduzir o hibridismo em que suas representações e conceitos estão embebidos. Porém, evoca uma abrangência que pode ser abertura salutar, mas que exige distinções claras quanto a que se está referindo em um estudo e de que forma o investigador aborda seu problema.

Educação: campo de pesquisa

Apoiando-nos em Lenoir (2000) e Bronckart (1989), pode-se relatar quatro grupos, de concepções associadas aos estudos em educação, como campo investigativo que tem por objeto ações educacionais, na perspectiva de um recorte para olhar essas ações em sua colocação nas realidades sociais e escolares. Essas concepções se refletem diretamente nas pesquisas desenvolvidas e nos modos de conceber a educação.

As concepções destacadas se entrelaçam com várias formas e caminhos possíveis para colher e trabalhar dados em investigações no que se refere às situações de ensino e de aprendizagem escolar ou a processos formativos de diferentes naturezas e níveis (por exemplo, a formação básica de professores, ou a continuada, a formação de técnicos ou especialistas, a formação dos jovens, etc), a processos de gestão. Geram formas diferentes no desenvolvimento das pesquisas.

A primeira concepção está associada a uma perspectiva técnico-instrumental, a educação sendo vista como "ciência de procedimentos", como conjunto de métodos, técnicas e procedimentos para o ensino, portanto na aproximação da didática, e a ordenações organizacionais e de gestão. Essa concepção tem objetivos prescritivos, normativos ou sugestivos, nos quais a perspectiva comportamental é seu prolongamento.

Um dos caminhos mais comuns para a investigação de problemas nessa concepção é pelo recorte específico de disciplinas de referência, como a Psicologia, a História, a Biologia, a Sociologia, a Filosofia, etc., com grande predomínio das perspectivas da psicologia do desenvolvimento. O foco nasce fora das teorias educacionais, advindo de áreas contributivas ao olhar da pesquisa *com* educação.

A segunda concepção está associada à perspectiva lógico-cognitiva, tendo como foco as teorizações sobre questões associadas ao ensino das *disciplinas*. A proposição é de que se diferencie pesquisa de ensino, não devendo a pesquisa conduzir diretamente a recomendações de ações na escola, pelo menos não antes de se ter racionalmente estabelecido parâmetros epistemológicos seguros para conteúdos em suas especificidades disciplinares. Centra-se, então, sobre conteúdos de saber, sobre as bases epistemológicas desses conteúdos – os de cada disciplina. Essa concepção estaria, segundo Bronckart (1989), associada a uma "segunda geração" de pesquisadores que investiga as relações ensino-aprendizagem, analisando o estatuto dos saberes a ensinar e sua adequação às características sociocognitivas dos alunos, as interações entre os alunos, o "contrato didático", mas sem questionar o significado, a necessidade e suficiência desses saberes e seu processo de objetivação sócio-histórica. Seria uma concepção cujo foco é o desvelamento de processos intrínsecos ao binômio ensino-aprendizagem.

Outra aproximação encontrada é a feita através de disciplinas científicas diversificadas. No caso de se ter como ponto de partida as disciplinas científicas básicas – tipo Álgebra, Geometria, Física teórica, Genética, teorias da comunicação, Literatura, Linguística, Tecnologias, etc. – trabalha-se com a produção, aplicação, articulação e conceitualização de conhecimentos. Privilegia-se o *polo objeto e a lógica dos conhecimentos* em área ou subárea específicas.

Ainda há as aproximações que têm como ponto de referência as disciplinas escolares propriamente ditas (Português, Matemática, Ciências, Educação Física, Inglês, História, Geografia, Artes, etc.), em que se tem como foco as questões de transmissão, apropriação e reprodução de conhecimentos selecionados, em geral, estruturados conforme os conteúdos de uma proposta curricular. *O foco aqui é o aluno e a lógica da aprendizagem escolar do aluno.*

A terceira concepção coloca-se do ponto de vista do sujeito que aprende, investigando os processos de apropriação de saberes, e se apoia em teorias que têm origem principalmente nas teorias de gênese de referência piagetiana, ou de referência soc:interacionista ou sócio-histórica, de diferentes vertentes, não havendo preocupação explícita com as bases epistemológicas que sustentam os conteúdos do ensino. O foco são os processos de aprendizagem das crianças ou jovens, gerando o que se poderia caracterizar como uma abordagem cognitivista, em que os sujeitos aprendentes são o foco, não o que há para aprender ou o que se considera desejável que se aprenda em determinada sociedade por razões históricas. Não há um olhar sobre o valor dos conteúdos dos saberes em situações sociais determinadas. Apenas o processo do aprender é considerado.

O segundo e o terceiro conjunto de estudos trazem contribuições ricas para a compreensão de aspectos específicos das situações de ensino e de aprendizagem. Porém, se de um lado considera-se a contribuição das pesquisas sobre processos de ensino como dando um aporte às práticas educacionais em segmentos específicos do conhecimento (aquisição da leitura e escrita – a partir de teorias lingüísticas, apenas –; ensino da matemática, pela lógica matemática ou por teorias de aprendizagem e outras), de outro, fazem-se críticas a essas contribuições, que são consideradas restritas e na maioria dos casos descontextualizadas. Bayer e Ducrey (1998) são duros em suas críticas e as caracterizam como uma aproximação reducionista, pois enfocam apenas um dos ângulos das situações de ensino, transparecendo nessas pesquisas, em muitos casos, "ingenuidades, simplismos, não consideração dos múltiplos fatores em jogo, em diferentes níveis, nas situações de ensino".

A quarta concepção é marcada por uma praxiologia, na vertente de um pensamento de tendência mais formativa e voltada à ação. Parte do pensar as ações educativas criando conceitos fecundos na relação práticas-teoria e produzindo conjuntos instrumentais ancorados em uma reflexão sobre suas utilizações e suas finalidades, em contextos complexamente considerados. Segundo M. Develay, em citação feita por Lenoir (2000, p. 188), essa posição pode se exprimir pela afirmação de Henri Wallon: "A teoria nasce da prática e deve a ela retornar", no que o autor completa que se pode dizer que conhecimento em educação nasce da e com a prática e deve aí retornar, *desde que se faça uma construção axiológica.* Sem o retorno à prática e sem a passagem pela axiologia, o conhecimento se arrisca a ser apenas um "simulacro". Nessa vertente a pesquisa é concebida sobretudo como pesquisa-ação, em variadas possibilidades, procurando assegurar uma inter-relação entre a pesquisa formal e os procedimentos da investigação na e/ou com a ação, porém, criando teorizações e fundamentando-as. Mobilizam-se certos conhecimentos para compreender situações e inferir/criar novos modos de ação. Funda-se sobre a análise do estatuto sócio-histórico do saber a ser ensinado e dos objetivos do próprio ensino, considerando critérios de pertinência, e não critérios de legitimidade. Conforme ainda Lenoir (2000, p. 189), nessa posição, a pesquisa parte dos resultados de uma "análise crítica do contexto social e da situação real na qual o ensino de uma matéria escolar se atualiza. A questão da produção de coerência orientada para a ação, assim como da contextualização social, se tornam centrais". Importante é assinalar aqui que se assume a inter-relação e a interação indispensáveis entre os processos de ensinar, os de aprender, os sentidos dos conteúdos e os processos de formar. Incorporam-se tendências das perspectivas culturalistas e as da chamada "nova sociologia".

Despontam aqui pesquisas que têm uma *abordagem interacional,* na qual se procura considerar todas as relações entre *os conjuntos de diferentes fatores* pertinentes às questões ligadas às ações educacionais: aluno, professor, conhecimento, situação, contexto.

Surge, também, a abordagem *biográfica,* tanto os estudos autobiográficos como os realizados por um interlocutor (pesquisador), com o objetivo de compreender os processos formativos individuais, os quais vêm se colocando como um espaço para a investigação em diferentes questões das relações escolares. Cifali (1998) e Dominicé (1998), discutindo a prática (uma prática) como objeto de pesquisa e como lugar legítimo de produção de conhecimento científico, colocam a necessidade de uma objetividade que é conquistada por um trabalho sobre a própria subjetividade pela intersubjetividade que se pode criar com vários interlocutores. Porém, tem sido lembrada a necessidade, para esses estudos, de um enquadramento teórico e um enquadramento metodológico mais aprofundados e com maior especificidade, o que lhes falta de modo geral. Muitos desses trabalhos parecem monólogos ou são descritivos, com apelos emotivos, faltando-lhes interpretações coerentes, inferências cognitivas que avancem compreensões. Esses estudos chamam por aspectos da pesquisa clínica, com suas qualidades e limites, por exemplo, demandam cuidados especiais com a questão da subjetividade e dos controles. A face clínica da pesquisa com base em biografia é clara, mas lembremos que a fala, ou o texto refletido de uma experiência, o solilóquio, só pode permitir a construção/reconstrução de conhecimento desde que se ancore em uma ótica referencial (seja ela antecedente ou emergente no processo), considerando-se, como na clínica, que "falar sobre" e "falar com" é um bom meio de tomar consciência. Mas na pesquisa há alguns passos além, por exemplo, o do interpretar teorizando, o do atribuir significado alargado, o da comparação, o da confrontação com outros conhecimentos e informações fornecidos pela literatura especializada, mesmo que de caráter idiossincrático.

Ao trazermos algumas dessas análises críticas, lembramos que há estudos que analisam a produção do ponto de vista epistemológico, que levam ao questionamento de conceitos, das formas de pensar os problemas. Nessa aproximação, análises críticas são feitas aos trabalhos de pesquisa tal como realizados. Por exemplo, fazendo a crítica às análises binárias, com exclusão de múltiplos fatores (aluno-professor; formador/aprendente; saber/aluno; saber/professor, etc.). Ou à excessiva psicologização, quando a referência especial é o indivíduo; ou às tendências excessivamente sociologizantes, em que se privilegia, sobretudo, o contexto, desaparecendo os sujeitos em ação; ou ao extremo empirismo, vinculando-se todo conhecimento somente na experiência; ou ainda as análises críticas às aproximações disciplinarizantes em excesso, que são excessivamente programáticas, portanto, centrando-se rigidamente no saber dos especialistas e das especialidades disciplinares (Lenoir; Gagnon, 1995; Lenoir, 2000). Todos esses ângulos têm sido criticamente examinados na perspectiva epistemológica no campo da educação, em visão epistemológica mas também praxiológica, e essa abordagem investigativa se mostra como uma espécie de *referência crítica*, de meta-análise, que levanta questões sobre o que se pensa, como se pensa, como se problematiza e o que se faz na pesquisa em educação. Seu papel de explicitação crítica é fundamental para o avanço dos conhecimentos.

Concepções na pesquisa em educação e formação de professores

Quando se pesquisam ações educacionais, sob que perspectiva for, dever-se-ia ter sempre no horizonte a questão da formação de quem vai formar e também de quem está formando. Por essa razão é importante discutir a relação dessas abordagens e as investigações delas decorrentes, com a formação dos professores, seja a sua formação básica, seja a formação continuada. O professor é "um" ausente em muitos dos estudos sobre ações educacionais, como se pode ver nos três primeiros eixos de concepções presentes na pesquisa em educação.

O aspecto formação dos professores nem sempre se faz presente nas preocupações dos pesquisadores quando tratam do ensino ou das aprendizagens, os quais, voltados a seus focos específicos de estudo, deixam de refletir sobre as relações de suas concepções e resultados analíticos com as questões formativas dos professores, não se considerando que o conhecimento que se produz nos estudos institui formas de pensar e representar, guiando o agir. Essas formas atuam nos processos de formação pré-serviço e na formação continuada, desenvolvida de modo formal ou informal, e de uma forma ou outra impactam as práticas.

Podemos considerar, simplificadamente, que as relações educacionais, particularizando para o ensino, envolvem cinco polos: o aluno, o professor, o conteúdo, o contexto de referência (formas de teorização) e o contexto de trabalho (em certo contexto social). Cada um desses cinco polos são complexos em sua constituição, complexidade que se reflete nas relações entre eles na situação concreta das escolas. Para exemplificar essa complexidade, tomemos o polo "aluno"; ele congrega fatores como condição socioeconômica e cultural do próprio aluno, tipo de família e de relações familiares, formas educativas na família, relações de vizinhança, especificidades cognitivas, acervo cognitivo, constituição emocional, aspectos de saúde, lazeres, motivações, etc., etc. A concretude dos atores e fatores presentes na situação escolar nem sempre é trazida à luz, tratando-se, por exemplo, o educando, ou o professor, como uma vaga abstração, um ser universal despessoalizado e descontextualizado.

Considerando os processos formativos de professores, que são também processos de formação identitária profissional, se estudos privilegiam apenas um dos polos, é esse polo que tomará espaço nas atitudes e ações docentes. Assim, se se privilegia apenas as disciplinas de referência, uma vez que estas geram estudos e pesquisas que têm o recorte específico de outros campos, acaba-se por enfatizar na formação apenas aspectos desses campos, sejam os filosóficos, os sociológicos, os psicológicos, etc., a partir de uma reflexão que se restringe a eles mesmos, dentro de seus interesses internos. O problema não está nos recortes disciplinares, e sim em serem tomados não como recortes parciais mas como "o conhecimento" em educação. Ao enfatizar esse ângulo, outros deixam de ser considerados ou são excessivamente minimizados. Essa limitação ocorre na formação de professores, como na pesquisa sobre ela, quando qualquer um dos fatores intervenientes é tomado como referência sem inter-relacioná-lo com os demais. Pode-se, por exemplo, voltar-se apenas para a lógica da aprendizagem, reduzindo a compreensão do aluno aos processos cognitivos, ou enfatizar a lógica dos saberes, dando ênfase à lógica disciplinar dos conteúdos, deixando de lado outras condições importantes na situação de ensino. Nesses dois casos os sujeitos sociais concretos ficam ausentes, pensando-os como sujeitos homogêneos, desconsiderando os avatares do cotidiano relacional de professores e alunos, o instituído escolar como corpo socioantropológico, deixando de lado questões que dizem respeito à comunicação humana, à construção do imagético, dos valores, das representações.

A pesquisa na concepção inter-relacional tenta considerar todos os ângulos da situação em suas relações, mesmo escolhendo focos delimitados, e selecionando alguns dos fatores pela dificuldade, ou até impossibilidade, de considerar todo o conjunto e suas combinações, interdependências e transvariações. Nessa perspectiva há teorizações emergentes, fundadas em epistemologias da práxis. Os processos formativos orientados por esse enfoque procuram enfatizar a totalidade situacional de um contexto educativo, por exemplo, da escola e do ensino, da sala de aula, na inter-relação de diferentes componentes, integrando perspectivas sociais, antropológicas e psicológicas.

Essas considerações têm por objetivo assinalar a necessidade de maior clareza na exposição do âmbito de uma pesquisa e seus limites no campo de conhecimento, o que demanda um olhar abrangente do campo por parte do pesquisador intérprete de processos educacionais. Recortes para estudos são necessários, porém a consciência de que se recorta, como, por que, para que, não pode ser anuviada ou banida por visões parciais de certezas "pré-postas".

Referências

BAYER, E., DUCREY, F. Une éventuelle science de l'enseignement aurait-elle sa place em sciences de l'éducation? In: HOFSTETTER, R.; SCHENEUWLY, B. (Ed.). *Le pari des sciences de l'éducation: raisons éducatives*, Paris-Bruxelles, v. 98, n. 1-2, De Boeck Université, 1998.

BEILLEROT, J. La recherche em éducation em France: résultats d'enquêtes sur les centres de recherches et les périodiques. *Revue Suisse des sciences de l'éducation*, Fribourg, n. 1, 22º Année, p. 145-163, 2000.

BRONCKART, J.-P. Du statut des didactiques des matières scolaires. *Langue Française*, n. 82, p. 53-63, 1989.

CAFALI, M. Clinique et écriture: une influence de la psychanalyse dans les sciences de l'éducation. In: HOFSTETTER, R.; SCHENEUWLY, B. (Ed.). *Le pari des sciences de l'éducation: raisons éducatives*, Paris-Bruxelles, v. 98, n. 1-2, De Boeck Université, 1998.

CANDAU, V. M. O currículo entre o relativismo e o universalismo: dialogando com Jean-Claude Forquin. *Educação e Sociedade*, Campinas, v. 21, n. 73, p. 79-83, 2000.

CHARLOT, B. Les sciences de l'éducation en France: une discipline apaisée, une culture commune, un front de recherche incertain. In: HOFSTETTER, R., SCHE-NEUWLY, B. (Ed.). *Le pari des sciences de l'éducation: raisons éducatives*, Paris-Bruxelles, v. 98, n. 1-2, De Boeck Université, 1998.

DOMINICÉ, P. La contribution de l'approche biographique à la connaissance de la formation. In: HOFSTETTER, R.; SCHENEUWLY, B. (Ed.). *Le pari des sciences de l'éducation: raisons éducatives*, Paris-Bruxelles, v. 98, n. 1-2, De Boeck Université, 1998.

GATTI, B. A. *A didática como campo de pesquisa: possibilidades e perspectivas*. Trabalho encomendado. GTDidática, 28ª Reunião Anual da ANPEd, 2005b.

GATTI, B. A. Refletindo com o XII ENDIPE: Partilhas e embates, consensos e dissensos – uma construção criativa. In: *Anais – XII Endipe*, v. 5, p. 287-294, 2005a.

HAMELINE, D. Pédagogie. In: HOFSTETTER, R.; SCHENEUWLY, B. (Ed.). *Le pari des sciences de l'éducation: raisons éducatives*, Paris-Bruxelles, v. 98, n. 1-2, De Boeck Université, 1998.

HOFSTETTER, R.; SCHENEUWLY, B. (Ed.). *Le pari des sciences de l'éducation: raisons éducatives*, Paris-Bruxelles, v. 98, n. 1-2, De Boeck Université, 1998.Hofstetter, SCHNEUWLY, R.; GRETLER, A. Les sciences de l'éducation dans un contexte en mutation. *Revue Suisse des sciences de l'éducation*, Fribourg, n. 1, 22º Année, p. 5-14, 2000.

LENOIR, Y. La recherche dans le champ des didactiques: quelques remarques sur les types de recherche, leur pertinance et leur limites pour la formation à l'enseignement. *Revue Suisse des sciences de l'éducation*, Fribourg, n. 1, 22º Année, p. 177-220, 2000.

LENOIR, Y.; GAGNON, S. La didactique dans la formation des maîtres au Québec : une mise en perspective. In: ANDRÈS, F. F. *et al.* (Ed.). *La escuela que vivimos*. León: Universidad de León, 1995. p. 193-225.

LIBÂNEO, J. C. A didática e as tendências pedagógicas. In: *Ideias*. São Paulo: FDE, 1991. p. 28 -38.

MARGOLINAS, C. (Ed.). *Les débats de didactique des mathématiques*. Grenoble : Ed. La Pensée Sauvage, 1995.

MAZZOTTI, T. B.; OLIVEIRA, R. J. *Ciência(s) da educação*. Rio de Janeiro: DP&A, 2000.

MEYER, J. W.; KAMENS, D. H.; BENAVOT, A. (Org.). *School knowledge for the masses*. Londres: Famer, 1992.

OLIVEIRA, M. R.; ANDRÉ, M. E. A prática do ensino de didática no Brasil: introduzindo a temática. In: *Pedagogia Cidadã: Cadernos de Formação*. São Paulo: UNESP, Pró-Reitoria de Graduação, 2003.

SCHURMARS, M-N. Les sciences de l'éducation: fantôme, agrégat, prototype ou idéal-type? In: HOFSTETTER, R.; SCHENEUWLY, B. (Ed.). *Le pari des sciences de l'éducation: raisons éducatives*, Paris-Bruxelles, v. 98, n. 1-2, De Boeck Université, 1998.

TENORTH, H.-E. Les sciences de l'éducation em Allemagne. Un cheminement vers la modernité entre science, profession enseignante et politique. In: HOFSTETTER, R.; SCHENEUWLY, B. (Ed.). *Le pari des sciences de l'éducation: raisons éducatives*, Paris-Bruxelles, v. 98, n. 1-2, De Boeck Université, 1998.

Parte 2 | **Sobre formação de professores**

A formação dos docentes: o confronto necessário professor x academia

Embora considerando que a formação do professor tem aspectos idiossincráticos conforme a natureza da disciplina objeto-de-ensino a que se dedique, há questões de fundo que perpassam a formação de qualquer professor e que devem ser revisitadas antes de – e até como ponto de referência para – uma discussão sobre uma especialidade em particular. Quero colocar desde o início que, falando em formação de docentes, refiro-me tanto à formação pré-serviço como à continuada, ambas faces de uma mesma problemática.

Sabemos que a formação de professores está sendo feita, na maior parte, pelas instituições isoladas de ensino superior e não pelas universidades. Sabemos também que a maioria dessas instituições funciona em condições precárias, com pessoal de qualificação discutível. Por outro lado, há uma certa inércia nas universidades quanto a repensar as licenciaturas e, embora existam algumas propostas alternativas, estas até aqui têm mostrado pouco sucesso. Nenhuma mudança radical, assumida enquanto proposta de universidade, foi efetuada até aqui. Quanto à situação das instituições isoladas, é patente a inércia dos órgãos que poderiam propiciar certo ajuste de algumas situações mais contundentes. De um lado, temos a dificuldade de autocrítica e de promoção de mudança; de outro, as limitações da burocracia nacional e suas possibilidades políticas.

Para situar o volume do problema do qual tratamos aqui, vale citar alguns dados: em 1988 tínhamos 1.349.090 funções docentes no Brasil, das quais 1.110.651 em escolas públicas (82%); em São Paulo, contava-se com 268.816 funções docentes de 1° e 2° graus, das quais 222.215 (83%) em exercício em escolas públicas (FIBGE, 1990). Para o ensino superior, onde se dá a formação nas licenciaturas, em 1990 havia no Brasil 93 universidades e 809 instituições isoladas de ensino superior ou faculdades integradas, com 1,5 milhão de alunos assim distribuídos: 61% em instituições privadas, 21% em federais, 13% em estaduais e 5% em municipais (dados obtidos no SEEC/MEC – Serviço de Estatísticas Educacionais).

Cabe citar aqui, também, algumas informações dos estudos que acadêmicos têm desenvolvido sobre a formação de docentes. Num estado da arte sobre a formação de professores, recém-realizado por Silva e outras (1991), abrangendo o período de 1950 a 1986, encontramos algumas análises que nos ajudam a pontuar essa contribuição. Verificam as pesquisadoras que o magistério detém a primazia de ser, entre as profissões, a que foi capaz de congregar, ao longo de amplo período histórico, o mais extenso e variado conjunto de textos analíticos. Trabalhos sobre os profissionais do ensino vêm sendo conduzidos por especialistas das mais diferentes disciplinas. Vale perguntar: que contribuição esses trabalhos trouxeram à formação e ao aperfeiçoamento do magistério? Fica difícil avaliar, tal é o quadro de qualidade de nosso ensino. Argumentam as autoras que os diversos trabalhos, principalmente à análise e à discussão de como o professor é formado,

> [...] denunciam uma grande imprecisão sobre qual o perfil desejável para esse profissional. Diferentes obras, ao longo do tempo, fazem críticas aos currículos dos cursos apontados como enciclopédicos, elitistas e idealistas. Consideram, ainda, que as diferentes reformas acabaram por aligeirá-los cada vez mais, tornando-os, em sua maioria, currículos de formação geral diluída e formação específica cada vez mais superficial (Silva *et al.*, 1991, p. 135).

Embora o conteúdo de formação dos professores pareça ser o ponto crucial de preocupação dos educadores, existem poucos estudos detalhados, críticos, minuciosos sobre os currículos desses cursos. Houve tendências dominantes nessa formação: primeiro o enfoque nas diferenças individuais, destacando-se a ênfase psicológica em detrimento da pedagógica; depois, a influência da teoria do capital humano e a ênfase no planejamento e operacionalização de objetivos; na década de 1980, dominam as influências sociológicas, ganhando espaço na formação do professor as discussões advindas das teorias do conflito. Hoje, assistimos ao pêndulo começando a voltar novamente para o enfoque psicológico, se levarmos em conta as publicações e apresentações de trabalhos em congressos mais recentes. Retoma-se em novas bases o enfoque cognitivista, como referência central à formação de professores, privilegiando-se a compreensão das teorias de aprendizagem.

Outro ângulo analisado no trabalho citado mostra a produção de propostas curriculares específicas e de intervenção no ensino, a partir de meados da década de 1970. Embora considerem que não existam dados suficientemente abrangentes sobre o impacto efetivo da maioria dessas propostas de formação e/ou de treinamento, as autoras acham possível apontar seu ponto mais frágil: "foram construídas como propostas modelares que desconsideraram as disponibilidades efetivas, tanto humanas como materiais, dos sistemas de ensino. Dessa forma, muito poucas conseguiram superar, seja a fase de treinamento piloto, desenvolvida com pequenos grupos experimentais, seja a fase de formulação teórica – caso típico dos currículos" (Silva *et al.*, 1991, p. 140). Concluindo, observam que é preciso considerar uma questão que não pode ser deixada de lado, a de que o professor continua sendo alguém tratado de modo genérico e abstrato, não se levando em conta as circunstâncias reais que delimitam sua esfera de vida e profissão. Considerar as variáveis como sexo, anos de experiência, tipo de formação recebida e outros fatores seme- lhantes não é suficiente para superar a perspectiva abstrata com que se aborda o educador. Pouco se fala e se discute sobre as necessidades que seu dia a dia lhe coloca e as implicações disso para sua vida, seu pensar e seu atuar. Cremos que *é* preciso ir mais além e recuperar o arsenal de experiências e conhecimentos que o professor acumulou, coisa que nenhum estudo leva em conta nem tenta fazer. Fala-se do professor ou ao professor como uma tábula rasa, o mesmo se dando como aluno, inclusive no ensino superior.

Proponho-me, diante desse quadro, indicar alguns pontos para reflexão em direção à alteração da situação que vivenciamos, enfocando a função possível da universidade na formação de professores e o confronto necessário entre os profissionais em exercício nas redes de ensino e a academia.

Faz-se um chamamento continuado às universidades para que contri- buam à formação dos professores sob diferentes condições, seja reestrutu- rando as licenciaturas, seja especialmente no que diz respeito a sua atuação na formação continuada. O pressuposto para isso é que as universidades detêm capacitação nas áreas das disciplinas e da pesquisa educacionais, bem como nos campos teóricos do conhecimento e, também, por serem as instituições às quais legalmente a função de formação pré-serviço é atribuída. Podemos colocar aqui duas atitudes: atribuir à universidade um papel hegemônico ante o problema ou excluí-la de vez dessa problemática. É realmente pertinente perguntar se não se está atribuindo à universidade um papel hegemônico nessa área, ou se não tenderá a universidade a assumir esse papel de modo hegemônico na medida da insistência dos apelos feitos. Por outro lado, seja por omissão, seja por desencanto, seja por confronto, pode haver um movimento de exclusão da universidade, reduzindo-a a um papel marginal perante suas visíveis dificuldades de funcionamento. Entre esses dois polos, a nosso ver, cabe colocar um não ao monopólio e um não à exclusão.

O não ao monopólio decorre tanto da necessidade de diversificação das instituições contribuintes a essa formação como de sua regionalização em um país da dimensão do nosso e do grande volume das redes de ensino. É preciso diversificar a formação, sim, para aumentar as oportunidades de participação e os leques de opções teórico-práticas. Sindicatos de professores, associações de profissionais da educação, centros independentes ou públicos dedicados às questões educacionais, entidades de diversas naturezas poderiam assumir um papel importante no aumento de oportunidades formativas.

Não à exclusão deve-se ao fato de a universidade agregar competências específicas e porque, institucionalmente – apesar de ser responsável, junto com as instituições isoladas de ensino superior, pela formação pré-serviço dos professores –, ela não tem assumido sua responsabilidade nessa formação com o vigor e a importância social que deveria ter e nem mesmo na formação continuada, onde poderia desempenhar um papel crucial. O que temos visto são iniciativas descontínuas, em geral estimuladas e financiadas por agentes externos à universidade. A formação de professores não tem sido assumida como dimensão institucional de primeira linha, apesar de a universidade manter inúmeros cursos cuja maioria dos egressos terá como destino o ensino. Procura-se hoje uma universidade que assuma, de fato, sua responsabilidade social em face das questões do ensino em seus diferentes níveis. Uma universidade que se proponha e consiga situar sua participação na configuração de seus limites, com abertura para reconhecer as competências desenvolvidas por outras instâncias, por exemplo os próprios professores em sua prática docente ou administrativa.

A questão não é, pois, de atribuir hegemonia à universidade quanto à formação de professores. O problema real é o de preparar a universidade para desempenhar o papel que corresponde a suas características – o de realizar pesquisas educacionais e didáticas, estudar modelos alternativos de formação, preocupar-se com a formação dos formadores, etc. –, porém alterando substantivamente seu modo de operar, integrando em todas essas atividades, como parceiros efetivos, os professores e os técnicos que estão na prática escolar, não só trazendo-os para dentro do *campus* como indo a suas regiões e seus locais de trabalho.

Os professores em geral exprimem muita desconfiança quanto às possibilidades de contribuição formativa da universidade. De fato, isso se compreende pela experiência passada (e ainda atual), em geral negativa. Basta nos lembrarmos dos cursos com uma sucessão infindável de exposições, muitas vezes em linguagem rebuscada e portanto de difícil decodificação, ou palestras em que se fazem verdadeiras prescrições educativas, sem preocupação alguma em saber se o que é dito é transferível para a prática cotidiana dos professores em suas condições de trabalho, com o dogmatismo típico do universitário que, na verdade, sem saber como é o dia a dia da escola, dita aquilo que deveria ser feito.

Outro aspecto dessa desconfiança está ligado ao fato de que docentes da universidade, quando discutem a formação do professor, desvalorizam o patrimônio de experiência e conhecimento de que dispõem os professores a partir de sua prática, revelando também grande dificuldade em desenvolver um trabalho de parceria e de valorização das competências construídas na prática profissional. Nesse sentido, é preciso começar por compreender que essas competências existem e que o docente universitário deve preparar-se para um trabalho formativo, que implique envolver atividades de pesquisas e de experimentação em espírito de parceria com os professores, aprendendo a reconhecer e valorizar as competências recíprocas e a partilhar a definição de objetivos de formação continuada ou pré-serviço. Isso implica uma mudança profunda na cultura profissional acadêmica e no exercício de suas funções.

Importante, ainda, na discussão e na busca de novos modos de ação na área de formação de professores, é considerar as relações que se podem estabelecer entre as áreas específicas do conhecimento e os componentes profissionais gerais. É consenso que a formação dos professores requer o aporte conjunto da dimensão da disciplina específica e da dimensão das ciências da educação. Quando saímos do plano da opinião ou da enunciação de princípio e vamos ao plano da ação, quando se trata de dosar e combinar a contribuição dos diversos componentes formativos para estabelecer em que ponto da formação específica, deve-se inserir a componente profissional educacional e estabelecer a duração, a organização do currículo e a articulação dos componentes formativos, é que as dificuldades aparecem. Ir a fundo nessas questões, parece-nos, implicará repensar até a própria institucionalização dos departamentos universitários ligados à formação de professores, bem como suas formas de articulação. Mais ainda, leva-nos a perguntar por que, para a formação de médicos, engenheiros etc., há confluência em relação a uma base institucional bem-definida, para a qual contribuem outras instâncias da universidade, porém como estacas que suportam um piso comum e um objetivo claro – formar o médico, ou formar o engenheiro – e esse lastro institucional filosófico comum não existe quando se trata de formar o professor? O licenciando é um pingente pendurado em duas canoas, com identidade problemática: especialista em área específica ou professor? Matemático ou professor de Matemática? Geógrafo ou professor de Geografia? Físico ou professor de Física? As faculdades, centros ou departamentos de Educação funcionam para os institutos ou departamentos básicos como apêndice, às vezes até incômodo. Não seria o caso de começar a pensar a formação do professor em outras bases institucionais, de natureza realmente interdisciplinar? De propor outras estruturas no lugar das inoperantes licenciaturas? E de propor esquemas de ação para a educação continuada dos professores, como função integrante da vida da universidade? De parar de lamentar o que não foi feito e fazer alguma coisa, com um olhar e metas prospectivas? De dizer não aos remendos e sim a inovações mais ousadas?

A crise na área de formação dos professores não é só uma crise econômica, organizacional ou de estrutura curricular. É uma crise de *finalidade formativa* de metodologia para desenvolver esta formação, reestabelecendo a relação de comunicação e de trabalho com as instâncias externas nas quais os formandos vão atuar, ou seja, as escolas em sua cotidiana concretude. Isso exige uma mudança radical da inserção das licenciaturas na universidade e nas escolas superiores isoladas, bem como em seus modos de ação. Para tanto, é preciso que a universidade em seu conjunto, e não somente aqueles ligados diretamente às questões da Pedagogia e da Educação, se volte para a questão. Ainda, nessa empreitada, professores experientes da rede deveriam ser chamados a dar sua contribuição, ao lado de pesquisadores e especialistas. A perspectiva do acadêmico tem que ser confrontada com a dos executores e com a própria dinâmica social. A escolha dos formadores também deve entrar em questão. Por que não exigir destes experiência docente na rede de ensino, por exemplo? Os currículos e até as modalidades didáticas – que, de nosso conhecimento, até aqui, oscilam da aula magistral ao seminário *laissez-faire* – devem ser radicalmente modificados. Onde se vê o uso intensivo de materiais didáticos diversificados nos cursos de licenciatura? O professor pode usar, e ter visão crítica, sobre algo que não experimentou? Com uma visão de futuro, cabe então uma análise profunda e integrada de:

- necessidades formativas perante a situação existente;
- formas de articulação e relação entre formação em disciplina específica, formação educacional geral e formação didática específica, levando em conta os níveis de ensino;
- novas formas de organização institucional que possam dar suporte a essas necessidades e a novas formas de articulação;
- formação dos formadores, ou seja, de pessoal adequadamente preparado para realizar a formação de professores a nível de 3° grau;
- novo conceito de profissionalização dos professores, baseado na proposta de um *continuum* de formação.

É preciso situar ainda, nessas preocupações, em função de uma clara filosofia de ensino, o papel pedagógico dos materiais didáticos.

A preocupação com os materiais didáticos, sobretudo no que diz respeito ao livro didático, permeia há muito tempo as discussões que se desenvolvem entre educadores sobre a qualidade e a democratização do ensino. Mas essa preocupação pouco impacto teve na articulação curricular para a formação dos docentes. Avanços foram feitos nas formas de comunicação escrita, visuais/auditivas e tantas outras, mas a incorporação dessas tecnologias, hoje disponíveis a qualquer cidadão, pelo ensino universitário é quase mínima.

Tais preocupações também não têm tido, como contraponto, pesquisas de campo que deem pistas mais concretas sobre a real integração desses recursos didáticos no cotidiano escolar. O que se tem acumulado, com relação à interação professor/aluno/livro didático/materiais de apoio ao ensino, é um conhecimento difuso que, como tal, pode ser questionado quanto a sua correspondência à verdade: a falta de levantamentos objetivos a esse respeito quase sempre fortalece conclusões do senso comum sobre a precariedade de suas condições e de seu uso no ensino, em particular sobre a possível influência do poder econômico em decisões oficiais ou sobre a baixa qualificação do docente, esse "bode expiatório" de todo o sistema educacional. É preciso considerar, ainda, que os problemas ligados à questão dos materiais didáticos tem sido objeto de trabalhos isolados de impacto muito limitado, mesmo quando realizados por órgãos de Secretarias de Educação. Há muitos projetos encostados nos porões dessas Secretarias. Não temos uma tradição de produção desses materiais em massa, nem do aporte oficial de verbas para que as escolas possam até criar um mercado que propicie o desenvolvimento de projetos atrativos, na medida em que demandarem por esses multimeios. Mas esperar que o Estado resolva tudo sozinho parece-me eternizar a situação atual de estagnação na área desses materiais alternativos.

Portanto, a questão. em face dos diferentes aspectos, é sair de uma fase espontaneísta de iniciativas isoladas para uma fase de organização racional. E a questão ainda é menos de inventar relações espúrias dos métodos de ensino com frágeis apropriações de teorias de aprendizagem e mais de propor soluções que alcancem efetividade didática e aderência à lógica particular de construção da disciplina objeto-de-ensino. Talvez melhores respostas para o ensino, e portanto para a formação do professor, sejam encontradas a partir de enfoques de natureza mais pedagógica e menos psicológica, mais relacional e menos individual.

Os fundamentos da compreensão do ato de aprender e os do ato de ensinar repousam em princípios bastante diversos: é preciso começar por reconhecer isso para repensar a formação de professores. Compreender os processos de aprendizagem humana não conduz diretamente a traçar em paralelo uma trajetória para o ensinar. No ato de ensinar interferem todos os processos da comunicação humana, da ordem dos valores e dos sentimentos à dos hábitos, passando pelas representações sociais de seres envolvidos em interação ativa, numa instituição com dinâmica própria, num contexto dado. Além disso, é um ato intencional definido em formas organizacionais específicas: as classes, os horários, as sequências de conteúdos específicos, etc. Portanto, compreender o ato de ensinar implica uma construção apropriada desse objeto de estudo, uma construção específica que dê conta daquilo que é o ensino – ato intencional, de natureza relacional, executado para transmitir um conjunto sistematizado de conhecimentos com o objetivo de que seja compreendido e assimilado. A construção lógica dos conhecimentos a serem transmitidos tem também, nesse processo, um papel específico que não pode ser desprezado.

Outra é a perspectiva, porém, quando se quer compreender os processos de aprendizagem. A questão se situa então, no que diz respeito às teorias de ensino e às teorias de aprendizagem, no objeto focal dos estudos, o que nos leva a diferenças teóricas relevantes. As teorias de ensino têm um papel fundamental no delineamento de propostas de formação de professores. Onde estão ou como estão as teorizações sobre a questão? O que temos para nos guiar quando se trata de selecionar conteúdos significativos para a educação do professor, no que diz respeito ao fulcro essencial de sua profissionalização: o saber ensinar? Quantas vezes não ouvimos os professores, após um curso onde se apresentou alguma teoria ou aspectos de teorias de aprendizagem (Piaget – a maior moda –, Vygotsky, Ferreiro, etc.), dizendo que compreenderam os aspectos da teoria em pauta, mas que continuavam a não saber o que fazer na sala de aula de março a junho e de agosto a dezembro? Evidências como essas parecem ainda não ter tocado os formadores de formadores e devem merecer uma consideração ativa, caso se queira interferir efetivamente na eficácia dos processos de formação de professores. Os acadêmicos podem estar encantados no estudo dos processos cognitivos, mas os professores e os futuros professores estão sequiosos por saber o que fazer, como e por que, nos 180 dias letivos em sua escola, em sua disciplina.

É preciso então, de um lado, questionar vivamente, e de forma radical, as estruturas institucionais nas quais repousa a formação de professores e, de outro, criar um pensamento pedagógico, discutindo e selecionando de outra forma e sob outra ótica os conteúdos mais pertinentes a essa formação em termos de instrumentação profissional. É preciso trazer para o primeiro plano a especificidade do ato de ensinar, enquanto atividade com características próprias muito diferentes do ato de aprender. Embora compreensivamente inter-relacionadas, são questões de natureza diversa, ambas é claro contribuindo para a formação desse pensamento pedagógico.

Estamos vivendo um tempo em que é preciso cobrar, das análises feitas, que elas se traduzam em propostas de ação; e um tempo de prover a viabilização dessas propostas, daí o chamamento a toda a universidade e aos professores, para o confronto necessário entre essas duas instâncias. Caso contrário, ano após ano, estaremos nos limitando a contabilizar os mesmos fracassos e a apontar os mesmos problemas.

Referências

FIBGE. *Anuário Estatístico do Brasil 1990*. Rio de Janeiro, 1990.

SILVA, R. N. *et al. Formação de professores no Brasil: um estudo analítico e bibliográfico*. São Paulo: Fundação Carlos Chagas/REDUC, 1991.

Os professores e suas identidades: o desvelamento da heterogeneidade

O artigo discute o trabalho cotidiano de professores e a construção de uma identidade profissional, levando em conta os inúmeros fatores que participam da composição dessa identidade.

Nos países em desenvolvimento, hoje a profissão de professor vem sofrendo profundas transformações sob o efeito conjugado de uma série de fatores. Entre esses, temos de considerar, de um lado, o crescimento do número de alunos e sua heterogeneidade sociocultural, a demanda pela população de uma certa qualidade da escolarização, o impacto de novas formas metodológicas de tratar os conhecimentos e o ensino, e, de outro, a ausência de priorização político-econômica concreta da educação primária e secundária e as estruturas hierárquicas e burocráticas, no mais das vezes, centralizadoras e inoperantes em seus diferentes níveis. No entrechoque dinâmico dessas condições situa-se o trabalho cotidiano dos professores em suas salas de aula, com a bagagem que sua formação básica ou continuada lhe propiciou e com os saberes que com sua experiência construiu. E é desse trabalho que a sociedade em geral realimenta-se no ato de garantir a transmissão e a continuidade da experiência humana, pela comunicação, manutenção ou criação e recriação de saberes selecionados numa dada cultura e tradição.

Em sociedades que sofrem grandes e rápidas mutações como a nossa, podemos detectar, na construção e na forma que toma o papel social dos professores, e também nas propostas para sua formação, uma questão de fundo, pouco trabalhada nas pesquisas, que mereceria ser examinada e levada em conta, dado que ela é a base de seu modo de ser social: trata-se da questão da identidade do professor.

A identidade permeia o modo de estar no mundo e no trabalho dos homens em geral, e no nosso caso particular em exame, do professor, afetando suas perspectivas perante a sua formação e as suas formas de atuação profissional. Os professores, como seres sociais concretos, com um modo próprio de estar no mundo, de ver as coisas, de interpretar informações, são ignorados pelas pesquisas e pelas políticas de intervenção que lidam de forma objetal ou abstrata com esses profissionais. Esse profissional é um ser em movimento, construindo valores, estruturando crenças, tendo atitudes, agindo em razão de um tipo de eixo pessoal que o distingue de outros: sua identidade. Associadas à identidade estão as motivações, os interesses, as expectativas, as atitudes, todos elementos multideterminantes dos modos de ser de profissionais. A identidade não é somente constructo de origem idiossincrática, mas fruto das interações sociais complexas nas sociedades contemporâneas e expressão sociopsicológica que interage nas aprendizagens, nas formas cognitivas, nas ações dos seres humanos. Ela define um modo de ser no mundo, num dado momento, numa dada cultura, numa história. Há, portanto, de ser levada em conta nos processos de formação e profissionalização dos docentes. Quem é esse professor em relação ao qual tantas e tantas pesquisas se fazem? Quem é esse professor de quem se diz não ter "qualidade"? Que representações tem de si, como pessoa e profissional? Como essas representações interagem atuando na sua própria formação e nas ações pedagógicas que desenvolve? Essas são questões importantes para a compreensão do ser-professor que podem nortear o fazer-se professor.

Não sabemos muito sobre as questões apontadas. As pesquisas não têm sido convenientemente delineadas para nos oferecer cenários mais completos sobre a pessoa e a identidade socioprofissional dos professores. Temos, no que diz respeito à América Latina, algumas pistas sobre essas questões a partir das quais podemos fazer algumas reflexões e talvez basear políticas de ensino e desenvolver novas investigações que tragam um aprofundamento no conhecimento e nas possibilidades de construção e reconstrução da identidade profissional de docentes com impacto positivo nas ações educativas. As pistas às quais nos referimos adviram de um conjunto de pesquisas realizadas de modo coordenado nos inícios dos anos 1990 em seis países latino-americanos (SCHIEFELBEIN *et al.*, 1994).

Vejamos alguns resultados desses trabalhos. Quando se fala sobre os professores e sobre os alunos, fala-se de generalidades, supondo-se sujeitos abstratos pertencentes a um conglomerado homogêneo. Embora os dados mostrem que a quase totalidade dos professores em exercício sejam mulheres – e o impacto dessa feminização no ensino não pode ser ignorado –, esse conglomerado não é tão homogêneo como possa parecer ou se deseje fazer crer. Ao contrário, comporta grupos com diferenças bem significativas. Varia o nível socioeconômico familiar das professoras, mesmo que tendencialmente, hoje, provenham sobretudo das camadas mais baixas das escalas de indicadores socioeconômicos. Pertencem fundamentalmente a grupos que tentam a ascensão social pela instrução, e, sendo mulheres, é profissão privilegiada para seu ingresso no âmbito público, no universo social do trabalho fora do lar. O exercício do magistério, tanto para aquelas de origem social nas camadas médias quanto para as demais, é pois uma via de saída da vida privada, e, para as oriundas das camadas de mais baixas rendas, é também meio de sobrevivência e afirmação social em profissão não manual. Associa-se também ao estereótipo social da função de mulher: cuidar. E esse é um aspecto interessante a ser aprofundado, pois cuidar não significa necessariamente ensinar, avaliar, alavancar. Pode significar apenas guardar ou, no limite, um "não deixar morrer" simbólico.

Para parte desse professorado o salário é ainda um complemento de um processo de incorporação social, mas, para a maioria, o salário é fundamental para a manutenção da família, que dele depende em escala cada vez maior. Embora genericamente com suas expectativas insatisfeitas, essas não têm a mesma natureza para todas as docentes. Para as mais bem-situadas socialmente as expectativas relatadas são mais idealizadas, associadas a propostas de fazer com que as crianças aprendam, a ter reconhecimento social. Para aquelas cujo nível socioeconômico familiar é mais baixo, as expectativas estão relacionadas à contribuição da profissão para o rendimento familiar, com ter um emprego mais seguro e conciliar a atuação profissional com a manutenção da família. Explorando os aspectos relacionados à frustração na profissão, que é expressa pela maioria, verifica-se que essa frustração repousa também em fatores diferenciados como: os baixos salários, a ausência de condições para o bom exercício da profissão, os problemas relativos à formação para a profissão, as más relações no trabalho, as múltiplas exigências extraclasse ou, ainda, a exaustão pela demanda continuada das crianças e a indisciplina. São, pois, heterogêneos os fatores de desmotivação das docentes em exercício, fatores esses que devem estar associados a experiências específicas de vida e trabalho. São diferentes as expectativas relativas ao exercício da profissão, são também diferentes os motivos de frustração. Por outro lado, as satisfações que encontram relacionam-se com o trabalho em sala de aula, porém, por motivos diferentes: porque se sentem donas desse espaço sem interferências diretas, porque aí se realizam afetivamente com as crianças, ou porque em sala de aula se sentem mais seguras ou não se sentem vigiadas e cobradas diretamente, etc. Contradições são evidentes em seus depoimentos, o que nos mostra que o vivido não pode ser tomado linearmente e simplificado em slogans. Boa parte das professoras dizem que escolheram o magistério em razão das supostas expectativas que a sociedade deposita na escola, ou seja, com a expectativa de ensinar as crianças, mas muito poucas dentre elas consideram como principal qualidade de um professor "conseguir que seus alunos aprendam". Boa parte delas, ainda, atribui sua decisão de ser professora a fatores externos à própria profissão – por exemplo, para ter emprego seguro, porque havia escola de formação de professores perto da residência, a possibilidade de combinar estudo com trabalho, porque é profissão mais adequada socialmente para mulheres, e outras ainda declaram vagamente que ser professora simplesmente "aconteceu". Ao lado disso, a maioria diz que: sempre quis ser professora, porém 40% delas optaria por outra profissão, quer pela não valorização atual da profissão, quer pelos baixos salários, quer pelo trabalho muito desgastante.

Todas essas condições e contradições apontam para a necessidade de se compreenderem com mais profundidade os contextos sociais, afetivos e culturais que permeiam o exercício do magistério na medida em que as suas motivações, percepções, crenças, atitudes, valorizações relacionam-se diretamente com os modos de envolvimento das professoras com seus alunos e com a tarefa pedagógica.

A imagem social que têm de si mesmas também é contraditória. De um lado exaltam o quanto são gratificadas pelas crianças e pais, de outro apontam o descaso das políticas sociais para com a educação e os professores, o desinteresse dos alunos, o não comprometimento das famílias com a educação dos filhos. Muitas sentem-se desvalorizadas pelos baixos salários, mas muitas outras também pelas arbitrariedades com que inovações e reformas educativas são impingidas a elas e ao sistema, colocando isso no nível pessoal da "falta de respeito". Falta de respeito das autoridades educacionais e falta de respeito por parte dos alunos. Nesse último caso, para as que trabalham com alunos de baixa renda, a falta de respeito repousa no descaso com a aula e a escola; para as que trabalham com alunos de melhor posição social, há o desprezo de pais e alunos por se considerarem socialmente superiores à professora que é tratada "como empregada". Também o sentimento de desrespeito não repousa em fator único e não tem um sentido único. Além disso, o sentimento de valorização/desvalorização pela comunidade de entorno da escola também tem nuanças diferenciadas. Pistas parecem ligá-lo às próprias características socioculturais da comunidade atendida: o sentimento de desvalorização é mais forte nas professoras que atuam em comunidades altamente urbanizadas, mais industrializadas, com nível socioeconômico mais alto.

Voltemos a um aspecto já abordado, o da escolha da profissão, para confrontá-lo com a questão da promoção/retenção dos alunos. E aqui estarei me referindo especificamente às professoras pesquisadas em atividade nas 1ª às 8ª séries do 1º grau, pertencentes à rede pública, tomando-se como amostra os Estados do Maranhão, de Minas Gerais e de São Paulo, com características representativas em relação ao país. A estratificação efetuada por localização, séries, disciplinas e nível socioeconômico da clientela permitiu-nos trabalhar com uma amostra relativamente pequena (n=304) mas abrangente quanto a variáveis. (GATTI; ESPOSITO; SILVA, 1994). Como já apontamos, a maioria das professoras diz ter escolhido o magistério "por gosto", porém, acrescentam a esse motivo fatores circunstanciais que talvez expliquem melhor sua condição e sentimentos atuais no magistério, tais como a falta de outras oportunidades educacionais ou de trabalho, mercado de trabalho difícil em outras áreas, experiências ocasionais de dar aulas, o que as fez acabando por ficar, não ter conseguido seguir outra carreira universitária. Um terço dessas professoras diz que para elas foi uma profissão que "aconteceu", ou seja, não representou uma escolha clara, consciente, específica. Essas condições de ingresso e permanência como professoras certamente estão associadas às perspectivas perante seus alunos e seus modos de agir com eles, seus objetivos e metodologias de trabalho.

Como encaram, então, a questão das reprovações escolares? A questão da repetência é um dos problemas mais sérios que vem ocorrendo em nosso sistema escolar. As altas taxas de reprovação nas diversas séries do ensino básico parecem uma marca registrada do próprio sistema, a ponto de pesquisadores referirem-se a uma "cultura da reprovação" entre os professores (RIBEIRO, 1991; SILVA; DAVIS, 1993) como traço marcante, seja de incompreensão dos processos de construção de conhecimentos e sua avaliação, seja de autoafirmação, seja por alienação e repetição cega de modelos vigentes. Inúmeros problemas relativos à forma de execução da avaliação em sala de aula e a seu papel no processo e na qualidade da aprendizagem dos alunos têm sido analisados e até amplamente discutidos. Ao realizarmos o levantamento desses dados das professoras, com o ano letivo já para adentrar em seu bimestre final, perguntou-se quantos alunos de suas respectivas classes iriam, em sua opinião, repetir de ano. A média de repetentes anunciados por classe – que na pesquisa contavam, também em média, com 34 alunos – foi de onze alunos. Realmente um número muito elevado: praticamente um terço de cada classe. Solicitou-se, então, às professoras que assinalassem três razões que julgassem mais importantes para explicar essa repetência. As mais assinaladas foram a falta de interesse dos alunos (61%), a falta de interesse por parte dos pais (49%), o excesso de faltas dos alunos (34%) e a desintegração familiar (33%). Outras alternativas relativas a aspectos pedagógicos e materiais no âmbito da escola foram minimamente assinaladas. Nesse caso há uma convergência interessante: professoras de situações sociais as mais díspares apontaram as mesmas causas como num discurso decorado. Ou seja, parece não haver uma percepção diferencial das causas da repetência entre as docentes, qualquer que seja sua própria condição social. Mais uma vez constata-se, quase uniformemente, a tendência a atribuir aos próprios alunos ou à sua família a responsabilidade pelo seu insucesso na escola. Essa parece ser uma forte representação social que domina as opiniões e perpassa as atitudes e o próprio trabalho dos professores em nosso país. Apenas um professor revelou uma sensibilidade diferente diante da questão, o que não quer dizer que em tese ele seja único. Foi único na amostra estudada. Escreveu: "O sistema de educação está muito distante das necessidades quer dos alunos, quer da sociedade, como da própria realidade que temos". Ainda assim, refere-se ao "sistema" sem personalizar e trazer a questão para os agentes diretos da educação, tal seja a própria ação docente, as formas de gestão das escolas – os diretores, as formas de exercício da coordenação e orientação pedagógica ou educacional. Podemos compreender que no universo do professor, na sua lida diária com os alunos, essas questões se coloquem fortemente em virtude das condições socioculturais em que alunos e professores estão imersos. Porém, com a ampla e pública discussão sobre o contexto social e suas relações com o papel da escola, sobre o chamado compromisso político dos professores, bem como sobre condições sociais dos alunos e as questões ligadas à aprendizagem, algum avanço de perspectiva poderia ser esperado. Não é o que se constata, e, portanto, as questões ligadas ao ensino e à aprendizagem das crianças e jovens, às estratégias de trabalho do professor com eles deveria merecer especial consideração, aliando-se a essas questões uma compreensão verdadeiramente contextuada desse alunado e desses professores. Com a repetição do discurso pedagógico da redenção das classes populares, da consciência da opressão, do papel do professor e da escola como mediadores desse processo, poder-se-ia esperar, por outro lado, pelo menos outro discurso dos professores diante das reiteradas críticas de se culpabilizar o aluno pelo seu fracasso. No entanto, permanecem atribuindo a eles os problemas de aprendizagem. Isso mostra a grande pregnância da situação concreta experimentada pelas professoras no seu dia a dia escolar e o efeito da particularidade, em termos hellerianos, sobre o pensar e o agir dessas professoras.

Para Heller (1975), imersos que estamos todos na cotidianeidade, nela agimos e nos exprimimos como indivíduos. E, como tais, somos seres particulares e genéricos ao mesmo tempo. Por exemplo, temos sentimentos que são manifestações genéricas do homem, mas ao manifestar esses sentimentos o fazemos de uma maneira particular; partilhamos ideais de bondade, cooperação, etc., mas os expressamos em ações movidos por motivações idiossincráticas, específicas, particulares, utilitárias. Sendo seres participantes ao mesmo tempo da genericidade e da particularidade, sujeitos estamos a cristalizações, perdendo de vista a totalidade de nossa situação como pessoas num dado contexto social, alienando-nos. Com esse processo de fragmentação e parcialidade tornamo-nos particularidade. Como particularidade agimos com base em juízos provisórios que, em vez de serem continuamente reelaborados, cristalizam-se e tornam-se guias de nossas avaliações de situações e pessoas e de nossas ações, na vida em geral e no trabalho. Nessa condição ficamos prisioneiros de nossos preconceitos. Olhar as professoras em sua cotidianidade sob essa ótica pode levar a compreensões mais amplas sobre os seus modos de ser com os alunos, na sua profissão. Pode também permitir, dentro de certos limites, aberturas para alternativas de interlocuções mais objetivas, portanto menos idealizadas e prescritivas, com os professores.

Voltamos então ao que já afirmamos: o professor não é uma entidade abstrata, um protótipo idealizado como muitas vezes o vemos tratado na pesquisa, em textos reflexivos em educação ou em documentos de políticas ou intervenções educacionais. Ele é uma pessoa de um certo tempo e lugar. Datado e situado, fruto de relações vividas, de uma dada ambiência que o expõe ou não a saberes, que podem ou não ser importantes para sua ação profissional. E é assim que precisa ser compreendido. Os professores têm sua identidade pessoal e social que precisa ser compreendida e respeitada: com elas é que se estará interagindo em qualquer processo de formação, de base ou continuada, e nos processos de inovação educacional.

Façamos uma pequena digressão sobre a questão da identidade dos professores. Identidade se constrói e não é dada. É respaldada pela memória, quer individual, quer social. Assim como o indivíduo só é nas suas relações sociais, compreender os professores implica vê-los nas suas relações sociais, constitutivas de seu ser, portanto, percebê-los no seu vivido como pessoas inseridas num certo contexto familiar e comunitário, num contexto de classe, num segmento de cultura, no seu trabalho e nas formas institucionais que definem e delimitam esse trabalho. Essa postura compreensivo-reflexiva implica nuanças que levam a admitir que, de qualquer forma, temos necessidade de estruturar conceitos, consciente ou inconscientemente – que nos orientam no agir –, mas implica também o lidar com o movimento social de construção em que esses conceitos se consolidam e se modificam. Assim, submersos num movimento de transformação, no mais das vezes sutil porém contínuo, buscamos identidades até como uma condição para o nosso estar no mundo e agir nele. Se tomamos a identidade como uma cristalização necessária do incessantemente mutante, como uma ordenação que permite reconhecimento, não podemos esquecer que ela é representação de realidades originalmente heterogêneas e singulares. A identidade traduz a condição humana de vivenciar contradições por meio de certezas incertas.

Os professores, ao agirem de determinadas maneiras, revelam/escondem uma identidade complexa em que representações de conhecimentos, crenças, valores e atitudes se compõem integrando as vivências nas salas de aula e fora delas. Ao tentarmos traduzir componentes dessa identidade, por considerá-los importantes para qualquer ação com os professores, temos de ter presente ao espírito que estamos correndo o risco de homogeneizar o que é plural. Por outro lado, e eis a contradição da nossa situação, se não o fizermos teremos dificuldades em chegar a uma reflexão que permita projeções e ações. O risco precisa, pois, ser corrido, lembrando sempre que estamos correndo perigo de simplificar demais o que é múltiplo.

Vários fatores podem ser considerados como importantes para a qualidade do desempenho profissional dos professores. Não faltam trabalhos acadêmicos analisando-os. Fatores como a formação dos professores, as características da instituição escolar onde trabalham, o contexto em que as escolas se situam, tanto no nível da burocracia escolar como no das políticas de estado em geral, as condições salariais e perspectivas de carreira, etc. foram e são estudados por inúmeras pesquisas. Mais recentemente se tem analisado as interconexões entre esses fatores externos ao professor e as características mais pessoais dos docentes como suas convicções, seus preconceitos, suas expectativas, suas habilidades gerais, suas habilidades pedagógicas, suas formas próprias de construção cognitiva. Todos são fatores atuantes no desenvolvimento da identidade desses profissionais, daí a importância de sua consideração como totalidade. O professor não é um robô que se programa ou se adestra de acordo com as necessidades do momento. O discurso pedagógico e o da pesquisa, bem como as políticas de intervenção para formação básica ou continuada desse profissional, voltamos a enfatizar, consideram o fator pessoa do professor. Fala-se em dificuldades de mudanças do professor, de resistência etc., com uma conotação ideologizada traduzida com julgamentos de louvor – "Eles resistem bravamente às interveniências externas! São heróis!" – ou com julgamentos que traduzem condenação –"Não mudam nunca, não se atualizam, rejeitam inovações cientificamente estudadas, são rotineiros, tradicionalistas, incapazes de aperfeiçoar-se, etc.". Porém, não se analisam as implicações de sua identidade profissional construída nas interconexões dos fatores apontados, de modo concreto, em sua história de vida e de formação.

Visões idealizadas à parte, podemos pensar que os professores constroem suas identidades profissionais no embate de seu cotidiano nas escolas, sobre a base das vivências que sua situação social de classe, de sexo, de raça, lhes possibilitou como *background*. Eles se identificam a partir de seu trabalho de ensinar. O que justifica esse trabalho é a responsabilidade de ter de garantir a transmissão e a perpetuação da própria experiência humana consubstanciada em um determinado tipo de cultura. Os professores são os construtores das vias pelas quais as experiências traduzidas em conhecimentos estruturados e organizados circulam interpessoas e intergerações. Mas essa construção não se dá num vácuo, e sim numa dada história situada temporal e geograficamente. No seu que-fazer cotidiano, constroem essas vias dentro dos limites das possibilidades concretas que sua condição pessoal institucional determina, a partir das representações e mediações que elaboram e tomam como orientadoras de suas ações. A cristalização de crenças e valores que lhes permite viver também lhes permite trabalhar. Ou seja, ensinam e educam para metas e com ações pervasadas pelo próprio significado que construíram em relação aos conhecimentos, à vida em sociedade, às pessoas. São esses significados que precisam ser desvelados. Compreendendo isso, pode-se, com maior objetividade, pensar sobre quais as possibilidades de superação das situações problemáticas, relativas ao professorado, nos processos educativos das novas gerações. Senão estaremos trabalhando com abstrações. Essas possibilidades devem passar, na ótica de exame que estamos propondo, pelo desenvolvimento de uma consciência mais crítica dos próprios profissionais do ensino. Sem o envolvimento direto dos professores no repensar de seu modo de ser e sua condição de estar numa dada sociedade e em seu trabalho – o que implica análise de sua identidade pessoal e profissional –, as alternativas possíveis na direção de uma melhor qualidade da educação e do ensino não se transformarão em possibilidades concretas de mudança. Professor não se programa nem é tabula rasa. Veremos, como temos visto, ao continuarmos com os mesmos métodos de formar professores e prover seu aperfeiçoamento, simulacros de mudança mas não transformações reais.

Segundo Azanha (1985) o que sabemos sobre o ensino em geral não ultrapassa o nível das opiniões ou das ideias feitas. Em outros termos, nossa própria produção dita científica situa-se no plano das particularidades, como examinamos anteriormente. Ou reificamos slogans e hipóteses, ou fazemos afirmações genéricas que são verdades parciais parecerem verdades gerais. Ou ainda, de poucos casos isolados fazemos grandes generalizações afirmativas que passam a fundamentar argumentos e regras de procedimentos. O impacto quase nulo das políticas educacionais que se sucedem e que não alteram o quadro de problemas de um ensino que visivelmente é deficitário demonstra isso. Contundentemente Azanha completa, afirmando que os desacertos repetidos e consolidados são fruto de providências tomadas no âmbito das administrações da educação, a "partir de um vago saber pedagógico que incorpora acriticamente meias-verdades".

Referências

AZANHA, J. M. Situação atual do ensino de 1º grau: pequeno exemplo de desacertos. *Cadernos de Pesquisa*, São Paulo, n. 52, 1985.

GATTI, B. A. A identidade do pedagogo. *Educação e Compromisso – UFPI*, Teresina, v. 5, n. 12, 1993.

GATTI, B. A.; ESPOSITO, Y. L.; SILVA, R. N. Características de professores(as) de 1º grau no Brasil: perfil e expectativas. *Educação & Sociedade – CEDES*, Campinas, v. 15, n. 48, ago. 1994.

HELLER, A. *Sociologia della vita quotidiana*. Roma: Reuniti, 1975.

PATTO, M. H. S. *A produção do fracasso escolar*. São Paulo: T. A. Queiroz, 1990.

RIBEIRO, S. C. A Pedagogia da repetência. *Estudos em Avaliação Educacional*, São Paulo, n. 4, jul./dez. 1991.

SCHIEFELBEIN, E.; BRASLAVSKY, C.; GATTI, B. A.; FARRÉS, P. Las características de la profesión maestro y la calidad de la educación en América Latina. In: *Boletin Proyecto Principal de Educación*. Santiago: Unesco/OREALC, 1994.

SILVA, R. N.; DAVIS, C. É proibido repetir. *Estudos em Avaliação Educacional*, São Paulo, n. 7, jan./jun. 1993.

Formação continuada de professores: a questão psicossocial

Formação contínua – Formação de professores – Formação de professores em exercício – Proformação

Trabalhos sobre formação em serviço ou continuada e desempenho de professores têm analisado as dificuldades de mudança nas concepções e nas práticas educacionais desses profissionais em seu cotidiano escolar. Em geral os mentores e implementadores de programas ou cursos de formação continuada, que visam a mudanças em cognições e práticas, têm a concepção de que, oferecendo informações, conteúdos, trabalhando a racionalidade dos profissionais, produzirão a partir do domínio de novos conhecimentos mudanças em posturas e formas de agir. As limitações dessa concepção têm sido tratadas pela pesquisa e pela literatura em psicologia social, que chamam a atenção para o fato de que esses profissionais são pessoas integradas a grupos sociais de referência nos quais se gestam concepções de educação, de modos de ser, que se constituem em representações e valores que filtram os conhecimentos que lhes chegam. Os conhecimentos adquirem sentido ou não, são aceitos ou não, incorporados ou não, em função de complexos processos não apenas cognitivos mas também socioafetivos e culturais. Essa é uma das razões pelas quais tantos programas que visam a mudanças cognitivas, de práticas, de posturas, mostram-se ineficazes. Sua centralização apenas nos aspectos cognitivos individuais se esbarra nas representações sociais e na cultura de grupos.

Com essa perspectiva, o objetivo deste trabalho é analisar em que condições podem ocorrer mudanças profissionais e pessoais como resultado de um programa de formação em serviço de professores. Tomaremos como caso-referência um programa desenvolvido pelo Ministério da Educação, o Programa de Formação de Professores em Exercício – Proformação –, que visa prover, em regiões pouco desenvolvidas do país, a formação de docentes em exercício, os quais lecionam nas escolas de ensino fundamental (1ª a 4ª séries) das redes públicas sem nenhum preparo específico para o magistério.

O programa referido é um curso, em nível médio, que funciona na modalidade de educação a distância, com momentos presenciais coletivos quinzenais e blocos de aulas, também presenciais, de 15 dias a cada semestre. Tem duração de dois anos, com um currículo inovador e utilização de materiais autoinstrucionais, com apoio em textos, livros, vídeos, e conta com um sistema de tutoria que provê o acompanhamento pedagógico sistemático e direto das atividades dos professores-cursistas.

Para nossa análise serão utilizados dados coletados em avaliações externas do Proformação, com a aplicação de questionários, entrevistas e realização de estudos de caso. Trabalharemos com dados constantes dos relatórios feitos pelos responsáveis por essas avaliações, disponibilizados sob forma impressa (Morais, 2001; Placco; André; Gatti, 2002; Placco, 2002; André, 2002a, 2002b; Gatti, 2002). Os objetivos deste artigo e o enfoque analítico que adotamos são, porém, bem diversos. Apenas nos apoiaremos nos dados relatados por essas autoras para desenvolver argumentos dentro da perspectiva que nos orienta neste texto.

O programa e a coleta de dados

O Proformação promove um curso de formação em serviço que se realiza na modalidade a distância, desenvolvendo-se em quatro módulos semestrais, sendo oferecido nas regiões Norte, Nordeste e Centro-Oeste do país, onde se concentra alta proporção de professores que trabalham nos anos iniciais do ensino fundamental sem formação suficiente. Para se ter uma ideia, a maioria dos professores-cursistas que frequentaram o programa entre 2000 e 2002 tinha formação apenas até o ensino fundamental, com um grande percentual não tendo concluído sequer esse nível de ensino. O programa desenvolve-se no nível nacional, com apoio de equipes do Ministério da Educação que atuam em parceria com equipes nas secretarias estaduais de educação e com os órgãos municipais de ensino, os quais se responsabilizam pelo trabalho de base, mediante a atuação de tutores e de professores-formadores das localidades envolvidas. A estrutura curricular do programa é inovadora, compondo-se de um núcleo integrador (eixos integradores e projetos) e de áreas temáticas. O material didático e de apoio foi elaborado e testado, visando à sua adequação não só aos objetivos do curso mas também ao tipo de cursista esperado. A avaliação dos professores-cursistas é contínua e se faz por variados meios: cadernos de verificação, compostos de exercícios diversos; memorial, que é um texto que deve ser elaborado pelo cursista quinzenalmente, relatando aspectos de suas experiências no programa, seu aprendizado, suas práticas; observação da prática pedagógica, realizada pelo tutor, abrangendo atividades em sala de aula e planos de aula do professor-cursista; projetos de trabalho, que são projetos educacionais e culturais elaborados e desenvolvidos pelos cursistas; e provas bimestrais.

É importante assinalar que, no início de cada módulo, há um período de 15 dias de trabalho presencial dos professores-cursistas com os professores-formadores. Durante o desenvolvimento de cada módulo, em que os cursistas estudam sozinhos com apoio do material didático fornecido, os professores-cursistas reúnem-se com seu tutor a cada 15 dias, trabalhando em conjunto um dia inteiro na sede do seu município. Existe ainda o recurso de apoio ao cursista e ao tutor por um plantão telefônico. Como os professores-cursistas lecionam em escolas afastadas das cidades, em pequenas vilas ou sítios, para as atividades presenciais eles se deslocam e passam a ter uma convivência diferenciada em relação ao ambiente em que vivem e trabalham cotidianamente. Duas vezes ao mês os cursistas vêm portanto à sede do município, onde desenvolvem as atividades com o tutor. Cada tutor trabalha, em média, com dez professores-cursistas. Na quinzena presencial do semestre eles se hospedam na cidade-polo, onde se situa a escola (chamada Agência Formadora – AGF), que é responsável pela formação de professores-cursistas de um conjunto de municípios próximos. Nessa quinzena têm oportunidade de interagir não só com um novo ambiente, mas com colegas de muitas outras localidades e com profissionais de diferentes formações que atuam no desenvolvimento do currículo. Na cidade polo têm oportunidade de ampliar seus horizontes culturais. Além disso, em nível local, os tutores visitam regularmente as salas de aula dos professores-cursistas acompanhando sua prática pedagógica.

Os resultados das avaliações externas, realizadas entre os anos 2000 e 2002, dos quais retiramos dados para esta análise, foram colhidos através de:

1. pesquisa de opinião realizada em vários momentos do programa, com questionários aplicados a todos os segmentos envolvidos no processo (membros da coordenação estadual, membros do órgão municipal de ensino, professores-formadores, tutores, professores-cursistas);
2. dados do sistema de monitoramento do programa;
3. observações de fases presenciais e da comunidade;
4. entrevistas com os vários tipos de profissionais envolvidos;
5. estudos de caso;
6. análise dos memoriais dos cursistas.

O contexto local

Antes de passarmos à discussão de alguns dos dados que selecionamos como relevantes para esta análise, queremos mostrar um pouco do cenário no qual nossos personagens constroem-se como pessoas e profissionais. Trazemos para isso trechos de diários de campo de pesquisadores que atuaram nos estudos de caso, em várias localidades. Conforme André (2002a, p. 67-68), esses relatos colocam-nos em sintonia com a ambiência onde o Proformação veio oferecer novas possibilidades aos professores que aí atuam.

A escola está localizada no Km 23 da estrada de Porto Acre, município localizado a 50 minutos de Rio Branco (capital do Estado). Localizada no alto de um pequeno morro, a escola, toda de madeira muito desgastada e comida pelos cupins, possui duas salas amplas, com muitas janelas e uma cozinha só com uma pia. As poucas panelas, pratos e talheres ficam guardados no chão. Não há armário, e a água que as crianças bebem é do poço da casa da merendeira. Da mesma forma, o banheiro também é precário, fica fora da escola mas se apresentava bem limpo (Diário de Campo AGF de Rio Branco, Estado do Acre).

A escola é composta por duas salas, uma para a 1ª série (e pré-escola) e a outra para a 2ª série, um banheiro e uma cantina. Não tem telefone, mas pode-se recorrer ao telefone público, um orelhão que há em frente ao portão. Não há pátio, e sim um quintal de terra com pouca vegetação. A sala de aula não tem janelas, mas buraquinhos quadrados de 10 por 10 cm que permitem a entrada de luz. A cantina é simples: um fogão, aliás, duas bocas com botijão; uma cisterna para armazenar a água, que atualmente chega somente de oito em oito dias; uma geladeira, com poucas garrafas de refrigerantes cheias de água (Diário de Campo, AGF de Quixadá, Estado do Ceará). Essa escola fica numa fazenda de cacau na localidade chamada "Beira do Rio", a mais longínqua da sede do município. São quase 20 km de estrada de terra, precária, do tipo "se chove não entra, se chove não sai". Não há energia elétrica nessa região. A distância, a falta de transporte e a ausência de energia elétrica significam um enorme isolamento para a comunidade. É difícil sair da Beira do Rio, não há acesso a noticiários e não há circulação de materiais escritos. A escrita está presente quase que unicamente em situações escolares (Diário de Campo, AGF de Gandu, Estado da Bahia).

Os relatos fornecem uma viva ideia do contexto das regiões em que os professores-cursistas, que frequentaram o Proformação, trabalham e vivem. À pobreza material somam-se as parcas condições de contatos com o mundo exterior, as quase ausentes possibilidades desses professores de ampliar sua formação educacional e profissional. Tais condições ressaltam as características básicas da textura social na qual o programa adentrou, visando propiciar a esses professores, com base no modelo adotado, condições de estudo e de diversificação de contatos culturais e sociais.

Os resultados e uma pergunta

O programa mostra resultados que refletem sua efetividade, mesmo com alguns problemas intercorrentes e a heterogeneidade nos desempenhos.

Os dados do sistema de monitoramento do Proformação (GATTI, 2002) mostram que quase 90% dos professores-cursistas que acompanharam todo o programa conseguiram ser aprovados nas avaliações e obtiveram certificado. Tanto as observações feitas nas visitas às escolas dos professores-cursistas quanto os resultados dos testes de simulação didática aplicados, assim como a análise dos memoriais, atestam mudanças positivas na prática pedagógica dos professores-cursistas, em vários aspectos, por exemplo, no planejamento e na preparação das atividades docentes, na organização do espaço da sala de aula e no uso de material concreto e outros recursos, na interação professor-aluno, na articulação do conteúdo com as experiências culturais dos seus alunos. Isso também ficou evidenciado nas respostas à pesquisa de opinião (PLACCO; ANDRÉ; GATTI, 2002, p. 26).

Os dados obtidos pelas avaliações externas do Proformação mostram, portanto, que o programa produziu mudanças significativas na vida profissional e pessoal desses professores, como trouxe a possibilidade de aprendizagens de novos conteúdos nas diferentes áreas temáticas abordadas pelo currículo.

A questão que formulamos diante dos resultados é: que condições permitiriam a produção desses impactos e transformações no modo de pensar e nas práticas?

Professores(as): seres psicossociais

Para responder à questão, consideramos alguns aspectos básicos que a literatura em psicologia social vem consolidando (DUBAR, 2000; SCHEIBE, 1995; LÁSZLÓ; ROGERS, 2002; GUARESCHI; JOVCHELOVITCH, 1995). É preciso ver os professores não como seres abstratos ou essencialmente intelectuais, mas como seres essencialmente sociais, com suas identidades pessoais e profissionais, imersos numa vida grupal na qual partilham uma cultura, derivando seus conhecimentos, valores e atitudes dessas relações, com base nas representações constituídas nesse processo que é, ao mesmo tempo, social e intersubjetivo. Há também que se considerar o papel de eventos mais amplos, sejam sociais, políticos, econômicos ou culturais, com seus determinantes que perpassam a vida grupal ou comunitária. Sabemos que a interação desses fatores molda as concepções sobre educação, ensino, papel profissional e as práticas a elas ligadas, concepções e práticas que, por sua vez, são estruturalmente delimitadas pela maneira como as pessoas se veem, estruturam suas representações, se descrevem, veem os outros e a sociedade à qual pertencem.

Daí decorre ser muito simplista a noção de que o aumento e a melhoria do rol de conhecimentos informativos, adquiridos individualmente, será suficiente para melhorar ou modificar conceitos e práticas ligados ao trabalho profissional de professores. Essa concepção não dá conta da complexa dinâmica sociopsicológica envolvida nas relações entre conhecimento, valores, atitudes e ações. A cultura, os significados partilhados e o meio social permeiam as experiências individuais, construindo as referências com as quais, ou em contraposição às quais, as pessoas agem. O conhecimento é enraizado na vida social, expressando e estruturando a identidade e as condições sociais dos que dele partilham. Por isso, ações sociais ou educacionais que têm por objetivo criar condições de mudanças conceituais, de atitudes e práticas precisam estar engrenadas com o meio sociocultural no qual as pessoas, os profissionais, que serão abrangidos por essas ações, vivem. Metaforicamente, diríamos que a alavanca tem que se integrar ao terreno para mover o que pretende mover.

Programas formativos, intervenções que visam trazer impactos e diferenciais nos modos de agir de pessoas/profissionais só mostram efetividade quando levam em consideração as condições sociopsicológicas e culturais de existência das pessoas em seus nichos de habitação e convivência, e não apenas suas condições cognitivas. Mas apenas o levar em consideração essas questões como premissas abstratas não cria mobilização para mudanças efetivas. O que é preciso conseguir é uma integração na ambiência de vida e trabalho daqueles que participarão do processo formativo.

Nossa análise dos dados obtidos nos relatórios citados será guiada por essa perspectiva, pela qual buscamos quais elos criaram condições para as mudanças detectadas.

Formas e processos de representação estão involucrados nos processos de transcrição do mundo e de si, e as narrativas que expõem esses processos são manifestações da atividade simbólica das pessoas as quais fornecem elementos para detecção e compreensão desses processos, que podem traduzir cristalizações, resistências ou transformações, metamorfoses na expressão de Ciampa (2001). As narrativas serão nosso ponto de apoio.

Elos criados: ambiência para o desenvolvimento e a mudança

Das observações que fizemos no início deste trabalho, decorre o argumento de que, se esse programa formativo para professores fosse apenas um curso implementado com uma racionalidade que passasse ao largo das condições de vida, da linguagem, dos tipos de trocas, valores, das formas de representar o mundo dessas pessoas a quem ele se destina, o mais provável seria, conforme a literatura em psicologia social tem mostrado (FARR, 1996), que ele não conseguisse deixar com esses profissionais novos marcos referenciais para suas vidas e seu trabalho.

No caso do Proformação, o que se observa como resultante, pelos dados relatados, é que importantes mudanças aconteceram, a partir das oportunidades interativas oferecidas, como exemplificado em Morais (2001) nas falas a seguir:

> [...] antes do Proformação, deixava o aluno de lado [o que não aprendia]... agora me dedico mais a ele que aos outros... pergunto o que gosta de fazer, converso mais... tudo isso tem dado certo... (Cursista, Município de Itamari, Bahia, p. 29) ...depois do Programa estou me achando uma pessoa mais solta, uma pessoa que, sei lá, me soltei mais... sei conversar melhor... foi isso (Cursista, Município de Ipecaetá, Bahia. p. 21).

Ou nos relatos citados por André (2002), em análise dos memoriais dos cursistas:

> É muito gratificante saber que já estou finalizando a terceira etapa do curso Proformação. Sem dúvida foi muito positivo, tive muitos avanços durante este percurso. Foram muitos os momentos de alegria, mas também de aperto e angústia. Para mim os encontros dos sábados sempre foram de satisfação, encontrar-me com os colegas professores-cursistas e tutores e esperar ver em cada um sempre um sorriso de vitória (Cursista, Município de Quixadá, Ceará, p. 6).

> Eu tinha uma visão atrasada a respeito das dificuldades de aprendizagem de alguns alunos [...]. Posso deixar o preconceito de lado e parar de achar que certas crianças têm dificuldades de aprendizagem por causa da vida difícil que levam (Cursista, Município de Gandu, Bahia, p. 63).

> Agora estou sempre com um livro na mão. Meu marido é que não entende porque estou tão interessada em estudar, mas eu gosto muito. Adquiri o hábito de ler e pesquisar (Cursista, Município de Cruzeiro do Sul, Acre, p. 33).

> O meu crescimento pessoal tem sido surpreendente, pois aprendi a me relacionar com minha família, entendendo melhor minhas crianças, [...] compreendi suas diversas formas de brincar, bem como seu comportamento e suas ações (Cursista, Município de Cruzeiro do Sul, Acre, p. 32).

> O Proformação tem me transformado muito e estou muito feliz com essas mudanças, pois estou desenvolvendo melhor o meu trabalho e até me relacionando melhor com as pessoas (Cursista, Município de Cruzeiro do Sul, Acre, p. 32).

Várias mudanças em concepções e práticas pedagógicas, também mudanças pessoais, são sinalizadas nos relatórios citados, com dados corroborantes, seja dos opinionários, das entrevistas ou das observações. Atribuímos essas mudanças e as incorporações de novas ideias e modos de ser ao entrelaçamento do programa com o meio no qual as pessoas a que ele se destina vivem. Esse entrelaçamento foi propiciado, por exemplo, por estudos sobre as condições da compreensão dos materiais, antes e durante as primeiras experiências de implementação do programa, sofrendo mudanças antes de outras implementações.

> A cada dia me surpreendo com os textos do Guia do Proformação, pois eles estão de acordo com a nossa realidade e isso facilita muito o trabalho pedagógico (Cursista, Município de Gandu, Estado da Bahia; cf. ANDRÉ, 2002, p. 59).

> [...] os guias são ótimos, eu acho, assim, que eles têm uma linguagem tão clara que parecem que estão conversando; é como se tivesse conversando com o professor na sala ... eu mesma acho isso, que ele conversa comigo (Cursista, Município de Nova Fátima, Bahia; cf. MORAIS, 2001, p. 12).

Também houve ajustes contínuos na gestão e na forma de desenvolvimento nas localidades, com negociações diversas entre as diferentes esferas participantes: técnicos do nível federal, do estadual e do municipal. O envolvimento das administrações educacionais locais e de seus profissionais na realização direta do programa permitiu a construção de elos fortes entre programa, realizadores e participantes, criando os vínculos socioculturais para que essa intervenção pudesse ter algum sucesso. Esses vínculos foram possíveis pelo envolvimento do órgão municipal de educação não só por dar suporte direto para deslocamentos dos professores-cursistas, por oferecer seu alojamento na cidade, garantindo os locais para os encontros, o que sinaliza o compromisso das administrações locais, mas, sobretudo, pelo atendimento continuado oferecido pelos tutores aos professores-cursistas, que são pessoas do próprio local em que o curso se desenvolve, portanto participantes da mesma cultura regional.

> Para que esse programa tivesse êxito foi imprescindível sua implementação com a utilização de materiais impressos e videográficos de alta qualidade, como também a participação efetiva dos professores-cursistas nas atividades presenciais, o compromisso dos tutores e o acompanhamento dos professores-formadores durante todo o curso (Coordenadora de AGF, região de Feira de Santana, Bahia; cf. ANDRÉ, 2002a, p. 18).

A pequena evasão de 10% constatada no programa, quando em geral nos projetos de educação a distância índices bem superiores, entre 40% e 50%, são verificados, é um sinal de que se formaram vínculos fortes o suficiente para que os professores-cursistas não desistissem do curso. Isso a despeito das suas dificuldades para estudar em boa parte do tempo sozinhos, uma vez que a maioria tinha precária formação, sendo que boa porcentagem não havia sequer o ensino fundamental completo. Acresça-se o fato de esses cursistas, em sua maioria, terem deixado o ensino regular há mais de 15 anos. O que se observou foi que a falta de hábitos de leitura e estudo, suas dificuldades de compreensão de textos e de escrever foram sendo superadas no contexto de uma ambiência de apoio criada pela tutoria, com valores, linguagem, modos de ser socialmente próximos aos dos cursistas, pela interação com o grupo de colegas nos encontros quinzenais, pela motivação dos encontros semestrais mais amplos, com outros professores-cursistas e professores-formadores, pelos vários eventos programados, etc. Os agentes educacionais no Proformação, por sua experiência de vida próxima à dos cursistas e mesmo pela formação a eles oferecida pela gestão do programa, reconhecendo significados, representações, valores das comunidades de referência dos professores-cursistas, puderam desenvolver relações e estratégias de ensino para buscar, durante esse processo, as melhores formas para atingir os objetivos do Proformação. As falas mencionadas no estudo de Morais (2001) mostram esse aspecto:

> Quando a gente sente alguma dificuldade tem a quem procurar, e antes a gente não tinha[...] a visita [da tutora] é o momento em que ela fica com a gente, vê todo o andamento da aula, orienta em alguma coisa, e acho que isso é muito importante (Cursista, Município de Rafael Jambeiro, Bahia, p. 14).

> [...] eu nunca fiquei de recuperação[...] tenho passado direto, e eu acho que isso tem a ver com a própria metodologia do curso, porque nós temos os tutores que nos ajudam a cada 15 dias, os livros que nos ajudam muito, e o próprio curso fala a nossa linguagem (Cursista, Município de Guajumirim, Rondônia, p. 13).

Ainda nessa ótica, um fator fortemente vinculante, parece-nos ser a integração das práticas dos próprios professores-cursistas em suas salas de aula como eixo para o desenvolvimento curricular do programa.

> [...] o Proformação[...] veio atender o professor em tudo porque os outros cursos não contavam com nossa prática em sala de aula e o Proformação conta, e é muito bom por isso...e é um curso moderno, a gente vê nos cadernos, nos conteúdos que é coisa atual... (Cursista, Município de Guajumirim, Rondônia, p. 9).

Conforme Gervais e Jovchelovitch (1998) escrevem, crenças e práticas são construídas num contexto de interação e negociação social constantes, em que o compromisso com a identidade social, normas grupais e tradições culturais têm um papel central. Conceitos e práticas são recheados pelas interações entre ideias e representações que constituem referência numa sociedade e representações e ideias que os indivíduos criam para si mesmos em decorrência de suas relações próximas em comunidades. Assim, formas interativas que propiciam convivências e interações com novos conteúdos culturais, com pessoas de outros ambientes e com ideias e informação diversificadas, constituídas com o objetivo de entrosar elementos do contexto existente com novas experiências, parecem ser o caminho mais propício à criação de condições de integração de novos conhecimentos de modo significativo e de mudança ou criação de novas práticas.

Nesse programa, quando se consideram os aspectos interacionais vinculantes, a figura do tutor é realmente uma figura-chave no processo de criar os laços sociocognitivos, afetivos e motivacionais entre o programa e sua proposta e os professores-cursistas. O tutor constituiu-se em elo privilegiado de comunicação entre os professores-cursistas e o material didático, os projetos de trabalho e os professores-formadores. Pertencente à comunidade próxima, sua presença nas escolas dos professores-cursistas, a forma participativa de seu trabalho quinzenal com eles sobre as tarefas do período, suas avaliações continuadas, a busca de apoio dos professores-formadores para sustentar seu trabalho com os cursistas, possibilitou a formação de uma rede de informação e comunicação, de relações e trocas produtivas, de laços culturais efetivos. Em André (2002b) encontramos depoimentos escritos nos memoriais que ilustram isso, como, por exemplo, o de uma professora-cursista da região de Feira de Santana (Bahia) que disse: "o relacionamento com as pessoas com as quais convivi durante este tempo do curso foi ótimo, mudei minha prática pedagógica com as orientações da minha tutora, com os professores-formadores, que nos orientaram muito". Também em Morais (2001) temos boas evidências, nas falas dos cursistas que entrevistou, sobre o papel do tutor como elo psicossocial e cultural:

> [...] as tutoras trabalham com garra, organizam tudo, cumprem seu papel direitinho, preparam o material, estão sempre bem-humoradas e não desanimam... (Cursista, Piraí do Norte, Bahia, p. 14).
>
> [...] a gente aprendeu coisas novas, metodologias novas, visitas dos tutores, né? (Cursista, Rafael Jambeiro, Bahia, p. 14).

Morais (2001, p. 82-84), para seu estudo do Proformação, entrevistou ainda os próprios tutores, e pode-se verificar nos relatos deles seu papel central na formação dos elos de comunicação e aprendizagem. Ao analisarmos as falas transcritas, esse papel aparece na forma como eles se relacionam com os professores-cursistas, na consideração pela experiência desses cursistas e seu reconhecimento, na consciência de seu próprio papel social, na determinação em fazer dar certo, na compreensão da situação socioeducacional dos professores-cursistas pela proximidade na comunidade, até no reconhecimento explícito de sua função de elemento de ligação:

> [...] a gente tem que ter simplicidade com eles... vou estar investindo neles, porque vale a pena ser investido... e eles são compreensíveis. Eu

nunca imaginei que pessoas de certa idade tinham tanto para me ensinar [os professores-cursistas] ...e eles são carentes de um estudo, carentes de ter entrado em uma escola, e eles têm muito o que ensinar para nós... (Tutora, Município de Cruzeiro do Sul, Acre).

[...] sei que o que faço ajudará não só o professor-cursista mas também terá um grande retorno profissional para mim e para a área educacional (Tutora, Município de Campo Novo, Roraima).

Tenho garra e pulso para esse pique, tenho energia e quero gastá-las com algo que vai ter retorno... (Tutora, Município de Buritis, Rondônia)

[...] a gente conhece a realidade deles e aí o que é que a gente faz, a gente trabalha até mesmo fora do Proformação... (Tutora, Município de Ipecaetá, Bahia).

[...] a tutoria serve até de elo entre eles e a Secretaria de Educação, porque as comunidades são distantes (Tutora, Município de Candeal, Bahia).

Concluindo

Os muitos dados apresentados nos relatórios referidos deixam claro que o Proformação atingiu em boa parte seus objetivos. Embora uma pequena proporção dos professores-cursistas não tenha concluído o curso, ainda que se verifiquem algumas dificuldades com a linguagem e o conteúdo dos guias curriculares e também alguns desajustes de gestão em certos locais e momentos da implementação desse programa – o que parece marcante no desenvolvimento de ações de grande porte como essa, que já atingiu quase 40 mil professores –, verificou-se que a maioria dos professores-cursistas não só concluiu o curso mas também que este se entrelaçou com suas vidas e experiências profissionais. Desse entrelaçamento deriva-se a efetividade e a possibilidade de um impacto que perdure no futuro desses profissionais. Os relatos, extraídos do texto de André (2002b), ilustram esse caminho.

Como profissional seria hipócrita se dissesse que não cresci, pois passei a entender melhor o meu aluno, respeitando a individualidade de cada um, adquiri o hábito de ler mais e obtive bons rendimentos na minha prática pedagógica, com aulas mais dinâmicas. Aprendi a expor minhas ideias, enfim, foram vários conhecimentos obtidos. Tudo isso leva-me a ter certeza que o curso tem sido de grande influência nessas mudanças e conhecimentos obtidos, creio que ao final do mesmo sairei não só com um diploma, mas sim como uma profissional qualificada convicta do que irei fazer (Cursista, Município de Cruzeiro do Sul, Acre, p. 20).

Hoje vejo que professor tem que trabalhar porque é um profissional. E que ele tem que se capacitar para melhor ensinar, para ter um salário maior, para ser visto e reconhecido pelo seu talento e capacidade. Professor tem que ser livre para falar de liberdade para seus educandos. E o Proformação tem alargado essa visão, fazendo com que me sinta importante e capaz, é só querer (Cursista, Município de Quixadá, Ceará, p. 19).

[...] antes, eu não tinha o pensamento de enfrentar uma faculdade. Nestes dois anos, eu me acostumei a estudar e é isso que me dá força para continuar... (Cursista, Município de Quixadá, Ceará, p. 28).

Retomando nossas premissas, a particular leitura que fizemos dos dados apresentados em outro contexto e com outros objetivos pelas autoras citadas, reforça os aspectos levantados por vários estudos em psicologia social (LANE, SAWAYA, 1994; SAWAYA,1987). A consideração de que elementos relacionais, socioculturais contribuem de modo interativo para a constituição e a reificação do arcabouço da representação – que, como tal, é fator interveniente na própria dinâmica relacional em que se gera – permite-nos afirmar que as intervenções socioeducacionais, que incidem necessariamente sobre um modo psicossocial específico de valorar fatos ou conhecimentos, de interpretar, atribuir sentido podem ser mais significantes se levarem em conta essas questões e os elementos de entrelace necessários. O que observamos é que o Proformação, em vários aspectos, levou em consideração tais questões, dada a maneira pela qual foi implementado, embora elas não estivessem explicitadas em seu modelo. Ao conseguir um entrelaçamento com a cultura, com os modos de ser e valores das comunidades regionais e, com base nisso, ao propor novos conteúdos curriculares e práticas pedagógicas – objetivos desse curso de formação de professores –, produziu condições facilitadoras de apreensão de novas ideias e criação de outras formas de agir pedagógica e socialmente. O impacto obtido, nos contextos em que se realizou e com o particular tipo de professores-cursistas aos quais se destinou, mostra a importância da consideração dos aspectos culturais, psicossociais, no desenvolvimento de aprendizagens e na apreensão de novos valores, o que se vincula a mudanças de práticas.

Tudo isso reforça a ideia de que, para que mudanças em concepções e práticas educacionais de professores ocorram, é necessário que os programas que visam a inovações educacionais, aperfeiçoamentos, atualizações tenham um entrelaçamento concreto com a ambiência psicossocial em que esses profissionais trabalham e vivem.

Referências

ANDRÉ, M. E. *Proformação: relatório de análise dos memoriais*. São Paulo: PUC/MEC/SEED, 2002a.

ANDRÉ, M. E. *Proformação: relatório final dos estudos de caso*. São Paulo: PUC/MEC/SEED, 2002b.

ARRUDA, A. (Org.). *Representando a alteridade*. Petrópolis: Vozes, 1998.

CIAMPA, A. *A estória do Severino e a história da Severina: um ensaio de psicologia social*. 7. reimpr. São Paulo: Brasiliense, 2001.

DUBAR, C. *La crise des identités: l'interpretation d'une mutation.* Paris: PUF, 2000.

FARR, R. *The Roots of Modern Social Psychology.* Oxford: Blackwell, 1996.

GATTI, B. A. *Proformação: relatório final dos dados do sistema de monitoramento.* São Paulo: PUC/FCC/MEC/SEED, 2002.

GERVAIS, M. C.; JOVCHELOVITCH, S. *The Health Beliefs of the Chinese Community in England: a qualitative research study.* London: Health Education Authority, 1998.

GUARESCHI, P.; JOVCHELOVITCH, S. (Orgs.). *Textos em representações sociais.* 2. ed. Petrópolis: Vozes, 1995.

LANE, S. T. M.; SAWAYA, B.B. (Orgs.). *Novas veredas da psicologia social.* São Paulo: Brasiliense; Educ, 1994.

LÁSZLÓ, J.; ROGERS, W. S. (Eds.). *Narrative approches in social psychology.* Budapest: New Mandate, 2002.

MORAIS, T. C. *Avaliação externa: entrevistas, Proformação.* Brasília, DF: MEC/SEED, 2001.

PLACCO, V. M. *Proformação: relatório final da pesquisa de opinião.* São Paulo: PUC/MEC/SEED, 2002.

PLACCO, V. M.; ANDRÉ, M. E.; GATTI, B. A. *Proformação: relatório final geral da avaliação externa do programa.* São Paulo: PUC/FCC/MEC/SEED, 2002.

SAWAYA, B. B. *A consciência em construção no trabalho de construção da existência.* Tese – Doutorado. São Paulo, Pontifícia Universidade Católica de São Paulo, 1987.

SCHEIBE, K. E. *Self studies: the psychology of self and identity.* Westport: Praegger, 1995.

Análise das políticas públicas para formação continuada no Brasil, na última década

Nos últimos dez anos, cresceu geometricamente o número de iniciativas colocadas sob o grande guarda-chuva do termo "educação continuada". As discussões sobre o conceito de educação continuada nos estudos educacionais não ajudam a precisar o conceito, e talvez isso não seja mesmo importante, aberto que fica ao curso da história. Apenas sinalizamos que, nesses estudos, ora se restringe o significado da expressão aos limites de cursos estruturados e formalizados oferecidos após a graduação, ou após o ingresso no exercício do magistério, ora ele é tomado de modo amplo e genérico, como compreendendo qualquer tipo de atividade que venha a contribuir para o desempenho profissional – horas de trabalho coletivo na escola, reuniões pedagógicas, trocas cotidianas com os pares, participação na gestão escolar, congressos, seminários, cursos de diversas naturezas e formatos, oferecidos pelas Secretarias de Educação ou outras instituições para pessoal em exercício nos sistemas de ensino, relações profissionais virtuais, processos diversos a distância (vídeo ou teleconferências, cursos via internet, etc.), grupos de sensibilização profissional, enfim, tudo que possa oferecer ocasião de informação, reflexão, discussão e trocas que favoreçam o aprimoramento profissional, em qualquer de seus ângulos, em qualquer situação. Uma vastidão de possibilidades dentro do rótulo de educação continuada.

O que se encontra

À parte as discussões conceituais, no âmbito das ações dirigidas e qualificadas explicitamente para esse tipo de formação, vê-se que, sob esse rótulo, se abrigam desde cursos de extensão de natureza bem diversificada até cursos de formação que outorgam diplomas profissionais, seja em nível médio, seja em nível superior. Muitos desses cursos se associam a processos de educação a distância, que vão do formato totalmente virtual, via internet, até o semipresencial com materiais impressos.

Torna-se difícil obter um número exato das iniciativas colocadas nessa rubrica porque elas provêm de inúmeros setores dentro do sistema público, estadual, municipal ou federal (tanto dos setores propriamente da gestão educacional como de outros setores, por exemplo, saúde, cultura, trânsito etc.), como de escolas e de organizações de natureza diversa – de organizações não governamentais, fundações, instituições e consultorias privadas, com durações previstas desde meio período de um dia até dois, três ou quatro anos.

O que se pode constatar é que essas atividades, pelo Brasil, são inúmeras, mas muito abundantes sobretudo no Sul/Sudeste. Um universo extremamente heterogêneo, numa forma de atuação formativa que, em sua maioria, não exige credenciamento ou reconhecimento, pois são realizadas no âmbito da extensão ou da pós-graduação *lato sensu*.

O surgimento de tantos tipos de formação não é gratuito. Tem base histórica em condições emergentes na sociedade contemporânea, nos desafios colocados aos currículos e ao ensino, nos desafios postos aos sistemas pelo acolhimento cada vez maior de crianças e jovens, nas dificuldades do dia a dia nos sistemas de ensino, anunciadas e enfrentadas por gestores e professores e constatadas e analisadas por pesquisas. Criaram-se o discurso da atualização e o discurso da necessidade de renovação.

Nos últimos anos do século XX, tornou-se forte, nos mais variados setores profissionais e nos setores universitários, especialmente em países desenvolvidos, a questão da imperiosidade de formação continuada como um requisito para o trabalho, a ideia da atualização constante, em função das mudanças nos conhecimentos e nas tecnologias e das mudanças no mundo do trabalho. Ou seja, a educação continuada foi colocada como aprofundamento e avanço nas formações dos profissionais. Incorporou-se essa necessidade também aos setores profissionais da educação, o que exigiu o desenvolvimento de políticas nacionais ou regionais em resposta a problemas característicos de nosso sistema educacional.

No Brasil, assistimos à assimilação dessa posição, porém concretamente ampliou-se o entendimento sobre a educação continuada, com esta abrangendo muitas iniciativas que, na verdade, são de suprimento a uma formação precária pré-serviço e nem sempre são propriamente de aprofundamento ou ampliação de conhecimentos. Isso responde a uma situação particular nossa, pela precariedade em que se encontram os cursos de formação de professores em nível de graduação. Assim, problemas concretos das redes inspiraram iniciativas chamadas de educação continuada, especialmente na área pública, pela constatação, por vários meios (pesquisas, concursos públicos, avaliações), de que os cursos de formação básica dos professores não vinham (e não vêm) propiciando adequada base para sua atuação profissional. Muitas das iniciativas públicas de formação continuada no setor educacional adquiriram, então, a feição de programas compensatórios e não propriamente de atualização e aprofundamento em avanços do conhecimento, sendo realizados com a finalidade de suprir aspectos da má formação anterior, alterando o propósito inicial dessa educação – posto nas discussões internacionais –, que seria o aprimoramento de profissionais em avanços, renovações e inovações de suas áreas, dando sustentação à sua criatividade pessoal e à de grupos profissionais, em função dos rearranjos nas produções científicas, técnicas e culturais.

Podemos exemplificar com dois programas de educação continuada implementados na segunda metade dos anos de 1990, que se apresentaram com destaque na literatura educacional, inclusive por serem considerados inovadores: o Programa de Capacitação de Professores (PROCAP), desenvolvido no estado de Minas Gerais pela Secretaria de Estado de Educação, tendo como foco professores de 1ª a 4ª séries das redes estadual e municipais (MINAS GERAIS, 1996); e o Programa de Educação Continuada (PEC), da Secretaria de Educação do Estado de São Paulo para todo o ensino fundamental.

O PROCAP tinha como pretensão capacitar mais de 80 mil docentes do primeiro ciclo nos conteúdos de Português, Matemática, Ciências, Geografia, História e reflexões sobre a prática pedagógica. A modalidade escolhida foi a distância, com os professores na própria escola, com horário dentro do calendário escolar. A proposta era centralizada e tinha unidade curricular.

O PEC (1996-1998), visando ao desenvolvimento profissional dos educadores, foi descentralizado regionalmente, tendo atingido dirigentes regionais e técnicos, diretores, coordenadores pedagógicos e professores do ensino fundamental (1ª a 8ª séries), em sistema presencial. As ações do projeto foram desenvolvidas com base em necessidades colocadas pela rede em 19 polos, por universidades e agências capacitadoras, cada uma responsável por um ou mais polos regionais (Universidade de São Paulo – USP, Universidade Estadual Paulista – UNESP, Universidade Estadual de Campinas – UNICAMP, Pontifícia Universidade Católica de São Paulo – PUC-SP, Universidade de Mogi das Cruzes – UMC, Instituto Paulo Freire, Universidade de Taubaté, Universidade Federal de São Carlos – UFSCAR, Centro de Estudos e Pesquisas em Educação, Cultura e Ação Comunitária – CENPEC, Cooperativa Técnico-Educacional, Escola da Vila). Houve grande diversidade entre as iniciativas implementadas regionalmente, tendo atingido mais de 90 mil atores da rede escolar.

Ambas as propostas foram financiadas pelo Banco Mundial. Há um interessante estudo, feito por Vanda C. Duarte (2004), comparando os dois programas. Segundo o trabalho, a avaliação externa do programa mineiro foi menos detalhada e abrangente do que a paulista. A maior homogeneidade do programa em Minas Gerais trouxe menos questionamentos por parte dos participantes. Em São Paulo, os questionamentos foram de várias naturezas, diferentes entre as regiões. As explicações que a autora aventa para isso são

> [...] o fato de que programas mais padronizados e centralizados geralmente implicam pouco questionamento por parte dos treinandos, que estão habituados a apresentar uma postura passiva diante da capacitação; segundo, programas não padronizados podem gerar satisfação e insatisfação, dependendo de como e por quem são ministrados; terceiro, programas abertos que mobilizem postura mais ativa e crítica diante da capacitação podem resultar em avaliações com o mesmo perfil; quarto, falhas no processo de avaliação, que não captou as dificuldades/insatisfações (p. 162).

Duarte nota também que as capacitações mais bem-sucedidas em São Paulo foram as resultantes de processos de negociação cuidadosa entre as instituições e as diretorias regionais de ensino e que envolveram mais atores no processo (diretores, professores, técnicos). Conclui que o pequeno envolvimento da Secretaria de Educação do Estado de São Paulo, pela descentralização quase total do programa, prejudicou, em certa medida, o desenvolvimento das capacitações, e que, em Minas Gerais, os cursos pontuais padronizados e definidos em instância central nem sempre refletiram as necessidades dos professores. Além disso, destaca como pontos positivos do PEC a tentativa de atendimento de necessidades locais, a inserção do professor como sujeito ativo no processo de capacitação e a utilização da metodologia da ação-reflexão nas capacitações. Os pontos positivos do PROCAP apontados foram: o compromisso das agências central e locais com a capacitação, o agendamento no calendário escolar de cada escola e a criação de incentivo para o professor participar.

Outras modalidades incluídas como educação continuada

Também nas políticas implementadas essa denominação passou a cobrir, entre nós, cursos especiais de formação em nível médio ou superior para docentes atuantes nas redes municipais ou estaduais de educação básica que não tinham essas titulações, na ideia de que essa formação seria continuada por ser realizada "em serviço". Seria uma formação complementar dos professores em exercício, propiciando-lhes a titulação adequada a seu cargo, que deveria ser dada nos cursos regulares mas que é oferecida como um complemento de sua formação, uma vez que já está trabalhando na rede. São projetos elaborados sob a coordenação do poder público, dentro de especificações bem-definidas. Citemos alguns desses projetos, com grande volume de participantes.

O Programa de Formação de Professores em Exercício (Proformação), desenvolvido sob os auspícios do Ministério da Educação (MEC) com o objetivo de oferecer diploma de ensino médio a professores leigos; organizado em módulos, com multimeios e currículo organizado em eixos articuladores, atendeu até 2006 em torno de 50 mil docentes nas regiões Centro-Oeste, Norte e Nordeste; o PEC-Formação Universitária, da Secretaria de Educação do Estado de São Paulo, desenvolvido em convênio com a USP, a UNESP e a PUC-SP: esse programa, embora com plataforma comum, assumiu características diferentes na oferta de cada instituição, com conteúdos, dinâmica e materiais próprios. Na rede estadual, titularam-se aproximadamente oito mil professores. Esse mesmo programa foi oferecido a municípios, com algumas adaptações e melhorias (PEC-Municípios), e, como desdobramento, na UNESP, deu origem ao Programa Pedagogia Cidadã. Está atendendo basicamente a municípios do Estado de São Paulo que necessitam prover o pessoal em exercício na educação infantil com titulação em nível superior, tendo atingido em torno de cinco mil professores. Todos os cursos citados são considerados especiais, com autorização em tempo delimitado.

Outra iniciativa que pode ser colocada nessa mesma direção é o Projeto Veredas – Formação Superior de Professores, desenvolvido em parceria do governo de Minas Gerais com várias universidades e instituições de ensino superior desse Estado, visando titular em quatro anos os professores dos anos iniciais do ensino fundamental das redes públicas do estado, utilizando tecnologias variadas, caracterizando- se como formação em serviço. Define-se como um curso de educação a distância com momentos presenciais. Em 2001, o universo potencial estava estimado em cerca de 30 mil docentes (MINAS GERAIS, 2001).

Também tomou impulso nas políticas de governos propostas de aprimoramento de gestores o Programa de Capacitação a Distância para Gestores Escolares (Progestão), desenvolvido pelo Conselho Nacional de Secretários Estaduais de Educação (CONSED) em parceria com os Estados, vem sendo implementado desde 2001 e já foi desenvolvido, com maior ou menor amplitude, em todos os Estados do país. Só para registrar, em Santa Catarina, Pernambuco e Tocantins, participaram do programa todos os diretores em exercício, além de professores convidados. O número de atendidos pelo Progestão no país, até 2006, era de 128.764 gestores, conforme dados do sistema de monitoramento do CONSED. O programa Circuito Gestão – Formação Continuada de Gestores de Educação, implementado no Estado de São Paulo pela Secretaria Estadual de Educação, também desde 2001, atingiu todos os diretores de escolas estaduais (SÃO PAULO, Secretaria de Estado da Educação, 2001).

Observamos ainda projetos de intervenção em conjuntos de escolas, apoiados por poderes públicos municipais ou estaduais, com o objetivo de promover aceleração de estudos, melhorar processos de alfabetização de crianças, melhorar o ensino de língua portuguesa e matemática ou outras disciplinas e melhorar gestão que implicam capacitação de educadores, realizando processos de formação continuada em serviço. Como exemplo, do MEC: Um Salto para o Futuro; Parâmetros em Ação – Programa de Desenvolvimento Profissional Continuado, implementado em parceria com várias universidades e a União Nacional dos Dirigentes Municipais de Educação (UNDIME), em diversos Estados e municípios; Programa Praler, de apoio à leitura e à escrita, para professores de 1ª a 4ª séries do ensino fundamental; Programa de Gestão da Aprendizagem Escolar – Gestar, do Fundescola; do Instituto Ayrton Senna: Projetos Acelera Brasil, Se liga e Gestão; Projeto Informática da Microsoft/ PUC-SP; Programa Intel – Educação para o Futuro; Formando Gestores, da Fundação Lemann; projeto Poronga, da Fundação Roberto Marinho; projetos de leitura e escrita, formação na escola para o ensino de língua portuguesa; e o Entre na Roda, do CENPEC, entre tantos e tantos outros que fica difícil nomear.

Multiplicação de oferta e qualidade

Com a multiplicação da oferta de propostas de educação continuada, apareceram preocupações quanto à "criteriosidade", validade e eficácia desses cursos, nas discussões da área educacional em geral, nas falas de gestores públicos da educação, em instituições da sociedade civil financiadoras de iniciativas dessa natureza e nas discussões e iniciativas dos legisladores. Essa preocupação apresentou-se, por exemplo, em alguns administradores públicos, que em seu campo de atuação implementaram, ou encontraram em implementação, programas de educação continuada para professores ou outros segmentos escolares. Alguns desses administradores já vinham tomando medidas para tentar garantir certa qualidade a esses programas na seara pública, com estabelecimento de critérios, em editais e resoluções executivas, para as instituições que se responsabilizariam pelos trabalhos, investindo nas mais credenciadas, com financiamento de avaliações externas para acompanhamento das ações formativas nessa modalidade ou estruturando essas iniciativas com seus próprios quadros. Assim, encontramos universidades bem qualificadas e instituições com tradição de qualidade envolvidas nesses projetos em associação com o MEC e com Secretarias de Educação estaduais ou municipais, como a Universidade Federal de Juiz de Fora (UFJF), a Universidade de Ijuí (UNIJUÍ), Universidade Federal do Rio Grande do Norte (UFRN), a Universidade Federal de Mato Grosso (UFMT), a

Universidade Federal de Pernambuco (UFPE), a USP, a UNICAMP, a UNESP, a Fundação Getúlio Vargas, a Fundação João Pinheiro, entre tantas outras.

Há avaliações externas desenvolvidas sobre essas iniciativas públicas, realizadas, por exemplo, pela Fundação Carlos Chagas, pela Fundação Cesgranrio e por trabalhos com olhar avaliativo desenvolvidos em universidades como a Universidade Federal de Minas Gerais (UFMG), a USP, a Universidade Federal do Ceará (UFC), a Universidade Federal do Rio Grande do Sul (UFRGS), a Universidade Federal do Rio Grande do Norte (UFRN), a Universidade Federal de Santa Maria (UFSM) e a Universidade Federal de Mato Grosso do Sul (UFMS).

No levantamento de fontes e dados, pudemos verificar iniciativas próprias dos poderes públicos para formação continuada de professores em todos os estados brasileiros e na maioria das cidades metropolitanas, desenvolvidas por seus quadros ou, como acontece na maioria das vezes, por consultorias contratadas. Ao lado dessas iniciativas há um grande número de empresas que oferecem diretamente aos docentes essa modalidade formativa em cursos livres sobre os quais não se têm dados suficientes.

De algumas das mais amplas iniciativas públicas, dispomos de avaliações externas que mostram que, apesar dos problemas encontrados, há resultados interessantes revelados por análise de desempenho, por resposta a questionários, por entrevistas e por estudos de caso realizados. De modo geral, notam-se melhores avaliações sobre as ações de educação continuada desenvolvidas sob os auspícios dos poderes públicos quando se trata de programas desenvolvidos em regiões com carências educacionais mais fortes e encontram-se posturas menos entusiasmadas em regiões mais desenvolvidas socioeconômica e educacionalmente.

Em todas as avaliações observa-se valorização para essas iniciativas públicas por parte dos cursistas, destacando-se aspectos como a oferta gratuita, o material impresso, vídeos ou livros doados e avaliados como bons; tem-se como fator positivo o papel dos tutores, a oportunidade de contato por videoconferências com especialistas de grandes universidades, a oportunidade de trocas com os pares nos momentos presenciais. Aparece como constante nas avaliações o dado de que, em outras condições, o docente não teria oportunidade de fazer essa formação e que se sentiu motivado ao longo dos programas. Isso pode ser sustentado pela baixíssima evasão existente nessas iniciativas públicas.

Os pontos críticos trazidos dizem respeito, em sua maior parte, a aspectos infraestruturais (condições físicas dos polos de encontro, falhas no apoio alimentar e locomoção, não recebimento do material em dia, etc.); em alguns casos, aparecem problemas com tutores ou professores. Despontam, também, dificuldades na leitura de textos e a consideração de que foi difícil para os alunos-professores articular teoria e prática, embora, pelos questionários e escalas aplicados e consultados por nós, apareçam respostas que mostram que eles reconhecem práticas pedagógicas que julgam poder melhorar a aprendizagem dos alunos. Poucos participantes avaliam de modo muito ou totalmente negativo os diversos programas estudados.

Em duas das avaliações encontramos o emprego de simulações situacionais para analisar mudanças em posturas docentes, com aplicação no início e ao final do programa: na avaliação do Programa de Educação Continuada – Formação Universitária, do Estado de São Paulo, e na avaliação do Programa de Educação Continuada para Professores de Municípios, implementado em municípios do mesmo Estado. Essas simulações permitiam aos participantes escolhas variadas de condutas ante situações-problema, apresentadas *on-line*. Nos dois casos verificaram-se mudanças posturais nas escolhas, uma parte com posturas transacionais trazidas pela formação, outra parte evidenciando escolhas em novas direções, com poucos mantendo posturas tidas como mais "tradicionais" (Fundação Carlos Chagas, 2003, 2005, 2007).

Não se dispõe, ainda, de avaliações de seguimento posterior aos programas públicos implementados: ou seja, o que se consolidou em novas práticas no chão das escolas. Há um estudo de Géglio (2006) que procurou verificar, após dois anos do término de processo de educação continuada, qual a percepção que os professores possuíam a respeito dos cursos que fizeram e de sua mudança de prática em sala de aula. Trabalhando com a narrativa dos professores, verificou um discurso contraditório em alguns, quando partem da afirmação de que não aprenderam nada e, na sequência, relatam várias aprendizagens adquiridas, seja como novidade, seja como "rememoração" de coisas esquecidas. Também no estudo desse autor, foi possível verificar que, em maior ou menor medida, todos evidenciam em suas narrativas alguma mudança de prática relacionada ao programa frequentado; mesmo aqueles professores que negaram em seus relatos haver aplicado conhecimentos adquiridos mostraram indícios claros de alguma mudança, não assumida racionalmente mas relatada ao falar de suas práticas.

Olhando para a trajetória dessa formação nos últimos anos

Na última década, a preocupação com a formação de professores entrou na pauta mundial pela conjunção de dois movimentos: de um lado, pelas pressões do mundo do trabalho, que se vem estruturando em novas condições, num modelo informatizado e com o valor adquirido pelo conhecimento; de outro, com a constatação, pelos sistemas de governo, da extensão assumida pelos precários desempenhos escolares de grandes parcelas da população. Uma contradição e um impasse. Políticas públicas e ações políticas movimentam-se, então, na direção de reformas curriculares e de mudanças na formação dos docentes, dos formadores das novas gerações.

Documentos internacionais diversos enfatizam essa necessidade e essa direção. Dentre eles, destacamos três documentos do Banco Mundial (1995, 1999, 2002), em que essa questão é tratada como prioridade, e neles a educação continuada é enfatizada em seu papel renovador; o documento do Programa de Promoção das Reformas Educativas na América Latina (PREAL, 2004); e, como marcos amplos, a "Declaração mundial sobre a educação superior no século XXI: visão e ação" e o texto "Marco referencial de ação prioritária para a mudança e o desenvolvimento do ensino superior" (UNESCO, 1998), a "Declaração de princípios da Cúpula das Américas" (2001) e os documentos do Fórum Mundial de Educação (Dacar, 2000). Em todos esses documentos, menos ou mais claramente, está presente a ideia de preparar os professores para formar as novas gerações para a "nova" economia mundial e de que a escola e os professores não estão preparados para isso.

Chega-se, dessa maneira, à ênfase nas competências a serem desenvolvidas tanto em professores como nos alunos. Em última instância, pode-se inferir que ser competente é condição para ser competitivo, social e economicamente, em consonância com o ideário hegemônico das últimas duas décadas. Essa parece ser a questão de fundo. As ações políticas em educação continuada (em educação em geral) instauraram-se nos últimos anos com essa perspectiva.

A equação proposta quando se coloca a questão como foi anteriormente delineada é simples: melhorando a economia, melhoram as condições de vida e pode-se ser mais feliz. A educação ajuda a melhorar a economia, pela qualificação das pessoas para a sociedade do conhecimento e do consumo. Cabe perguntar: essa equação é mesmo verdadeira? É suficiente para uma civilização mais compreensiva, cooperativa, democrática? Por que não se discute a educação como fator de aprimoramento dos humanos para um mundo mais ético? Claro que não estamos descartando a necessidade de uma formação educacional sólida para todos, em prol de vagos culturalismos ou modismos emergentes, mas estamos perguntando se, na ordem dos valores, apenas os materiais e econômicos devem prevalecer nas perspectivas educacionais. Onde ficam as preocupações com a formação humana para uma vida realmente melhor para os humanos enquanto seres relacionais, e não apenas como *homo faber*, como homem produtivo?

A discussão das competências a serem propiciadas por currículos escolares passa por muitas vertentes, umas enfatizando o cognitivo, outras

incorporando aspectos relacionais humanos e afetivos, com posições colocadas contra a abordagem que quer tornar excessivamente operacionais aspectos
do desenvolvimento e formação humanos que não são tão operacionais assim.
Porém, nas colocações sobre competências, prevalece o discurso cognitivista,
e este passa a ser o ponto mais forte nos processos das ações políticas implementadas e em implementação, em particular no Brasil. Colocam-se como
metas, como elementos para acrescentar na formação básica ou continuada
de professores e alunos, competências e habilidades enunciadas como se
fossem ingredientes rotulados, "habilidade tal...", "competência tal...", que estão
disponíveis, empacotadas e colocadas em uma prateleira para pronto uso. É
como se estivesse numa cozinha e dissesse: "põe mais sal no molho, põe mais
manteiga no purê...". A crítica aqui é conceitual, é das práticas históricas e das
concepções de ser humano, como também vem do aporte de investigações
científicas que nos fazem ter dúvidas quanto à equação "competência XY
induzida = sucesso profissional". Isso para não falar da dificuldade em "isolar"
uma competência e das dificuldades em definir o constructo "competência",
dificuldade bem mostrada na bibliografia especializada.

Olhando toda essa forma de discurso, e sua grande pregnância, e os
caminhos históricos do discurso educacional entre nós, que, pela crítica
extremada rejeitou e passou a policiar o emprego de certos termos, o uso
das palavras "competência" e/ou "habilidade" contornou a dificuldade, em
certos círculos, de falar em domínio de técnicas para o trabalho docente e
formação em tecnologias, que ficou descartada sob o rótulo de tecnicismo,
o qual adquiriu ideologicamente sentido pejorativo, sem considerar que
uma técnica pode ser usada em contexto e ambiência não necessariamente
"tecnicista", com conotação necessariamente reducionista, podendo, ao contrário, compor-se em um conjunto com intencionalidade transformadora.

Entre educadores brasileiros, é difícil falar em técnica; bem mais fácil
é falar em competência. Assim, a ideia do imprescindível desenvolvimento
de competências – cujo enunciado tem sido ambíguo e pouco questionado
– é apropriado e utilizado por amplos setores educacionais e por todas as
gestões da educação em suas políticas nos últimos anos. O que se quer dizer
e esperar com isso não fica claro, uma vez que a expressão é empregada em
uma polissemia impressionante.

Feitas essas considerações, vale percorrer o caminho da legislação, a
partir de 1996, a qual reflete os aspectos contextuais em que se amplia a
representação da necessidade de processos de educação continuada, como
nos referimos no início deste texto. As legislações, fruto de negociações
sociais e políticas, abrem espaço para as iniciativas de educação continuada,
ao mesmo tempo que também as delimitam.

A legislação impulsionou

A partir de meados da última década do século passado é que a expansão da oferta de programas ou cursos de educação continuada se deu exponencialmente. A Lei de Diretrizes e Bases da Educação Nacional (LDBEN, lei n. 9.394/96) veio provocar especialmente os poderes públicos quanto a essa formação. A lei reflete um período de debates sobre a questão da importância da formação continuada e trata dela em vários de seus artigos. O artigo 67, que estipula que os sistemas de ensino deverão promover a valorização dos profissionais da educação, traz em seu inciso II o aperfeiçoamento profissional continuado como uma obrigação dos poderes públicos, inclusive propondo o licenciamento periódico remunerado para esse fim. Mais adiante, em seu artigo 80, está que "o Poder Público incentivará o desenvolvimento e a veiculação de programas de ensino a distância, em todos os níveis e modalidades de ensino, *e de educação continuada*" (grifo nosso). E, nas disposições transitórias, no artigo 87, §3º, inciso III, fica explicitado o dever de cada município de "realizar programas de capacitação para todos os professores em exercício, utilizando também, para isto, os recursos da educação a distância". No que diz respeito à educação profissional de modo geral, a lei coloca a educação continuada como uma das estratégias para a formação para o trabalho (art. 40).

Com os debates realizados em torno das novas disposições dessa lei, com os esforços dirigidos para sua implementação nos três níveis da administração da educação no país e com a ampliação das responsabilidades dos municípios em relação à educação escolar, houve, por iniciativas de gestões estaduais ou municipais, por pressões das redes e sindicatos, pelas propostas de instituições ou pelo tipo de recursos alocados ao setor educacional e sua regulamentação – especialmente à época, o Fundo de Manutenção e Desenvolvimento do Ensino Fundamental e de Valorização do Magistério (FUNDEF) –, um incremento forte em processos chamados de educação continuada. A lei que instituiu o FUNDEF deu, pela primeira vez na história educacional do país, respaldo legal para o financiamento sistemático de cursos de formação de professores em serviço, prevendo recursos financeiros para a habilitação de professores não titulados que exerçam funções nas redes públicas. Na conjunção desses fatores, observa-se uma escalada enorme na oferta de programas de "educação continuada" – como vimos, das mais variadas naturezas e formatos.

Muitas das iniciativas nessa direção surgiram como cursos de especialização, levantando em variados setores de trabalho a questão da distinção entre os cursos de especialização genéricos e os cursos de especialização que poderiam legitimar exercício especializado profissional em áreas específicas de atuação (especialidades profissionais).

A especialização em área profissional foi objeto do parecer Centro de Ensino Superior (CES) n. 908/ 98, do Conselho Nacional de Educação (CNE), que deixa claras as condições em que os certificados emitidos poderão ter validade. O proposto nesse parecer é de caráter geral e poderia aplicar-se a vários setores especializados na área educacional, podendo ordenar aspectos do exercício de funções na educação como "especialidade profissional". Todavia, a área não tem atentado para ele, talvez pela dificuldade de representar a docência e atividades associadas como profissão, como setor do mundo do trabalho, de fato. Tudo que é relativo à formação profissional ou definido como "para áreas profissionais" é ignorado pelos educadores e gestores em educação, como se a educação não fosse propriamente uma "área profissional" ou não comportasse subáreas especializadas. Por essa razão, temos, no campo da educação, formações em especialização que não habilitam para funções especializadas, ficando apenas a graduação como delimitadora para esse exercício, sem maiores aprofundamentos. Os cursos de especialização em áreas específicas de trabalho são objeto de uma regulamentação exigente, desconhecida de modo geral pelos setores profissionais da educação. Assim, as normatizações exaradas para essa modalidade são deixadas de lado pelos gestores educacionais. Os cursos de especialização em educação não especializam com certificação profissional, como ocorre em outras áreas do trabalho, e, embora contribuam para aprofundamentos formativos, do ponto de vista do exercício profissional apenas entram como "pontuação" em carreiras ligadas ao ensino. É esse tipo de curso, sem exigências especiais até aqui, que prolifera como proposta de educação continuada.

Seguindo o caminho das normatizações, nos desdobramentos da LDBEN, em 2003 o MEC, por meio da Portaria Ministerial n. 1.403, instituiu o Sistema Nacional de Certificação e Formação Continuada de Professores da Educação Básica. O artigo 1º prevê, em seu inciso II, "programas de incentivo e apoio à formação continuada de professores, implementados em regime de colaboração com os entes federados", e, em seu inciso III, a criação de uma rede nacional de centros de pesquisa e desenvolvimento da educação que teria por objetivo "desenvolver tecnologia educacional e ampliar a oferta de cursos e outros meios de formação de professores". Essa portaria foi seguida por um documento do MEC com o título "Sistema nacional de formação continuada e certificação de professores – toda criança aprendendo" (BRASIL, 2003), no qual várias ações são propostas para valorização do magistério e melhor qualificação de sua formação, enfatizando o exame nacional periódico de professores, com oferecimento de formação continuada. Porém, tendo a Portaria 1.403/03 deixado claro que o ponto de partida seria um exame nacional de certificação de professores, os debates centraram-se nessa questão. Houve posições fortes contra essa proposta – veja, por exemplo, o documento "Formar ou certificar? Muitas questões para reflexão", do Fórum Nacional em Defesa da Escola Pública (2003). Com a subsequente mudança de ministro, as questões levantadas pela Portaria e as propostas do documento foram postas em segundo plano, com outros aspectos sendo enfatizados pela nova orientação na política do MEC. Essa discussão foi transferida em parte para a Secretaria de Educação a Distância, na qual propostas para diversos tipos de formação, inclusive a continuada de docentes, passaram a ser tratadas no âmbito de uma possível rede nacional de formação a distância, composta por variadas instituições, numa tentativa de, sobretudo, articular iniciativas já existentes.

É preciso considerar que a educação a distância passou a ser um caminho muito valorizado nas políticas educacionais dos últimos anos, justificada até como uma forma mais rápida de prover formação, pois, pelas tecnologias disponíveis, pode-se flexibilizar os tempos formativos e os alunos teriam condições, quando se trata de trabalhadores, de, em algumas modalidades de oferta, estudar nas horas de que dispõem, não precisando ter horários fixos, o que permitiria compatibilização com diversos tipos de jornadas de trabalho. A educação a distância ou a mista (presencial/a distância) tem sido o caminho mais escolhido para a educação continuada de professores pelas políticas públicas, em nível tanto federal como estadual e municipal.

Logo após a promulgação da LDBEN, algumas regulamentações foram exaradas sobre as condições de oferecimento dos cursos a distância, abrindo a possibilidade de oferta de cursos especiais para complementar a formação de professores em nível médio, ou seja, formação dirigida a professores leigos, e, para complementar também, em nível superior, a formação de professores que só possuem o nível médio e estejam em exercício nos sistemas de ensino.

Para tanto, uma legislação específica foi elaborada, em nível federal e em alguns Estados, como Mato Grosso, São Paulo e Minas Gerais. Esperava-se com esses processos de formação especiais atingir em menor tempo um número significativo de docentes já em exercício nas redes. Calculava-se que, com os cursos superiores regulares existentes, o tempo para complementar a formação dos professores já em exercício, em nível médio ou superior, demandaria várias décadas, o que era verdade pelo volume de docentes nessas condições.

Vários documentos colocam que os sistemas públicos de ensino não poderiam esperar tanto tempo para alcançar melhor qualificação de seu corpo docente. Além disso, como iniciativa de administrações públicas, esses programas especiais foram ofertados gratuitamente aos professores, com tempo limitado para sua execução. Estima-se que, com as diversas iniciativas especiais implementadas, mais de cem mil professores tenham sido titulados nesses programas, seja em nível médio, seja em nível superior, num período próximo a quatro anos. Esse tipo de formação ainda é oferecida, mas o ritmo de oferta desses programas especiais públicos diminuiu nos sistemas, uma vez que muitos dos seus professores já foram titulados e os novos ingressantes já devem trazer essa formação básica quando de seu ingresso.

No entanto, ampliou-se a formação a distância em cursos de formação de professores (não como educação continuada) – normal superior, pedagogia e licenciaturas diversas –, sobretudo pela oferta por instituições privadas, aí sim, de formação em regime consoante à legislação geral que se veio estruturando no que concerne à oferta a distância de cursos superiores de graduação. Recentemente houve reformulações normativas, revogando normas anteriores, que, de certa forma, aprimoram as condições de avaliação para credenciamento de instituições que queiram oferecer cursos a distância, inclusive os de educação continuada. Como legislação recente, seus efeitos só poderão ser avaliados daqui a alguns anos. Trata-se da Portaria MEC n. 4.361, de 2004; do Decreto n. 5.773, de 9 de maio de 2006; e das Portarias MEC n. 1 e n. 2, ambas de 10 de janeiro de 2007. A Portaria MEC n. 2/ 07, em particular, define procedimentos específicos de regulação e avaliação da educação superior a distância. A emergência de novas regulações, com maior precisão, decorre da expansão desse tipo de curso, tanto em nível de graduação como de pós-graduação, o que mostrou aos poderes públicos, por movimentações de educadores, a necessidade de análise quanto a essa expansão e de tomada de decisão para seu acompanhamento e avaliação.

Dentre as preocupações constatadas na área educacional como um todo, quanto aos processos de educação continuada oferecidos, preocupação apropriada pelos poderes públicos, encontra-se o fato de que, na última década, se assistiu ao crescimento do número de cursos de especialização de natureza genérica, que se acham sob a denominação pós-graduação lato sensu, presenciais ou a distância. Com a intensa expansão desses cursos e a preocupação com o modo como são oferecidos e por quais instituições, o CNE editou, em 8 de junho de 2007, a Resolução n. 1/07. Essa Resolução abre novo espaço para as políticas de educação continuada nessa modalidade, cujos efeitos dependerão de sua incorporação pelas diferentes instituições, porque coloca algumas balizas para o oferecimento desses cursos sem, no entanto, diminuir a flexibilidade quanto a sua oferta e seu funcionamento. Destacamos, entre outros, seis pontos abordados nessa resolução: 1. as instituições de ensino superior *já credenciadas* podem oferecê-los sem necessidade de autorização;

2. *outras instituições* poderão ser credenciadas nos termos da resolução; 3. os cursos ficam sujeitos à *avaliação* dos órgãos governamentais quando do *recredenciamento da instituição*; 4. para o Censo do Ensino Superior, os dados desses cursos deverão ser informados sempre que solicitados; 5. metade dos docentes nesses cursos deve ter *título de mestre ou doutor*, obtidos em programas stricto sensu devidamente credenciados pela Coordenação de Aperfeiçoamento de Pessoal de Nível Superior (CAPES)/ MEC; 6. os cursos de pós-graduação lato sensu a distância só podem ser oferecidos por instituições credenciadas para esse fim específico pela União. Com isso, estamos adentrando em um período de uma nova norma política para a formação pós-graduada lato sensu, em que talvez se possa vir a mapear e conhecer melhor o que é oferecido sob essa rubrica, permitindo estudos sobre seu significado formativo. Essa nova resolução do CNE sinaliza preocupação com a qualidade dos cursos de formação continuada que se apresentam na rubrica de pós-graduação lato sensu, mostrando nova orientação em política pública nos aspectos formativos para as diversas áreas objeto desses cursos, o que inclui a educação.

Aspecto que merece nossa atenção é a preocupação com *os formadores* que atuam nesses cursos. Essa preocupação já havia aparecido nas primeiras iniciativas públicas na segunda metade dos anos de 1990 quanto aos critérios de escolha de instituições formadoras por parte de governos, como apontamos anteriormente.

Em relação a essa preocupação, lembramos também, a citada regulamentação para a pós-graduação lato sensu, em que se exige que metade dos docentes nesse tipo de curso tenha mestrado ou doutorado reconhecidos. Essa norma já existia para as instituições regidas pelo Conselho Estadual de Educação de São Paulo. Com a norma federal, caso ela venha a ser cumprida pelas instituições, pode haver mudança no perfil de realização da formação nessa modalidade.

Vê-se que a questão do formador passa a ser olhada com mais cuidado, por exemplo, ao ler a Portaria n. 81 da Secretaria de Educação a Distância do MEC, de 8 de dezembro de 2006. Ela se refere à qualificação dos formadores para o Proformação, existente desde 1997. Embora o que essa Portaria estipula se dirija a esse programa, ao ser implementada consolida um caminho que pode ser seguido em outros projetos e que pode orientar a avaliação, pelos órgãos públicos, de propostas para educação continuada a distância, no que concerne à qualificação dos formadores. Essa Portaria regulamenta as disposições gerais do *Programa de Formação Continuada para Supervisores de Curso, Professores Formadores e Tutores do Proformação*. Prevê formação continuada para os colaboradores que atuam no Serviço de Apoio à Aprendizagem do

Proformação em conteúdos e métodos, em subsídios teórico-metodológicos para a implementação de curso a distância, com o propósito de aprimorar a prática pedagógica e aumentar o nível de conhecimento dos docentes que atuam no programa; em suma, como consta da referida Portaria, para "valorizar o magistério pela *profissionalização da função docente* e melhoria da qualidade de ensino" (grifo nosso). Define-se, então, um programa e modalidades dessa formação dos formadores que devem atuar no programa. Sem dúvida, o poder público federal dá exemplo importante ao voltar sua atenção para a melhor qualificação dos formadores atuantes nesse programa de educação continuada, propondo para estes, também, uma formação mais específica. Os estudos avaliativos que mostram a importância dos docentes e dos tutores nesses programas encontraram eco nessa portaria e em outras normatizações que começam a aparecer.

Parece que estamos iniciando um novo passo na questão da formação continuada, com o poder público, através de seus diversos órgãos, colocando um olhar mais atento quanto às condições qualitativas de oferta, com orientações mais claras na direção da melhor qualificação desses processos formativos, na melhor qualificação dos formadores e na sinalização de sua avaliação quando do recredenciamento institucional.

Finalizando

A penetração, nos vários setores, das orientações, normatizações e legislações dos últimos anos certamente ainda levará algum tempo, mais ainda pela grandeza de nosso território, pelo volume das iniciativas e pelos interesses em jogo nesse campo.

Após mais de dez anos da promulgação da LDBEN, observamos a preocupação do legislador com aspectos básicos relativos a alguns dos meios formativos mais utilizados em propostas de educação continuada e suas metodologias, como as relativas à educação a distância e aos cursos de especialização, enquanto pós-graduação lato sensu. Isso é fruto, evidentemente, tanto do percurso histórico nestes últimos dez anos das práticas nesse campo quanto das discussões encaminhadas na própria área de educação em função do que e de como se vêm realizando propostas de educação continuada, discussões feitas em especial pelos pesquisadores que têm acompanhado com seus estudos algumas das iniciativas nessa modalidade e que têm tentado compreender o emaranhado de propostas existentes, públicas e privadas. Os legisladores, provocados pela realidade, e as reflexões sobre ela começaram a constituir um novo arcabouço que orientará as iniciativas de educação continuada nesses dois eixos: o da especialização, como pós-graduação lato sensu, e o dos processos formativos a distância.

Quanto ao aspecto legislativo e normativo das ações políticas relativas a processos de educação continuada, na última década, inicialmente temos a LDBEN dando respaldo e redistribuindo as responsabilidades quanto a essa formação; depois, as iniciativas sucessivas com programas dessa natureza na esfera pública, com regulamentações assegurando aspectos mínimos de qualidade, em que foram realizadas avaliações internas e externas. E, finalmente, observa-se a emergência de uma regulamentação mais clara e específica relativa a projetos de cursos de especialização e formação a distância, aparecendo ainda sinalizadores de preocupação quanto aos formadores participantes dessas iniciativas de educação continuada. Esse é um dos aspectos que, cremos, deverá ter futuros desdobramentos normativos, pois o suporte e o acompanhamento de cursistas em programas de formação continuada (presenciais ou a distância) começam a despontar como um problema que merece atenção especial.

A legislação não nasce do nada, como inspiração ou *insight* momentâneo, por desejo deste ou daquele; é resultante de um processo histórico em que ações se desenvolvem e criam impasses e questionamentos pela forma como são praticadas, o que pode gerar movimentos de vários segmentos sociais, movimentos que são levados aos órgãos reguladores, que se podem mostrar mais ou menos atentos ou interessados nas questões levantadas, e que, em situação de negociação em contexto político, procuram criar balizas onde elas não existiam ou reformular orientações quando estas parecem não mais atender às condições de qualidade pensadas para as atividades desenvolvidas.

Uma década é pouco tempo, em termos históricos. Nesse período ensaiaram-se processos diversos para a formação continuada de professores, avaliaram-se algumas das iniciativas, discutiram-se teoricamente questões de intencionalidades, fundamentos e princípios, mas esse caminhar é recente. Entretanto, já oferece questões das quais os poderes e os gestores públicos em todos os níveis terão de ocupar-se em seu papel regulador e avaliador, como responsável pela qualidade da educação no país.

Por fim, ponto importantíssimo que trazemos para a continuidade dos debates é a questão dos financiamentos públicos destinados à educação continuada nas três esferas de poder. Para analisar esse aspecto, necessitaríamos de outros tipos de dados: os financeiros e os das realizações orçamentárias. De maneira geral, dá para supor que se carrearam mais recursos públicos nessa direção do que para a formação de professores em cursos regulares de graduação (licenciaturas) nas instituições públicas.

A pergunta que se coloca é: não seria melhor investir mais orçamento público para a ampliação de vagas em instituições públicas para formar licenciados e investir na qualificação desses cursos, em termos de projeto, de docentes, de infraestrutura, deixando para a educação continuada realmente os aperfeiçoamentos ou as especializações? Parece-nos que melhorar substantivamente, com insumos adequados e inovações, a formação básica dos professores para todos os níveis e modalidades seria uma política mais condizente para a melhor qualificação dos trabalhadores nas redes de ensino e para propiciar aos alunos dessas redes os conhecimentos importantes para sua realização pessoal e no trabalho e sua contribuição para uma coletividade mais integrada.

Referências

BANCO MUNDIAL. *Brasil justo, competitivo, sustentável*. Brasília, DF: Banco Mundial, 2002.

BANCO MUNDIAL. *Education sector strategy*. Washington: Banco Mundial, 1999.

BANCO MUNDIAL. *Priorités et stratégies pour l'education: un étude de la Banque Mondiale*. Washington: Banco Mundial, 1995.

BRASIL. Conselho Nacional de Educação. *Parecer CES n. 908/ 98*. Especialização em área profissional, 1998.

BRASIL. Conselho Nacional de Educação. *Resolução n. 01/07*. Estabelece normas para o funcionamento de cursos de pós-graduação *lato sensu*, em modalidade de especialização, 8 jun. 2007.

BRASIL. Lei n. 9.394/96, de 20 de dezembro de 1996. Estabelece as Diretrizes e Bases da Educação Nacional. *Diário Oficial [da República Federativa do Brasil]*, Brasília, DF, v. 134, n. 248, 23 dez. 1996.

BRASIL. Ministério da Educação. *Decreto n. 5.773/06*. Dispõe sobre as funções de regulação, supervisão e avaliação de instituições de ensino superior, 9 mai. 2006.

BRASIL. Ministério da Educação. *Portaria Ministerial n. 1.403/03*. Sistema Nacional de Certificação e Formação Continuada de Professores da Educação Básica, 2003.

BRASIL. Ministério da Educação. *Portaria n. 4.361/04*. Processo de credenciamento e recredenciamento de instituições de ensino superior, 29 dez. 2004.

BRASIL. Ministério da Educação. *Portaria Normativa n. 01/07*. Avaliação de cursos, 10 jan. 2007.

BRASIL. Ministério da Educação. *Portaria Normativa n. 02/07*. Dispõe sobre carga horária mínima e integralização de cursos, 18 jun. 07.

BRASIL. Ministério da Educação. Secretaria de Educação a Distância. *Proformação: avaliação externa*. Brasília, DF: MEC, 2003.

BRASIL. Ministério da Educação. Secretaria de Educação a Distância. *Portaria n. 81/06*. Programa de Formação Continuada para Supervisores de Curso, Professores Formadores e Tutores do Proformação, 2006.

BRASIL. Ministério da Educação. Secretaria de Ensino Fundamental. Programa de desenvolvimento profissional continuado: parâmetros em ação. In: *Ofício de professor na América Latina*. Brasília, DF: UNESCO/Fundação Vitor Civita, 2002. p. 137-146.

BRASIL. Ministério da Educação. *Sistema Nacional de formação continuada e certificação de professores – toda criança aprendendo*. Brasília, DF: MEC, 2003.

CÚPULA DAS AMÉRICAS. *Declaração de princípios*. S.L.: OEA, 2001.

DUARTE, V. C. Capacitação docente em Minas Gerais e São Paulo: uma análise comparativa. *Cadernos de Pesquisa*, São Paulo, v. 34, n. 121, p. 139-168, jan./abr. 2004.

FÓRUM NACIONAL EM DEFESA DA ESCOLA PÚBLICA. *Formar ou certificar? Muitas questões para reflexão*. Brasília, DF: s.ed., 2003. Disponível em: <www.andes.org.br>. Acesso em: 15 mai. 2007.

FUNDAÇÃO CARLOS CHAGAS. *Avaliação externa – Programa Um Salto para o Futuro*. São Paulo: Fundação Carlos Chagas, 1993.

FUNDAÇÃO CARLOS CHAGAS. *Avaliação geral do processo de implementação e do impacto das ações do Projeto de Educação Continuada da Secretaria de Estado da Educação. Relatório Geral Final/Coordenação Geral*. São Paulo: Fundação Carlos Chagas, 1998.

FUNDAÇÃO CARLOS CHAGAS. *Avaliando Um Salto para o Futuro*. São Paulo: Fundação Carlos Chagas, 1999.

FUNDAÇÃO CARLOS CHAGAS. *Relatórios parciais e relatório final de atividade: avaliação externa*. São Paulo: PEC-Formação Universitária, 2002-2003.

FUNDAÇÃO CARLOS CHAGAS. *Relatórios técnicos: avaliação externa PEC-Municípios*. São Paulo: Fundação Carlos Chagas, 2004-2007.

GÉGLIO, P. *Questões da formação continuada de professores*. São Paulo: Alfa-Ômega, 2006.

MINAS GERAIS. Secretaria de Educação. *Projeto de melhoria da qualidade do ensino de primeiro grau (Proqualidade): plano de implementação do programa de capacitação de professores*. Belo Horizonte: Secretaria de Educação, 1996.

MINAS GERAIS. Secretaria de Educação. *Projeto Veredas: Formação Superior de Professores – Curso a Distância*. Belo Horizonte: Secretaria da Educação, 2001.

MIRANDA, G. V. Reflexões sobre a avaliação do PEC. In: BICUDO, M. A. *et al.* (Org.). *Formação do educador e avaliação educacional*. São Paulo: Editora UNESP, v.2, 1999.

PREAL – Programa de Promoção da Reforma Educativa na América Latina e Caribe. *Ficando para trás. Boletim da Educação na América Latina, 2002*. Disponível em <http://www.preal.org>. Acesso em: 10 set. 2007.

PREAL – Programa de Promoção da Reforma Educativa na América Latina e Caribe. *Formação de formadores – 2004*. Disponível em: <http://www.preal.org>. Acesso em: 10 set. 2007.

SÃO PAULO. Secretaria de Educação do Estado de São Paulo. *Circuito gestão-formação continuada de gestores*. São Paulo: Secretaria de Educação do Estado de São Paulo, 2001.

SOUSA, C. Políticas de educação continuada de professores na Ibero-América. *Psicologia da Educação*, São Paulo, n. 13, p. 117-147, 2001.

SOUZA, D. T. Formação continuada de professores e fracasso escolar: problematizando o argumento da incompetência. *Educação e Pesquisa*, São Paulo, v. 32, n. 3, p. 477-492, 2006.

TAVARES, A. M.; FRANÇA, M. Política de formação de professores: o Probásica – UFRN e a formação profissional. *Educação em Questão*, Natal, v. 26, n. 12, p. 106-134, 2006.

UNESCO; FUNDAÇÃO VITOR CIVITA. *Ofício de Professor na América Latina e Caribe*. Brasília, DF: UNESCO, 2002.

UNESCO. Declaração mundial sobre educação superior no século XXI: visão e ação. *Anais da Conferência Mundial sobre Ensino Superior*. Tradução de Unesco/CRUB. Paris: UNESCO, 1998a.

UNESCO. Fórum Mundial de Educação. *Cadre d'áction de Dakar. L´Éducation pour tous tenir nos engagements collectifs – 2000*. Disponível em: <http://www.unesdoc.unesco.org>. Acesso em: 10 set. 2007.

UNESCO. Marco referencial de ação prioritária para a mudança e o desenvolvimento do ensino superior. *Anais da Conferência Mundial sobre o Ensino Superior*. Tradução de Unesco/CRUB. Paris: Unesco, 1998b.

UNESCO. *Relatório da Comissão Internacional sobre Educação para o Século XXI*. São Paulo: Cortez, 2001.

A questão docente: formação, profissionalização, carreira e decisão política[1]

Os cursos de licenciatura, que devem estar voltados à formação de professores para a educação básica, têm sido objeto de várias análises, as quais apontam sérios problemas associados à forma como essa formação é realizada. Seus currículos vêm sendo postos em questão, e isso não é de hoje. Estudos de décadas atrás já mostravam suas falhas na consecução dos propósitos formativos a elas atribuídos (CANDAU, 1987; BRAGA, 1988; ALVES, 1992; MARQUES, 1992). Hoje, em função dos graves problemas que enfrentamos no que diz respeito às aprendizagens escolares em nossa sociedade, aumentou a preocupação com as licenciaturas, tanto no que se refere às estruturas institucionais que as abrigam, quanto no que se refere aos conteúdos formativos. Essa preocupação não quer dizer reputar apenas ao professor e à sua formação a responsabilidade sobre o desempenho atual das redes de ensino. Múltiplos fatores convergem para isso: as políticas educacionais postas em ação, o financiamento da educação básica, aspectos das culturas nacional, regionais e locais, hábitos estruturados, a naturalização em nossa sociedade da situação crítica das aprendizagens efetivas de amplas camadas populares, as formas de estrutura e gestão das escolas, formação dos gestores, as condições sociais e de escolarização de pais e mães de alunos das camadas populacionais menos favorecidas (os "sem voz") e, também, a condição do professorado: sua formação inicial e continuada, os planos de carreira e salário dos docentes da educação básica, as condições de trabalho nas escolas.

Mesmo considerando a conjunção de fatores que se inter-relacionam na dinâmica das escolas, pensamos ser importante dar atenção especial para a questão específica da formação inicial dos professores, o que envolve diretamente as instituições de ensino superior, em especial as universidades. De

---

[1] Trabalho apresentado no Fórum Internacional de Políticas Públicas de Educação na América Latina – Brasília-DF: 23 a 25/11/2010.

outro lado, é preciso considerar o que Estados e municípios oferecem como carreira para os docentes, na medida em que são os maiores empregadores do setor (conforme Gatti e Barretto (2009), 83% dos trabalhadores em educação estão nas redes públicas de ensino). E, ainda, considerar, com as condições que formação e carreira propiciam com as políticas concretamente implementadas, que atratividade essa carreira tem para os jovens.

A partir dos dados encontrados – e que relataremos a seguir –, a nosso ver, uma só decisão política cabe: é preciso "virar a mesa", com políticas corajosas, deixando de lado experiências de pequeno porte que dificilmente redundarão em mudanças para o imenso e disperso universo das escolas municipais e estaduais espalhadas no país como um todo. Precisamos "cair na real".

Abordaremos as questões levantadas a partir de dados de pesquisas que coordenamos (GATTI *et al.*, 2008, v. 1 e 2; GATTI ; NUNES, 2009; GATTI; BARRETTO, 2009; GATTI *et al.*, 2010). O objetivo é contribuir para o debate que busca concretamente a melhoria da qualidade da formação desses profissionais, tão essenciais para a nação, e para propiciar nas escolas, e nas salas de aula do ensino básico, melhores oportunidades formativas para as futuras gerações. Estamos assumindo que o papel da escola e dos professores é o de ensinar-educando, uma vez que postulamos que sem conhecimentos básicos para interpretação do mundo não há verdadeira condição de formação de valores e de exercício de cidadania.

Pensamos o professor como um profissional e, como tal, ele deve ser preparado para enfrentar os desafios constantes desse trabalho. Sabemos que um curso de graduação não tem condições de formar completamente um profissional, mas é de sua responsabilidade oferecer uma formação básica adequada e suficiente para que os que dele saem possam se inserir no trabalho com condições de atuar e aperfeiçoar-se constantemente a partir de uma boa base formativa inicial. Quando esta é falha o desempenho profissional sofrerá, e sofrerá o trabalhador, no caso, o professor, que terá de sobrepujar várias lacunas e dificuldades que se farão presentes. Portanto, a licenciatura deve oferecer condições de profissionalidade aos que a frequentam. A profissionalidade é o conjunto de características de uma profissão que enfeixam o conjunto dos conhecimentos e das habilidades necessárias ao exercício profissional. É base para a profissionalização que implica a obtenção de um espaço autônomo, próprio à sua profissionalidade, com valor claramente reconhecido pela sociedade (ver RAMALHO; NUÑEZ; GAUTHIER, 2003). Não há consistência em uma profissionalização sem a constituição de uma base sólida de conhecimentos e formas de ação.

Uma digressão histórica

Fazendo uma pequena digressão histórica sobre a formação de professores no Brasil, lembramos que a formação de docentes para o ensino das "primeiras letras" em cursos específicos foi proposta no final do século XIX com a criação das Escolas Normais. Na época, essas escolas correspondiam ao nível secundário, e posteriormente, ao ensino médio, a partir de meados do século XX. Continuaram a fazer a formação dos professores para os primeiros anos do ensino fundamental e a educação infantil até recentemente, quando a partir da Lei n. 9394 de 1996 postulou-se a formação desses docentes em nível superior, com um prazo de dez anos para esse ajuste. Ocorrerá no início do século XX o aparecimento manifesto da preocupação com a formação de professores para o "secundário" (correspondendo aos atuais anos finais do ensino fundamental e ao ensino médio), em cursos regulares e específicos. Até então esse trabalho era exercido por profissionais liberais ou autodidatas, mas há que se considerar que o número de escolas secundárias era bem pequeno, bem como o número de alunos. No final dos anos 1930, a partir da formação de bacharéis nas poucas universidades então existentes, acrescenta-se um ano com disciplinas da área de educação para a obtenção da licenciatura, esta dirigida à formação de docentes para o "ensino secundário" (formação que veio a denominar-se popularmente "3 + 1"). Esse modelo vai se aplicar também ao curso de Pedagogia, regulamentado em 1939, destinado a formar bacharéis especialistas em educação e, complementarmente, a formar professores para as Escolas Normais em nível médio. Os formados neste curso também poderiam, por extensão e portaria ministerial, lecionar algumas disciplinas no ensino secundário. No ano de 1986, o então Conselho Federal de Educação aprovou o Parecer n. 161, sobre a reformulação do curso de Pedagogia, que facultou a esses cursos oferecer também formação para a docência de 1ª a 4ª série do ensino fundamental, o que algumas instituições já vinham fazendo experimentalmente. Foram sobretudo as instituições privadas que se adaptaram para oferecer esse tipo de formação ao final dos anos 1980. A maioria dos cursos de Pedagogia das instituições públicas mantiveram sua vocação de formar bacharéis, nos moldes da origem desses cursos.

Com a publicação da Lei n. 9294/96 (Lei de Diretrizes e Bases da Educação Nacional em dezembro de 1996), alterações são propostas tanto para as instituições formadoras quanto para os cursos de formação de professores, tendo sido definido período de transição para efetivação de sua implantação. Em 2002 as Diretrizes Curriculares Nacionais para a Formação de Professores são promulgadas, e nos anos subsequentes as Diretrizes Curriculares para cada curso de licenciatura passam a ser aprovadas pelo Conselho Nacional de Educação. Mesmo com ajustes parciais em razão das novas diretrizes verifica-se nas licenciaturas dos professores especialistas a prevalência da histórica ideia de oferecimento de formação com foco na área disciplinar específica, com pequeno espaço para a formação pedagógica. Adentramos o século XXI em uma condição de formação de professores nas áreas disciplinares em que, mesmo com as orientações mais integradoras quanto à relação "formação disciplinar – formação para a docência", na prática ainda se verifica a prevalência do modelo consagrado no início do século XX para essas licenciaturas, como veremos adiante.

Quanto aos cursos de graduação em Pedagogia, somente em 2006, depois de muitos debates, o Conselho Nacional de Educação aprovou a Resolução n. 1, de 15/05/2006, com as Diretrizes Curriculares Nacionais para esses cursos, propondo-os como licenciatura e atribuindo-lhes a formação de professores para a educação infantil e para os anos iniciais do ensino fundamental, bem como para o ensino médio na modalidade Normal, onde fosse necessário e onde esses cursos existissem e fosse para a educação de jovens e adultos, além da formação de gestores. Essa licenciatura passa a ter amplas atribuições, embora tenha como eixo a formação de docentes para os anos iniciais da escolarização. A complexidade curricular exigida para esse curso torna-se grande, notando-se também, pelas orientações da Resolução citada, a dispersão disciplinar que se impõe, em função do tempo de duração do curso e sua carga horária, dado que ele deverá propiciar "a aplicação, ao campo da educação, de contribuições, entre outras, de conhecimentos como o filosófico, o histórico, o antropológico, o ambiental-ecológico, o psicológico, o linguístico, o sociológico, o político, o econômico, o cultural."; englobar (art. 4º, parágrafo único) a formação de habilidades de planejamento, execução, coordenação, acompanhamento e avaliação de tarefas próprias do setor da educação, de projetos e experiências educativas não escolares; a produção e a difusão do conhecimento científico-tecnológico do campo educacional, em contextos escolares e não escolares. O licenciado em Pedagogia deverá ainda: estar apto no que é especificado em mais 16 incisos do artigo 5º dessa Resolução e cumprir estágio curricular em conformidade ao inciso IV, do art. 8º. Essas postulações criaram tensões e impasses para o desenvolvimento curricular desses cursos ainda não bem equacionadas. Enfeixar todas essas orientações em uma matriz curricular, especialmente para os cursos noturnos onde se encontra a maioria dos alunos desses cursos, não é tarefa fácil. De qualquer modo, o que se verifica é que a formação de professores para a educação básica é feita em todos os tipos de licenciatura de modo fragmentado entre as áreas disciplinares e os níveis de ensino, não contando o Brasil, nas instituições de ensino superior, com uma faculdade ou instituto próprio para formação desses profissionais com uma base comum formativa, como observado em outros países, onde há centros de formação de professores englobando todas as especialidades, com estudos, pesquisas e extensão relativos à atividade didática e às reflexões e teorias a ela associadas. Lembremos também que, historicamente, nos cursos formadores de professores esteve desde sempre colocada a separação formativa entre professor polivalente – educação infantil e primeiros anos do ensino fundamental – e professor especialista de disciplina, como também para estes ficou consagrado o seu confinamento e dependência aos bacharelados disciplinares. Essa diferenciação, que criou um valor social – menor/maior – para o professor polivalente e o professor "especialista" para as demais séries, ficou histórica e socialmente instaurada pelas primeiras legislações no século XIX, e é vigente até nossos dias, tanto nos cursos como na carreira e nos salários, e, sobretudo, nas representações da comunidade social, da acadêmica, e dos políticos, mesmo com a atual exigência de formação em nível superior dos professores dos anos iniciais da educação básica. Qualquer inovação na estrutura de instituições e cursos formadores de professores esbarra nessa representação tradicional e nos interesses instituídos, o que tem dificultado repensar e reestruturar essa formação de modo mais integrado e em novas bases.

Contexto dos cursos de licenciatura e características dos licenciandos

Observando o crescimento relativo dos cursos de formação de professores, entre 2001 e 2006, verifica-se que a oferta de cursos de Pedagogia, destinados à formação de professores polivalentes praticamente dobrou (94%). As demais licenciaturas tiveram um aumento menor nessa oferta, cerca de 52%. Porém o crescimento proporcional de matrículas ficou bem aquém: aumento de 37% nos cursos de Pedagogia e 40% nas demais licenciaturas. As universidades respondem por 63% desses cursos, e, quanto ao número de matriculados, a maior parte está nas instituições privadas: 64% das matrículas em Pedagogia e 54% das matrículas nas demais licenciaturas. (GATTI; BARRETTO, 2009, p. 57-60)

Destacamos um dado que nos remete a pensar nas condições do tipo de demanda para esses cursos, de forma de oferta das licenciaturas, sua estrutura, sua dinâmica curricular, suas formas de institucionalização: chama a atenção o baixo nível de conclusão nesses cursos, que se situava na taxa média de 24%, conforme dados do Inep/MEC (Edudata, Inep/MEC, 2006). O Censo da Educação Superior de 2007 ofereceu, por sua vez, outro indício importante. O número de matrículas nos cursos voltados especificamente para as disciplinas do magistério, os chamados cursos de Formação de Professores de Disciplinas Específicas foi menor em 2007 do que em 2006 no caso de algumas disciplinas, sendo que estes cursos no nível superior foram os únicos que apresentaram números negativos de crescimento no país.

Quais as características dos alunos das licenciaturas? É importante considerar-se as características dos licenciandos, uma vez que elas têm peso sobre as aprendizagens e os desdobramentos destas na atuação profissional. Quem são os alunos das licenciaturas? Quais expectativas têm, qual sua bagagem?

No estudo de Gatti e Barretto (2009) em que se toma por base o questionário socioeconômico do Exame Nacional de Cursos (Enade) 2005, abrangendo 137.001 sujeitos, mostra-se que, quando os alunos das licenciaturas são indagados sobre a principal razão que os levou a optarem pela licenciatura, 65,1% dos alunos de Pedagogia atribuem a escolha à vontade de ser professor, ao passo que esse percentual cai para aproximadamente a metade entre os demais licenciandos. A escolha da docência como uma espécie de "seguro-desemprego", ou seja, como uma alternativa no caso de não haver possibilidade de exercício de outra atividade, é relativamente alta (21%), sobretudo entre os licenciandos de outras áreas que não a Pedagogia (Tabela 1).

Tabela 1 – Principal razão para a escolha
por licenciatura – Enade – 2005

		Pedagogia %	Licenciaturas %	Total %
(A)	Porque quero ser professor	65,1	48,6	53,4
(B)	Para ter uma outra opção se não conseguir exercer outro tipo de atividade	13,3	23,9	20,8
(C)	Eu não quero ser professor	4,8	5,3	5,2
(D)	É o único curso próximo da minha residência	2,9	3,8	3,5

Fonte: MEC/Inep/Deaes – Enade/2005.

Quanto à idade encontrou-se menos da metade do conjunto dos licenciandos na faixa etária ideal, de 18 a 24 anos (46%), dado não esperado; entre 25 a 29 anos situam-se pouco mais de 20% deles, e proporção semelhante está na faixa dos 30 a 39 anos. É possível, porém, fazer uma distinção entre os estudantes de Pedagogia e os alunos das demais licenciaturas: os primeiros tendem a ser mais velhos. Enquanto apenas 35% dos alunos de Pedagogia estão na faixa ideal de idade para o curso, essa proporção aumenta para os estudantes das demais licenciaturas, sendo que entre os alunos de Letras e da área de humanas a proporção na faixa ideal está em torno de 45%, e para os da área de Ciências e Matemática fica entre 51% e 65%. Os alunos de Pedagogia são também mais numerosos nas faixas etárias dos mais velhos, no intervalo de 30 a 39 anos, ou acima de 40 anos.

Tabela 2 – Licenciandos segundo a faixa etária – Enade – 2005

	Até 24 anos %	25 a 29 anos %	30 a 39 anos %	40 a 49 anos %	50 ou mais %
Pedagogia	34,8	21,9	26,6	13,7	0,1
Biologia	66,4	17,6	11,3	4,1	0,0
Letras	46,1	21,6	21,1	8,8	0,0
Matemática	51,6	20,1	19,6	7,2	0,0

Fonte: MEC/Inep. Questionário socioeconômico Enade 2005.

Quanto ao sexo, como já sabido há uma feminização da docência: 75,4% dos licenciandos são mulheres, e este não é fenômeno recente. Desde a criação das primeiras escolas normais, no final do século XIX, as mulheres começaram a ser recrutadas para o magistério das primeiras letras. A própria escolarização de nível médio da mulher se deu pela expansão dos cursos de formação para o magistério, permeados pela representação do ofício docente como prorrogação das atividades maternas e pela naturalização da escolha feminina pela educação (GATTI; BARRETTO, 2009, p. 62).

Dados analisados por essas autoras mostram que, entre os estudantes dos cursos de nível superior para a docência, 50,4% situam-se nas faixas de renda familiar média, cujo intervalo é de 3 a 10 salários mínimos. Ligeiras variações favorecem os estudantes das demais licenciaturas em relação aos alunos de Pedagogia nas diferentes faixas salariais superiores. Observa-se, entretanto, uma clara inflexão em direção à faixa de renda mais baixa. É muito expressivo o percentual de alunos com renda familiar de até 3 salários mínimos (39,2%) e escassa a frequência de sujeitos nas faixas de renda acima de dez salários mínimos.

No que se refere à bagagem cultural anterior, a escolaridade dos pais pode ser tomada como um indicador importante da bagagem cultural das famílias de que provêm os estudantes. Em um país de escolarização tardia como o Brasil, em torno de 10% deles são oriundos de lares de pais analfabetos e, se somados esses aos que têm pais que frequentaram apenas até a 4ª série do ensino fundamental, chega-se aproximadamente à metade dos alunos, o que denota um claro processo de ascensão desse grupo geracional aos mais altos níveis de formação. Observa-se, contudo, que há também uma proporção, que não é tão pequena para os padrões de escolaridade da população, de alunos que possuem pais com instrução de nível médio. Pais e mães dos estudantes de Pedagogia são sistematicamente menos escolarizados que os dos demais cursos.

Tabela 3 – Licenciandos: Escolaridade dos pais

		Pedagogia %	Licenciaturas %	Total %
(A)	Nenhuma escolaridade	11,0	8,4	9,1
(B)	Ensino Fundamental: de 1ª a 4ª série	46,5	39,5	41,5
(C)	Ensino Fundamental: de 5ª a 8ª série	15,8	17,8	17,2
(D)	Ensino Médio	18,4	22,7	21,5
(E)	Superior	7,6	10,8	9,9

Fonte: MEC/Inep. Questionário socioeconômico Enade 2005.

Os dados do Questionário Enade- 2005/ MEC/Inep mostram que os estudantes provêm, em sua maioria, da escola pública. São 68,4% os que cursaram todo o ensino médio no setor público e 14,2% os que o fizeram parcialmente. A proporção de alunos que frequentaram apenas o ensino médio privado é menor entre os alunos da Pedagogia (14,3%) do que entre os das demais licenciaturas (18,3%). O percentual de estudantes que procedem do supletivo situa-se em torno de 6% nos dois grupos. Considerando como referência de desempenho escolar anterior ao ensino superior dos alunos de escola pública, os resultados no Exame Nacional do Ensino Médio (ENEM) (mesmo considerando a não paridade total com o grupo de licenciandos), em que a média obtida por esses alunos foi em 2006 de 34,94 pontos e, em 2008, de 37,27 pontos, em 100 possíveis, verificamos que a escolaridade anterior realizada em escola pública evidencia grandes carências nos domínios de conhecimentos básicos. É com esse cabedal que a maioria dos licenciandos adentra nos cursos de formação de professores.

Tabela 4 – Licenciandos: Tipo de ensino médio concluído

		Pedagogia %	Licenciaturas %	Total %
(A)	Comum ou de educação geral, no ensino regular	39,8	57,9	52,7
(B)	Profissionalizante técnico (eletrônica, contabilidade, agrícola, etc.) no ensino regular	9,7	14,1	12,8
(C)	Profissionalizante magistério de 1ª a 4ª série (Curso Normal), no ensino regular	41,8	20,0	26,2
(D)	Supletivo	6,6	6,2	6,3

Fonte: MEC/Inep. Questionário socioeconômico Enade 2005.

Vale destacar dois aspectos relativos aos cursos que frequentam, os quais se compõem com as características dos licenciandos e as dos currículos para definir o cenário da constituição profissional: os materiais que mais utilizaram no curso e as avaliações no curso. Apostilas, resumos e cópias de trechos de livros dominam neste cenário (63% das respostas). Quanto aos instrumentos de avaliação mais utilizados pelos professores, nos cursos de Pedagogia predominam os trabalhos em grupo (50,4%), seguidos de provas escritas discursivas (31,7%), ao passo que nos outros cursos de licenciatura as provas escritas são, de longe, a modalidade de avaliação mais empregada (68,6%), seguida, em bem menor proporção, dos trabalhos em grupo (19,1%). Os demais tipos de avaliação são pouco representativos. Digno de nota é o fato de que metade dos alunos de Pedagogia provavelmente não passa por experiências de avaliação individual nos respectivos cursos.

Tabela 5 – Licenciandos: Tipo de material mais utilizado durante o curso

		Pedagogia %	Licenciaturas %	Total %
(A)	Livros-texto e/ou manuais	24,8	30,7	28,9
(B)	Apostilas e resumos	39,8	33,1	35,1
(C)	Cópias de trechos ou capítulos de livros	33,3	31,4	32,0
(D)	Artigos de periódicos especializados	1,3	1,6	1,5

Fonte: MEC/Inep. Questionário socioeconômico Enade 2005.

Tabela 6 – Instrumentos de avaliação
utilizados predominantemente pelos professores

		Pedagogia %	Licenciaturas %	Total %
(A)	Provas escritas discursivas	37,1	68,6	59,1
(B)	Trabalhos de grupo	50,4	19,1	28,5
(C)	Trabalhos individuais	5,4	3,7	4,2

Fonte: MEC/Inep. Questionário socioeconômico Enade 2005.

Note-se que as características socioeconômico e culturais desses licenciandos são também encontradas nos professores em exercício (GATTI; BARRETTO, 2009), mostrando grande aproximação entre os que procuram e terminam os cursos de licenciatura e os docentes em exercício.

Como são formados esses licenciandos, futuros professores?

Os currículos das licenciaturas

O projeto "Formação de professores para o ensino fundamental: instituições formadoras e seus currículos" (GATTI *et al.*, 2008, v. 1 e 2; GATTI; NUNES, 2009) buscou analisar o que se propõe atualmente como disciplinas formadoras nas instituições de ensino superior nas Licenciaturas presenciais em Pedagogia, Língua Portuguesa, Matemática e Ciências Biológicas.

Isto foi feito através da análise dos projetos pedagógicos, do conjunto de disciplinas ofertadas e de suas ementas. Para esse estudo, foi selecionado um conjunto de cursos de cada licenciatura estudada, segundo critérios de localização por região (Norte, Nordeste, Centro-Oeste, Sudeste e Sul); categoria administrativa (pública – estadual, federal ou municipal – e privada: particular ou comunitária confessional) e organização acadêmica (universidade, centro universitário, faculdade, faculdades integradas ou institutos superiores de educação). As amostras obtidas levaram em consideração a distribuição do total de cursos no país, de acordo com as variáveis mencionadas, e apresentam uma distribuição proporcional a essa realidade. O conjunto amostral foi composto por cursos presenciais de licenciatura, 71 de Pedagogia, 32 de Língua Portuguesa, 31 de Matemática e 31 de Ciências Biológicas, distribuídos proporcionalmente em todo o país.

O que se verificou é que a formação de professores para a educação básica é feita de modo fragmentado entre as áreas disciplinares, níveis de ensino e nas disciplinas curriculares. Não contamos no Brasil, nas instituições de ensino superior, com uma faculdade ou instituto próprio para formação desses profissionais, como observado em outros países, onde há centros de formação de professores que englobam todas as especialidades, com estudos, pesquisas e extensão relativos à atividade didática e às reflexões e teorias a ela associadas.

Formação de Professores para os anos iniciais da Educação Básica

Na amostra das licenciaturas em Pedagogia da citada pesquisa, encontrou-se uma lista de 3.513 disciplinas (3.107 obrigatórias e 406 optativas), o que retrata bem a dispersão curricular dessa formação.

Em síntese, pela análise realizada foi possível constatar que:

a) o currículo proposto pelos cursos de formação de professores tem uma característica fragmentária, apresentando um conjunto disciplinar bastante disperso;

b) a análise das ementas revelou que, mesmo dentre as disciplinas de formação específica, predominam as abordagens de caráter mais descritivo e que se preocupam menos em relacionar adequadamente as teorias com as práticas;

c) as disciplinas referentes à formação profissional específica apresentam ementas que registram preocupação com as justificativas sobre o motivo por que ensinar, entretanto, só de forma muito incipiente registram o que e como ensinar, com seus respectivos fundamentos pedagógicos;

d) a proporção de horas dedicadas às disciplinas referentes à formação profissional específica fica em torno de 30%, restando 70% para outro tipo de matérias oferecidas nas instituições formadoras; cabe a ressalva já feita na análise das ementas, segundo a qual, nas disciplinas de formação profissional, predominam os referenciais teóricos, seja de natureza sociológica, psicológica ou outros, com associação em poucos casos às práticas educacionais;

e) os conteúdos das disciplinas a serem ensinadas na educação básica, em seus aspectos didáticos (Alfabetização, Língua Portuguesa, Matemática, História, Geografia, Ciências, Educação Física) comparecem apenas esporadicamente nos cursos de formação e, na maioria dos cursos analisados, eles são abordados de forma genérica ou superficial, sugerindo frágil associação com as práticas docentes;

f) pouquíssimos cursos propõem disciplinas que permitam algum aprofundamento em relação à educação infantil.

Nas ementas observou-se um evidente desequilíbrio na relação teoria-prática, em favor dos tratamentos mais teóricos, de fundamentos, política e contextualização, e que, a escola, enquanto instituição social e de ensino, é elemento quase ausente nas ementas, o que leva a pensar numa formação de caráter mais abstrato e pouco integrado ao contexto concreto onde o profissional-professor vai atuar.

Pelo estudo citado (Gatti; Nunes, 2009), pode-se inferir que a parte curricular que propicia o desenvolvimento de habilidades profissionais específicas para a atuação nas escolas e nas salas de aula fica bem reduzida. Isso também traz entraves para o exercício da coordenação pedagógica e gestão escolar. Assim, a relação teoria-prática como proposta nos documentos legais e nas discussões da área mostra-se comprometida desde essa base formativa.

Quanto aos estágios supervisionados, lembramos que o número de horas de estágio obrigatório nos cursos de Pedagogia visa proporcionar aos alunos um contato mais aprofundado com as redes de ensino básico. Embora, em princípio, eles constituam espaços privilegiados para a aprendizagem das práticas docentes, não se obtiveram evidências, neste estudo, sobre como eles vêm sendo de fato realizados. Os dados referentes aos estágios padecem de uma série de imprecisões. Essas imprecisões praticamente inviabilizam uma análise do que acontece realmente nesses espaços de formação a partir apenas dos currículos. Não obstante, as observações largamente difundidas sobre o funcionamento dos cursos de Pedagogia nos autorizam a sugerir que a maior parte dos estágios envolve atividades de observação, não se constituindo em práticas efetivas dos estudantes de Pedagogia nas escolas. Sobre a validade ou validação desses estágios, também não se encontrou nenhuma referência.

Pode-se perguntar se a formação panorâmica e fragmentada, encontrada nos currículos, é suficiente para o futuro professor vir a planejar, ministrar, avaliar ou orientar atividades de ensino para os anos iniciais do ensino fundamental e para a educação infantil. A constatação é de que há uma insuficiência formativa evidente para o desenvolvimento desse trabalho.

Licenciaturas em Língua Portuguesa, Matemática e Ciências Biológicas

O estudo do qual estamos tratando e referido acima, também contemplou análises relativas aos currículos e ementas curriculares de cursos de formação inicial de professores em três licenciaturas – em Letras, Matemática e Ciências Biológicas –, que são as disciplinas com maior carga horária na educação básica (Gatti et al., 2008 v. 2; Gatti; Nunes, 2009). Para o estudo da composição das grades curriculares desses três tipos de licenciaturas também foram elaboradas categorias de análise agrupando as disciplinas em função de sua natureza e objetivos. A amostra dos cursos foi estratificada segundo a região do país, dependência administrativa e tipo de instituição, contemplando 32 cursos de licenciatura em Língua Portuguesa, 31 em Matemática e 31 em Ciências Biológicas.

Pela análise das grades curriculares e ementas é possível apresentar sinteticamente alguns aspectos que se destacaram:

- Há grande dissonância entre os projetos pedagógicos obtidos e a estrutura do conjunto de disciplinas e suas ementas, nas três licenciaturas, parecendo que aqueles são documentos que não repercutem na realização dos cursos;
- As licenciaturas podem ser descritas como duas formações que não se comunicam: a formação na área de conhecimento e a formação em educação;
- Os cursos de licenciatura em Letras apresentam 51,4% de sua carga horária em disciplinas relativas aos conhecimentos disciplinares da área, com predominância de Linguística, e apenas 11% das horas-disciplinas são dedicadas à formação para a docência;
- Nas licenciaturas em Ciências Biológicas a carga horária dedicada à formação específica na área é de 65,3%, e para formação para docência registra-se percentual em torno de apenas 10%;
- Os cursos de licenciatura em Matemática se diferenciam por apresentarem um maior equilíbrio entre as disciplinas relativas aos "Conhecimentos específicos da área" e aos "Conhecimentos específicos para a docência", embora as instituições públicas mantenham em sua maioria carga horária bem maior para as disciplinas relativas a conhecimentos específicos, espelhando mais a ideia de um bacharelado do que licenciatura;
- Raras instituições especificam em que consistem os estágios e sob que forma de orientação são realizados, se há convênio com escolas das redes, entre outros aspectos;
- A questão das Práticas, exigidas pelas diretrizes curriculares desses cursos, mostra-se problemática, pois, às vezes, se coloca que estão embutidas em diversas disciplinas, sem especificação clara, às vezes aparecem em separado mas com ementas muito vagas;
- Na maior parte dos ementários analisados não foi observada uma articulação entre as disciplinas de formação específicas (conteúdos da área disciplinar) e a formação pedagógica (conteúdos para a docência);
- Um grupo considerável de matrizes curriculares apresenta disciplinas pouco específicas quanto a seus nomes e ementas bastante vagas, encontrando-se também redundâncias de conteúdos em disciplinas distintas;
- Saberes relacionados a tecnologias no ensino estão praticamente ausentes;

- Aparecem nos currículos muitas horas dedicadas a atividades complementares, ou seminários, ou atividades culturais, etc, que ficam sem nenhuma especificação quanto a que se referem (se são atividades acompanhadas por docentes, seus objetivos, etc.);
- As disciplinas da categoria "conhecimentos relativos aos sistemas educacionais" registram percentuais inexpressivos de presença em todas as licenciaturas analisadas. Quando se desagrega essa categoria, nota-se que a maior parte das matérias aloca-se em "Estrutura e funcionamento do ensino", ficando aspectos ligados a "Currículo", "Gestão Escolar" e "Ofício docente" com percentuais irrisórios;
- Uma parte dessas licenciaturas promovem especialização precoce em aspectos que poderiam ser abordados em especializações ou pós-graduação, ou que, claramente, visam à formação de outro profissional que não o professor.

Verificou-se a inexistência de um núcleo compartilhado de disciplinas da área de formação para a docência, e é heterogênea a gama de conteúdos com que se trabalha nas disciplinas que mais frequentemente aparecem (Didática, Metodologia e Práticas de Ensino). Ainda assim, constatou-se que é reduzido o número de disciplinas teóricas da área de Educação (Didática, Psicologia da Educação ou do Desenvolvimento, Filosofia da Educação, etc.) e que, mesmo as disciplinas aplicadas, têm espaço pequeno nas matrizes, sendo que estas, na verdade, são mais teóricas que práticas, onde deveria haver equilíbrio entre esses dois eixos. Com essas características apontadas, com vasto rol de disciplinas e com a ausência de um eixo formativo para a docência claro, presume-se a pulverização na formação dos licenciados, o que indica frágil preparação para o exercício do magistério na educação básica.

Quem quer ser professor?

Poucos jovens brasileiros querem vir a ser professores. Pesquisa de Gatti *et al.* (2010), estudando alunos concluintes do ensino médio em vários Estados brasileiros, mostra como os jovens de um lado reconhecem valor no trabalho dos professores, enfatizando a importância do ensinar, porém, de outro, qualificam esse trabalho como desgastante, não reconhecido, mal remunerado, trabalho que exige paciência e dedicação e cujo retorno não compensa, tanto pelas dificuldades da lida com crianças e adolescentes, hoje, como pela ausência de perspectiva de carreira. Amigos, familiares e sociedade não têm essa profissão em alta conta. As frases a seguir, de estudantes que participaram dos grupos de discussão, sintetizam a tônica das falas dos jovens, são expressões recorrentes:

> [...] porque a gente vê o sacrifício que o professor faz pra poder ensinar, porque, pra ensinar, por exemplo, uma sala que nem a minha, não pode ser

novato, primeiro dia, não pode, tem que ter energia, tem que saber, ter três ou quatro anos [de experiência] com a cabeça bem boa, com psicologia, pra poder enfrentar a sala, senão não aguenta mesmo (Jeane, escola pública, Taubaté).

E também esse ano o que nos prejudicou bastante foi que, assim, pra dar aula pra gente caíram muitos professores novos que acabaram de se formar. Então, esses professores que dão aula pra gente estão aprendendo coisa que eles têm que passar pra gente, então, às vezes, a gente tem uma dúvida muito difícil que eles mesmos não sabem explicar [...] professores que acabaram de se formar tinham que ficar um tempo, assim, fazendo estágio junto com outro professor. Porque acabou de se formar e vai dar aula, eles não conseguem, realmente... (Cleide, escola pública, São Paulo).

Ser professor, muitas vezes, assim, a pessoa olha assim: "Você vai ser professor? Ah! Que pena! Tipo, meus pêsames!". Porque o cara vai ser desvalorizado, não vai ter muita remuneração (Thaís, escola particular, Manaus).

Quando eu falei que ia ser professor, minha mãe disse: "Vixi, como você abaixou o nível!" (João, escola particular, Manaus).

Mainha (risos), mainha falou comigo que o mal d'eu fazer História ou qualquer coisa, assim, que eu realmente goste [...] Ela quer que eu ganhe logo dinheiro, ela quer que eu ganhe dinheiro rápido. (risos) Por causa disso, eu vou cursar primeiro Direito, que é também uma área que eu gosto, para depois fazer todas as coisas que eu gosto (Beth, escola pública, Feira de Santana).

Hoje em dia, quase ninguém quer ser professor. Nossos pais não querem que nós sejamos professores, mas eles querem que existam bons professores. Mas como é que vai existir bons professores se meu pai não quer, o dela não quer, não quer...? Como é que vai ter professores? Aí fica difícil, não é? (Cláudia, escola pública, Feira de Santana).

Concluindo

Para Tardif e Lessard (2005) o magistério não pode ser colocado como uma ocupação secundária. Ele constitui um setor nevrálgico nas sociedades contemporâneas, uma das chaves para entender as suas transformações. Nessa perspectiva torna-se mais do que relevante considerar os dados de pesquisa aqui trazidos. A interação dos diferentes fatores aqui levantados com a estrutura curricular e com as condições institucionais dos cursos de formação de docentes para a educação básica nos sinaliza um cenário preocupante sobre a resultante dessa formação. Isso nos reporta, por exemplo, ao baixo índice de aprovação de licenciados em concursos públicos para professor.

No que concerne à formação de professores, uma verdadeira revolução nas estruturas institucionais formativas e nos currículos da formação é necessária. As emendas já são muitas. A fragmentação formativa é clara. É preciso integrar essa formação em instituídos articulados e voltados a esse objetivo precípuo. A formação de professores não pode ser pensada a partir das ciências e seus diversos campos disciplinares, como adendo dessas áreas, mas sim, a partir da função social própria à escolarização – ensinar às novas gerações o conhecimento acumulado e consolidar valores e práticas coerentes com nossa vida civil. A forte tradição disciplinar que marca a identidade docente entre nós e leva os futuros professores em sua formação a se afinarem mais com as demandas provenientes da sua área específica de conhecimento do que com as demandas gerais da escola básica leva não só as entidades profissionais mas também até as científicas a oporem resistências às soluções de caráter interdisciplinar para o currículo, o que já foi experimentado com sucesso em vários países. A formação de profissionais professores para a educação básica tem que partir de seu campo de prática e agregar a este os conhecimentos necessários selecionados como valorosos em seus fundamentos e com as mediações didáticas necessárias, sobretudo por se tratar de formação para o trabalho educacional com crianças e adolescentes.

Decisão política? Torno a dizer: é necessário "virar a mesa", mudar instituídos e currículos da formação inicial, investir na carreira e em salários dos professores, com a União complementando fortemente Estados e municípios mediante convênios de responsabilidades mútuas e monitoramento forte dos acordos firmados.

Referências

ALVES, N. (Org.). *Formação de professores: pensar e fazer*. São Paulo: Cortez, 1992.

BRAGA, M. A licenciatura no Brasil: um breve histórico sobre o período 1973-1987. *Ciência e Cultura – SBPC*, Campinas, v. 40, n. 2. 1988.

CANDAU, V. (Org.). *Novos rumos da licenciatura*. Brasília, DF: Inep/PUC-RJ, 1987.

GATTI, B. A. *et al*. A atratividade da carreira docente no Brasil. *Estudos e Pesquisas Educacionais*, Fundação Victor Civita, n. 1, p.139-210, 2010.

GATTI, B. A. *et al*. *Formação de professores para o ensino fundamental: instituições formadoras e seus currículos; relatório de pesquisa*. São Paulo: Fundação Carlos Chagas/ Fundação Vitor Civita, v. 2, 2008.

GATTI, B. A.; BARRETTO, E. S. *Professores do Brasil: impasses e desafios*. Brasília, DF: UNESCO, 2009.

GATTI, B. A.; NUNES, M. (Org.). *Formação de professores para o ensino fundamental: estudo de currículos das licenciaturas em Pedagogia, Língua Portuguesa, Matemática e Ciências Biológicas*. São Paulo: TEXTOS FCC, v. 29, 2009.

MARQUES, M. O. A reconstrução dos cursos de formação do profissional da educação. *Em Aberto*, n. 54, 1992.

RAMALHO, B.; L.NUÑEZ, I. B.; GAUTHIER, C. *Formar o professor, profissionalizar o ensino*. Porto Alegre: Ed. Sulina, 2003.

TARDIF, M.; LESSARD, C. *O trabalho docente: elementos para uma teoria da docência como profissão de interações humanas*. Petrópolis: Vozes, 2005.

Parte 3 | **Sobre avaliação** ■
educacional

O professor e a avaliação em sala de aula

Neste texto vamos tratar da avaliação educacional nas salas de aula. Estaremos, pois, enfocando o acompanhamento que o professor faz dos estudantes em sua sala de aula ao longo do desenvolvimento de seu trabalho, com vistas à progressão dos alunos. A avaliação a ser desenvolvida pelos professores em classe tem merecido alguns estudos, mas, em geral, pouca ou nenhuma orientação se dá nos cursos de formação de professores sobre esse aspecto tão importante do desenvolvimento das atividades escolares. Essa avaliação tem por finalidade acompanhar os processos de aprendizagem escolar, compreender como eles estão se concretizando, oferecer informações relevantes para o próprio desenvolvimento do ensino na sala de aula em seu dia a dia, para o planejamento e o replanejamento contínuo da atividade de professores e alunos e para a aferição de graus.

Uma das características mais importantes dessa avaliação é que o avaliador é, ao mesmo tempo, o responsável direto pelo processo que vai avaliar. É o próprio professor que trabalha com os alunos quem os avalia, e não uma pessoa qualquer ou um técnico especializado. Isso implica que pensemos a avaliação em sala de aula como uma atividade contínua e integrada às atividades de ensino, algo que é decorrente dessas atividades, inerente a elas e a seu serviço.

Para ter sentido, a avaliação em sala de aula deve ser bem fundamentada quanto a uma filosofia de ensino que o professor espose. A partir dessa premissa, o professor pode acumular dados sobre alguns tipos de atividades, provas, questões ou itens ao longo do seu trabalho, criando um acervo de referência para suas atividades de avaliação dentro de seu processo de ensino. É de todo importante que o professor possa criar, e verificar no uso, atividades diversas que ensejem avaliação de processos de aquisição de conhecimentos e desenvolvimento de atitudes, de formas de estudo e trabalho, individual ou coletivamente, para utilizar no decorrer de suas aulas. Todo esse trabalho de acumulação e tratamento progressivo de dados sobre meios avaliativos para sala de aula exige dele um certo tempo de dedicação, que pode ser maximizado e socializado se a escola dispuser de um horário compartilhado de trabalho entre os docentes, no qual essa questão seja trabalhada.

Acumulando, analisando e refletindo sobre os meios avaliativos que venham a criar, os professores, bem como toda a equipe escolar, podem apurar e melhorar suas formas de avaliação e, portanto, tornarem-se mais justos na apreciação das diversas aprendizagens de seus alunos.

O professor, o aluno e a avaliação

Na literatura sobre a questão encontramos aspectos sugestivos que ajudam na reflexão sobre a condução de processos avaliativos em sala de aula. Nesses trabalhos verificam-se alguns elementos constantes, assim, por exemplo, em depoimentos de alunos encontra-se com frequência que eles nem sempre percebem como o professor concebe a avaliação e qual seu papel na aula, para além de "dar uma nota". A maioria dos estudos (ver referências bibliográficas) mostra também que alto percentual dos alunos não consegue explicitar os critérios das "notas" que seus professores atribuem. Colocam, também, que questões com palavras vagas ou questões excessivamente detalhadas ou complexas levam à confusão e, como resultado, eles, alunos, não podem mostrar o que sabem sobre a matéria, mas sim o quanto eles são bons em tentar compreender – adivinhar – o que o professor quer. Isso vale tanto para questões abertas quanto para itens fechados, nos quais têm que entender o que é pedido pelo professor na formulação do item e também o que cada alternativa quer dizer. É frequente, nesses estudos, a observação de que o professor sempre pode "pegar" os alunos, mesmo com testes, bastando que faça questões capciosas ou ambíguas ou com alternativas confusas.

Dados obtidos com professores mostram que não há uma maneira universal, única ou melhor para avaliar os alunos em classe. As provas são vistas pelos docentes como um instrumento que "mede" a aprendizagem e são praticamente o único tipo de instrumento de que se valem para a avaliação. Analisando dados de pesquisas com professores nota-se que varia o grau em que estes usam as provas como meio de ensino e também de aprendizagem, como forma de obter informações relevantes sobre o processo de desenvolvimento escolar dos alunos e sobre seu próprio processo de ensino. Na verdade, poucos têm em mente essas questões, ficando a avaliação restrita apenas a um processo de verificação que se baseia em concepções nem sempre claras sobre o que julga que os alunos devam ter retido, sintetizado ou inferido dos conteúdos tratados. Encontra-se um certo percentual de professores que pensam que as provas em si são instrumento de aprendizagem. Selecionamos na literatura alguns depoimentos interessantes, embora estes não representem a tônica mais comum nas concepções sobre os processos de avaliação em sala de aula: "Penso que os estudantes podem aprender enquanto estão fazendo uma prova, desde que se deem a eles questões sobre as quais tenham que pensar. Sinto também que a aprendizagem é maior quando feita durante as provas" (Professor de Estudos Sociais). "Uso minhas provas como um meio de ensino. Tento elaborar questões que levem as crianças a aprender alguma coisa" (Professor de História). "As provas, em geral, são usadas apenas para classificar os alunos. As crianças, é claro, pensam isso também. Quando você faz uma prova, a única razão pela qual você a faz é para obter algum grau; não como um processo de aprendizagem. Mas ela pode ser usada como um processo de aprendizagem, e eu tento fazer isto" (Professor de Inglês). Nesses depoimentos verifica-se entre esses docentes uma nova cultura quanto ao papel dos processos avaliativos em sala de aula, o que sinaliza que estão se processando mudanças nas concepções dominantes sobre esse processo na escola. Essas posturas também se associam a uma nova maneira de conceber as finalidades e o papel da educação escolar.

Observa-se também que a atribuição de notas ou gradações a um grupo de alunos é algo bastante pessoal entre os professores. Mesmo quando recebe instruções estritas quanto a como fazê-lo, introduzem em algum ponto variações que lhes permitem dar seu cunho pessoal à avaliação. Há sempre um certo grau de subjetividade que atua no processo, e isso nem sempre é objeto de reflexão por parte do professor. Há uma consideração individualizada por mais que se tente, ou queira, ser objetivo (por exemplo, para com os alunos que ficam nas proximidades dos limites de aprovação quando procedem a ajustamentos e aproximações). Extraímos, como ilustração, alguns depoimentos de vários trabalhos: "Tiro a média de trabalhos de casa, problemas e provas. Verifico se esta média representa realmente o que o estudante parece saber. Eu ajusto, se julgar necessário" (Professor de Matemática). "Vejo qual o número máximo possível de pontos a serem obtidos, depois determino a posição do estudante numa base de qual a porcentagem de pontos que obteve. Considero notas de provas, chamadas orais, trabalhos escritos, participação em classe, conduta e quanto um aluno melhorou" (Professor de Ciências). "Atribuo notas na base de uma porcentagem de pontos possíveis. Atribuo pontos a provas, problemas e trabalhos de casa. Os alunos que ficam no limite de aprovação são considerados individualmente quanto à sua participação em classe e atitude" (Professor de Matemática). "Transfiro os pontos em números para letras. Somo os pontos e divido pelo número de graus e então determino o grau médio que atribuirei. Aqui minha avaliação subjetiva interfere" (Professor de Português).

Fica evidente que uma grande variedade de formas de avaliação é usada, em que pese a aparente uniformidade nas atribuições de notas. Evidencia-se nas pesquisas, pelas falas dos docentes, que, para cada um deles, seus próprios procedimentos são considerados, em geral, os melhores e mais justos para determinar as notas dos alunos. Mas as aproximações a que procedem, as considerações que usam para alterar padrões fixos, etc. precisariam merecer uma análise constante por parte dos professores. Não se trata de eliminar esse grau de julgamento, mas torná-lo mais explícito e analisável constantemente.

A diversidade de opiniões sobre as avaliações que se processam em sala de aula, tanto entre os professores como entre os alunos, e ainda entre alunos e professores, fica patente. O único ponto comum é a visão de que a avaliação dos alunos é uma parte esperada e essencial do processo de educação. O modo como essa avaliação deve ser realizada é uma questão aberta para debate. Debate que pode ser realizado em sala de aula entre professores e alunos na busca de maior transparência desse processo e de melhor utilização dos vários meios possíveis de serem utilizados ou criados para alimentar relevantemente os processos de ensino do professor e os de aprendizagem dos alunos.

Em alguns dos estudos analisados observa-se que a participação pessoal do professor, com seus juízos de valor, ao avaliar o aluno, é intrínseco a esse processo, mesmo quando é treinado no uso de procedimentos mais sistematizados. Isso traz ao primeiro plano de considerações a responsabilidade de cada professor como avaliador perante seus próprios alunos e a necessidade de que reflita sobre suas concepções quanto ao papel da avaliação em seu trabalho com os alunos. Traz, também, à tona a necessidade de que cada professor procure aprimorar seus meios de avaliação, tentando familiarizar-se com o uso de meios variados de tal modo que possa criar e ajustar procedimentos avaliativos que sejam os mais adequados aos seus objetivos de ensino, à linguagem dos conteúdos tratados e à linguagem de seus alunos e que possam contribuir não só para situar o grupo de alunos e cada aluno em face da sua aprendizagem mas também para estimular essa aprendizagem. Que a avaliação não seja apenas finalista, mas sim incluída no processo de ensino e aprendizagem como meio para o autodesenvolvimento, tanto dos alunos em suas aprendizagens, quanto dos professores, como profissionais, em face das suas formas de ensinar.

Assim, torna-se muito importante a atitude do professor diante do processo de avaliação. Como ele a concebe? Como a situa em seu trabalho de ensino? Como a realiza? Como a utiliza?

A responsabilidade dos professores

Vamos apontar alguns aspectos relativos a processos de avaliação em sala de aula que, quando levados em conta, cremos, podem aprimorar as formas de acompanhar e avaliar as aprendizagens dos alunos de modo mais construtivo, bem como melhorar as situações em que se fazem as provas, de tal forma que estas possam ser realizadas em condições que favoreçam ao aluno exprimir o que realmente sabe.

Inicialmente devemos lembrar que, embora comentando aspectos relativos às provas que se utilizam em sala de aula, quer do ponto de vista de sua elaboração, quer das condições de sua aplicação, elas não devem ser os únicos instrumentos de avaliação que os professores venham a utilizar. É que, em geral, são os instrumentos que têm maior peso na avaliação e os mais comumente usados.

A importância atribuída pelos professores às provas na determinação da avaliação dos alunos é muito conhecida por estes. Em geral, uma grande ansiedade é desenvolvida na preparação para uma prova, na sua realização e na discussão dos resultados em sala de aula. Tudo isso interfere na realização do aluno e na sua aprendizagem. Muitos professores orgulham-se da dificuldade de suas provas e não sentem que deram uma boa prova se muitos alunos tiraram nota alta. No outro extremo, temos os professores que tornam suas provas tão simples que não chegam a suscitar no aluno nenhum comportamento de empenho pessoal para realizá-las. No primeiro caso, desenvolve-se nos alunos um grau de ansiedade, de frustração ou de sentimento de injustiça que interfere negativamente em seu processo de aprendizagem. No segundo, criam-se condições de indolência e nenhum empenho para aprender, muitas vezes associadas a sentimentos relativos ao desinteresse do professor pelos alunos e pelo seu trabalho.

Sentimentos negativos em relação às provas vão sendo desenvolvidos ao longo dos anos de escolarização e, indubitavelmente, se se quiser mudá-los, leva-se algum tempo. Porém algumas medidas podem ser tomadas para o desenvolvimento de atitudes mais positivas em relação às provas. Podemos destacar alguns aspectos relativos a essa questão para reflexão e discussão.

Primeiro, cuidar do que parece óbvio mas nem sempre é cuidado: preparar bem as provas e os alunos para as realizar. Para que estas se tornem situações de aprendizagem, o professor deve despender algum tempo na identificação de quais aspectos de ensino de sua disciplina foram realmente trabalhados em classe no período a ser avaliado, quais dentre estes serão incluídos na prova e por quê. Depois de determinar o que será avaliado, é importante discutir com os alunos as questões trabalhadas em sala de aula, sinteticamente, conversando sobre compreensões e incompreensões, procurando explicitar, recordando os conteúdos já trabalhados de modo simples, claro e direto. Os alunos, tomando essa síntese e revisão como orientação para seus estudos, poderão então se engajar em uma experiência de aprendizagem desafiadora e com significado. Se o professor vai utilizar um tipo de prova com que os alunos não estão familiarizados, deve trabalhar com eles em exemplos dos tipos de questões que vai usar (evidentemente com outro conteúdo). Com isso, a prova do aluno dará ao professor uma ideia de quanto ele sabe sobre o conteúdo da questão, e não de quanto ele sabe lidar com um certo tipo de questão ou não. Isso porque, muitas vezes, o aluno não apresenta um bom desempenho na prova, não porque não domine nada do conteúdo da matéria, mas porque não entendeu como lidar com o tipo de questão proposta pelo professor.

Segundo, dar provas com certa frequência. Um número maior de provas permite uma diminuição da pressão sobre os alunos quanto ao seu desempenho, dado que este é avaliado em um maior número de situações; também oferecem informações mais numerosas e próximas, no tempo, sobre o desenvolvimento do aluno nas matérias, facilitando seu acompanhamento e sua programação pessoal de estudos, bem como de todo o grupo-classe. Observa-se uma melhoria no clima de aprendizagem da classe quando os alunos percebem que as provas mais frequentes são dadas para acompanhar seu progresso na aprendizagem em relação aos trabalhos desenvolvidos em sala de aula e para estimulá-los em suas aprendizagens. O professor pode mostrar aos alunos como as provas podem ser usadas não só para identificar o que foi aprendido e de que modo ocorreu a aprendizagem como também para detectar aquelas áreas em que algum ensino adicional será necessário para melhor compreensão da matéria. Com essa atmosfera, os alunos, usualmente, sentem menos pressão e maior motivação para aprender.

Terceiro, usar a prova corrigida como meio de ensino. É produtivo oferecer aos alunos, o mais cedo possível, os resultados de suas provas, com comentários, dando oportunidade para uma discussão detalhada sobre *por que a questão correta está correta*, quais os principais problemas de compreensão sobre a matéria foram encontrados entre os alunos, qual o raciocínio necessário a cada questão. Com isso, suprimem-se dúvidas e lacunas de aprendizagens anteriores e prepara-se o terreno para as que virão. Sem isso, o professor estará "ensinando no escuro", sem saber em que alicerce está levantando a parede. Discussões coletivas sobre as questões da prova, sem personalizar resultados, também são um meio de alavancar aprendizagens em relação a pontos valiosos para o acervo de conhecimento dos alunos.

O professor pode, ainda, ajudar os alunos a superarem sua tensão emocional durante as provas, sugerindo alguns meios, como: tomar conhecimento da prova toda para ter uma ideia geral de seu conteúdo, da extensão e tipo de questões, a fim de programar seu tempo e as respostas que dará em primeiro lugar, etc.; responder às questões que sabe bem e deixar as mais problemáticas para tratar com mais vagar depois; não se preocupar com a resposta perfeita, ideal, mas com o que pode fazer e mostrar, etc.

Outro ponto que parece importante considerar é o professor procurar compreender por que os alunos colam ou tentam colar em uma prova. Alguns tratam o problema da cola dramaticamente (tirando a prova, dando zero, etc.), outros, virtualmente, a ignoram. Mas, na verdade, a maioria dos professores se sente perturbada quando suspeita da cola, e a penalidade para quem é surpreendido colando é, em geral, severa. A cola não é nova. A maioria dos alunos quer obter os graus necessários para aprovação ou são pressionados a obtê-los pela família ou outros grupos de influência. Outros se sentem inadequados ou inadaptados aos padrões de funcionamento acadêmico da escola. Como resultado, recorrem à cola. Qualquer que seja o caso, o professor deve procurar compreender por que determinados alunos recorrem a essa prática e tentar desenvolver para cada caso algum esforço para minimizar o problema, lidando com os casos específicos a fim de que esse comportamento desapareça. Não há regras para isso. O professor deve encontrar os caminhos, sendo sempre interessante uma conversa para desvelar os motivos do aluno. Por outro lado, pode tentar, em classe, diminuir as oportunidades de cola, organizando várias formas equivalentes de provas, por exemplo, ou organizando questões que merecem consultas e respostas mais individualizadas, fazendo algumas avaliações por meio de atividades em grupo, etc.

Mas parece que a melhor maneira de diminuir as pressões que levam à cola é a preparação adequada do aluno para enfrentar a situação de prova, além das atitudes do próprio professor em relação ao papel desse instrumento dentro de sua filosofia de ensino, como já destacamos. Ainda, o professor pode dar aos alunos informações sobre outras oportunidades de trabalhos, atividades diversificadas ou provas extras, caso não tenham bom desempenho nas provas regulares. Por outro lado, se o professor se preocupa em mostrar para os alunos (e se ele assim acredita e faz) que ambos estão empenhados no mesmo processo e que o *problema de aprendizagem de um é o problema de ensino do outro* e que os graus são meios de ambos "regularem seus motores", muito da pressão que as provas provocam será diminuída.

É preciso, ainda, considerar que a preparação de uma prova, seja de que tipo for, deve ser feita tendo em conta alguns cuidados básicos para que se possa garantir que ela vai ser um instrumento que reflita o melhor possível o que o aluno sabe. Em geral os professores propõem muitas questões sobre as avaliações que devem fazer: como organizar uma prova que dê um bom referente sobre a realização de cada aluno? Qual a confiança que se pode ter nos resultados de uma avaliação? Que elementos podem interferir nas notas dos alunos?

Apesar dos diferentes tipos de questão que um professor pode usar na elaboração de uma prova há algumas características importantes que qualquer prova deve ter. Por exemplo, deve estar referida ao que realmente foi trabalhado em sala de aula e deve cobrir o material que o professor trabalhou com os alunos e as formas pelas quais trabalhou. Ou seja, a prova deve cobrir a maior parte possível do conteúdo do ensino desenvolvido e ser equilibrada com relação à ênfase que o professor atribuiu às várias partes do conteúdo e às formas pelas quais abordou esse conteúdo com os alunos. Então, uma vez que diferentes tipos de aprendizagens estão envolvidos no ensino, diferentes tarefas de prova são necessárias para verificar o que e como os alunos apreenderam os significados dos conteúdos abordados. A prova precisa ser construída de tal forma que as várias possibilidades de aprendizagens possam ser acionadas revelando as diferentes maneiras pelas quais conteúdos podem ser aprendidos.

Alguns fatores podem ser apontados como interferentes da qualidade de uma prova e, portanto, merecedores de atenção por parte do professor:

- *a qualidade das questões ou itens* – estes devem ser formulados de tal modo que os alunos entendam exatamente o que é pedido, ou seja, não devem se prestar a interpretações dúbias (cuidados com a linguagem utilizada);

- *a extensão da prova deve ser cuidada* – em geral, quanto maior o número de questões, maior as possibilidades para os alunos expressarem seus conhecimentos, dado que, com um maior número de questões, pode ser realmente abrangida a maior parte dos conteúdos e objetivos visados com esses conteúdos e os variados tipos de aprendizagem possíveis. Porém, a extensão deve ser calibrada pela avaliação do cansaço que a prova pode provocar e do tempo disponível para sua realização;

- *o nível de dificuldade da prova* – se esta é muito fácil, todos os alunos responderão a tudo ou a grande parte; se ela é muito difícil, as notas tenderão todas a ser muito baixas. Dizemos, em um caso e noutro, que a prova não discriminou os conhecimentos diferenciados dos alunos; a prova deve ser equilibrada em seu grau de dificuldade;

- *a forma de atribuir os pontos às questões* – é preciso que a atribuição de pontos seja consistente, equivalente de aluno para aluno. Um padrão de correção deve ser estabelecido cuidadosamente antes da aplicação de qualquer prova e discutido posteriormente com os alunos;

- *o ambiente onde a prova é realizada* – a classe deve estar livre o mais possível de barulhos, ruídos incômodos ou movimentos que possam perturbar os alunos a ponto de atrapalhar sua concentração ou dedicação à tarefa;

- *o estado emocional dos alunos* – a ansiedade, a angústia ou a excitação que muitos alunos experimentam em situação de prova tendem a perturbar sua realização; os professores devem organizar suas provas de tal forma que consigam diminuir essas influências emocionais ao mínimo, como já apontamos em outra parte deste texto.

Outros fatores podem, ainda, influenciar a realização de uma prova, e o professor deve estar atento ainda aos seguintes pontos:

- dar *instruções* bem claras quanto à prova, quanto ao tipo de questões envolvidas, como organizar ou dar respostas, enfim, tudo o que diz respeito à forma da prova deve estar bem claro para os alunos;
- caso as questões forem *impressas*, devem estar situadas na página de modo que sejam facilmente lidas; cada questão deve estar inteiramente contida em uma página;
- todas as *correções* nas questões impressas devem ser feitas antes de se dar ao aluno o papel de prova;
- a *prova* deve conter em primeiro lugar as questões mais simples de serem respondidas, o que deve encorajar o aluno a prosseguir e diminuir sua tensão.

Concluindo, uma prova de classe será tanto melhor quanto for o mais possível válida e coerente dentro das condições do quotidiano da escola. Uma prova válida cobre não só o conteúdo de uma sequência de aprendizagens como também os variados tipos de aprendizagens que estão implícitas nas atividades de ensino tal como desenvolvidas em sala. Uma prova coerente dá resultados nos quais o professor pode confiar.

Avaliação em processo

Angelo e Cross (1993) consideram que o professor precisa ter uma série de meios de avaliação não muito longos e que possam ser usados de modo mais continuado no correr das aulas, criados e aplicados pelos próprios professores e cuja finalidade seria fornecer ao professor uma informação frequente e contínua sobre o progresso acadêmico de seus alunos. O fluxo contínuo de informações precisas, que avaliações rápidas em classe fornecem sobre o aprendizado dos alunos, permite aos professores avaliarem sua própria forma de ensino e redirecionarem seus objetivos e formas de apresentar os conteúdos, adequando-os para que os alunos compreendam e assimilem as informações relevantes no nível necessário. Afinal, este é o papel essencial do professor, uma vez que, em se tratando da função de ser apenas um apresentador de informações, um bom livro pode cumprir talvez melhor esse papel. Essas avaliações continuadas têm portanto o objetivo de ajudar a direcionar e redirecionar o trabalho do professor em seu dia a dia, podendo, pela atuação deste, contribuir também para que os alunos compreendam e superem suas dificuldades ou ampliem seus conhecimentos.

Os autores referidos caracterizam esse tipo de avaliação em aula como sendo: 1) *centrada em quem aprende* – com o foco na observação dos alunos; 2) *mutuamente benéfica* – capaz de ajudar os alunos a aprenderem a se avaliar, bem como ajudar os professores a avaliar tanto a si mesmos como aos alunos; 3) *formativa* – orientada no sentido não de dar notas nem classificar alunos, mas no sentido de determinar o quanto eles aprenderam, quais dificuldades e facilidades têm; 4) *de contexto específico* – adaptável a variáveis da classe, tais como o estilo e a experiência do professor, às necessidades de aprendizagem dos alunos e às características de um particular conteúdo; 5) *em constante andamento* – planejada para criar um fluxo de informação constante, como um círculo, no qual os estudantes informam aos professores, que por sua vez informam aos alunos; e 6) *com raízes em boas práticas de ensino* – aquelas que se reforçam ou refazem com as avaliações procedidas.

Em seu texto, Angelo e Cross (1993) descrevem muitas maneiras diferentes de processar avaliações rápidas em classe, no correr das aulas, as quais os professores podem adaptar às suas necessidades individuais e, a partir delas, criar outras. Segundo os autores, foram elaboradas para servir a uma grande variedade de tamanhos de classe, contextos, disciplinas e objetivos, são breves, com a intenção de serem aplicadas no período de aula, integradamente às atividades de ensino, e têm o objetivo de avaliar o que os alunos *apreenderam* de partes específicas da aula ou avaliar o desenvolvimento de uma determinada habilidade que está sendo trabalhada com o grupo classe.

A técnica de avaliação em classe utilizada de maneira mais geral é o chamado "Trabalho de Minuto". Angelo e Cross (1993, p. 148) explicam:

> Para empregar o Trabalho de Minuto, o professor interrompe a aula uns dois ou três minutos mais cedo e pede aos alunos que respondam brevemente a alguma variação das duas perguntas seguintes: "Qual foi a coisa mais importante que você aprendeu nesta aula?" e "Qual foi a questão importante que ficou sem resposta?". Os estudantes escrevem suas respostas e as entregam.

A vantagem do Trabalho de Minuto, como a de muitos outros meios avaliativos que esses autores descrevem, é que, com um pequeno investimento de tempo, os professores conseguem perceber como os seus alunos estão compreendendo partes específicas das aulas e podem então alterar sua forma de ensinar de acordo com a informação coletada, se for o caso. Essa avaliação continuada, integrada às atividades de ensino em sala de aula, voltada para a verificação dos avanços/dificuldades dos estudantes, é a própria essência de um bom ensino e da melhoria das aprendizagens.

Evidentemente, os professores não devem usar mecanicamente as sugestões citadas por Angelo e Cross ou qualquer outro autor. As descrições dessas maneiras de avaliar servem de referência para novas criações, adaptações, modificações, etc. A chave da contribuição dessas pequenas verificações avaliativas está em serem personalizadas pelo professor e ajustadas ao grupo-classe.

Como a finalidade dessas técnicas de avaliação em classe é avaliar como um grupo de alunos está aprendendo, as questões de mensuração padronizada não têm grande importância. Os professores podem apreender o que querem saber sem se preocuparem com a comparação de suas verificações com as de outros grupos de estudantes, nem com outros semelhantes. Naturalmente, como acontece com outros procedimentos avaliativos, as chances de que os professores aperfeiçoem suas avaliações escolares aumentam grandemente quando elas são bem pensadas, bem planejadas e quando têm oportunidade de discutir os processos avaliativos empregados e seus resultados com colegas professores e outros profissionais da educação. Por outro lado, como essa forma de avaliação tem um foco bastante restrito, os professores não podem usá-la para generalizar, e, por meio delas, é difícil que se consiga avaliar o "quadro maior" ou o nível geral do aprendizado do aluno.

Ensino e avaliação: considerações gerais

Há questões de base que devem estar presentes quando se pensa, se planeja e se faz avaliação de alunos em seu processo de aprendizagem. Essas questões dizem respeito à construção e à vivência de uma filosofia que fundamente o trabalho educacional que sustente uma concepção de currículo; portanto, que haja a superação da concepção fragmentada de ensino que prevalece hoje em nossas escolas: em geral, não há uma filosofia de trabalho de formação que seja o eixo articulador de todas as atividades didáticas na escola e que dê sentido e defina o papel que cada atividade tem na trajetória a ser percorrida por professores e alunos nas salas de aula ou na escola. Havendo um eixo norteador consensuado e conhecido, partilhado, assumido e renovado, com compromisso, por todos os envolvidos na formação das crianças e jovens, as articulações das aprendizagens serão amplamente favorecidas e a avaliação tomará sentido a partir desse eixo. Ou seja, um bom ensino só se processa em um ambiente em que a integração curricular é vivenciada coletivamente e um processo de avaliação de alunos adquire seu pleno sentido no âmbito desta totalidade e na especificidade do papel que cada atividade ou disciplina tem no concerto do conjunto a que pertence.

Não há como separar avaliação de ensino, não há como pensar avaliação de alunos sem que se tenha claro o papel da educação na vida das pessoas. A estrutura e a dinâmica das escolas, com vistas à formação de pessoas, de cidadãos, deveriam mostrar-se como uma orquestra, a fim de apresentar no final do concerto, pelo menos até certo ponto, uma obra harmônica e com sentido. Cada instrumento com seu papel, cada disciplina com seus objetivos integrados e harmonizados no conjunto, em função de metas mais amplas a atingir. Em um contexto assim colocado, a avaliação dos alunos é atividade que adquire um sentido específico, orientada pelo papel da escola. Ao professor devem ficar claros os aspectos mais importantes a avaliar, não na direção apenas do tópico específico de que trata, mas de seu significado na formação da criança ou jovem, formação mais amplamente compreendida.

É preciso ter presente, também, que medir é diferente de avaliar. Ao medirmos algum fenômeno por intermédio de uma escala, de provas, de testes, de instrumentos calibrados ou por uma classificação ou categorização, apenas estamos levantando dados sobre a grandeza do fenômeno. Temos um número, a frequência em uma categoria, etc. Sabemos o sentido dessas grandezas se tivermos algum critério de comparação: grande, pequeno, muito, pouco, etc. Mas, a partir das medidas, para termos uma avaliação é preciso que se construa o significado dessas grandezas em relação ao que está sendo analisado quando considerado como um todo, em suas relações com outros fenômenos, suas características historicamente consideradas, o contexto de sua manifestação, dentro dos objetivos e metas definidos para o processo em avaliação, considerando os valores sociais envolvidos. Como dizem Amorim e Souza (1994, p. 125), a

> [...] avaliação não é algo que se dê de modo dissociado do objeto ao qual se dirige e não se concretiza independentemente dos valores dos sujeitos em interação. Assim, os princípios norteadores de uma proposta avaliativa e de seu próprio processo de construção representam uma explicitação do posicionamento de sujeitos frente a um determinado segmento da realidade, sujeitos esses que ocupam diferentes lugares sociais, o que leva ao afloramento de divergentes e conflitantes ênfases na avaliação (p. 125).

Em seu sentido mais amplo, então, uma avaliação é um julgamento de valor. No caso de nosso interesse, a avaliação em sala de aula é um julgamento para se saber até que ponto alunos atingem objetivos valiosos em aprendizagens diversificadas em relação a um certo conteúdo considerado necessário ao seu desenvolvimento pessoal; como o fazem e quais atitudes e valores revelam que sejam pertinentes ao seu domínio vivencial. Não basta, pois, apenas medir ou levantar dados, por testes, provas clássicas ou questionários; esses instrumentos dão base para se começar um processo avaliativo mas não são suficientes; é preciso inferir, comparar, analisar consequências, examinar o contexto, estabelecer valores, aquilatar atitudes, formas de comunicação, fazer a autocrítica de valores pessoais, etc., e, para tanto, é necessário que se tenha algum suporte referencial em concepções educacionais, fundamentado em reflexões e consensos, trabalhado antes, durante e depois do processo avaliativo. Um trabalho integrado de professores e alunos.

Ao avaliar seus alunos, os professores estão avaliando a si mesmos, embora a maioria não tenha consciência disso ou admita isso. Ensino e aprendizagem são indissociáveis, e a avaliação é intrínseca a esse processo. A avaliação daqueles a quem se propôs ensinar algo também traz informações sobre como se procurou ensinar esse "algo". Alguém atuou nesse "como": o professor. Então, o melhor indicador da realização de uma atividades de ensino é o nível em que nela, pela ação docente, se promove o crescimento geral dos alunos: cognitivo, afetivo, motor, atitudinal, comunicacional, valorativo, etc.

Avaliar o aluno tem um referente direto: o ensino tal como desenvolvido pelo seu professor na particular disciplina ou atividade, em uma dada escola. Pensar um processo de avaliação de alunos sem que este se integre no planejamento e desenvolvimento das atividades de ensino do professor no contexto da escola gera algumas avaliações que conhecemos sobejamente: muitas vezes tecnicamente benfeitas, mas vazias de sentido ou tecnicamente péssimas e ainda mais vazias de sentido.

O exercício da docência com propósitos claros e consensuais alimenta um processo de avaliação mais consistente e mais integrado na direção de uma perspectiva formativa, voltada para o desenvolvimento dos alunos, e não para cumprir uma formalidade burocrática – passa/não passa – nem para satisfazer o exercício de autoritarismos ou autoafirmações pessoais. Nessa perspectiva, a avaliação do aluno é continuada, variada, com instrumentos e elementos diversificados, criativos e utilizada no próprio processo de ensino, como parte deste, na direção de aprendizagens cognitivo-sociais valiosas para os participantes desse processo.

Referências

ALVES, I. M. *A avaliação da aprendizagem em duas escolas públicas de Salvador: tendências e perspectivas*. Dissertação – Mestrado em Educação. Salvador: Universidade Federal da Bahia, 1997.

AMORIM, A.; SOUZA, S. M. Avaliação institucional da universidade brasileira. *Estudos em Avaliação Educacional*, São Paulo, n. 10, FCC, 1994.

ANGELO, T. A.; CROSS, K. P. *Classroom assessment techniques: a handbook for college teachers*. 2. ed. San Francisco: Jossey Bass, 1993.

BATSCHAVER, A. M. *Do sujeito avaliador na prática da avaliação escolar: a identidade que fala e sente*. Dissertação – Mestrado em Educação – Supervisão e Currículo. São Paulo: Pontifícia Universidade Católica de São Paulo, 1993.

BERTAGNA, R. H. *Avaliação da aprendizagem escolar: a visão de alunos de quarta e quinta séries do primeiro grau*. Dissertação – Mestrado em Educação. Campinas: Universidade Estadual de Campinas, 1997.

BROWN, A. J. *Appraisal Procedures in the Secondary Schools*. Nova Jersey: Practice-Hall, 1970.

CAETANO, J. J. *A subjetividade no ensino de matemática: investigando as correções de provas escritas de matemática no ensino médio*. Dissertação – Mestrado em Educação. Curitiba: Universidade Federal do Paraná, 1998.

CAMARGO, A. L. *O discurso sobre a avaliação escolar do ponto de vista do aluno*. Tese – Doutorado em Educação. Campinas: Universidade Estadual de Campinas, 1996.

DALBEN, A. I. *Avaliação escolar: um processo de reflexão da prática docente e da formação do professor no trabalho*. Tese – Doutorado em Educação. Belo Horizonte: Universidade Federal de Minas Gerais, 1998.

DARSIE, M. M. Avaliação e aprendizagem. *Cadernos de Pesquisa*, São Paulo, n. 99, p. 47-59, nov. 1996.

DART, R. T. *Comportamentos indicativos e fatores responsáveis pela ansiedade do aluno em situações de avaliação*. Dissertação – Mestrado em Educação. Rio de Janeiro: Universidade Federal do Rio de Janeiro, 1984.

FILHO, LOURENÇO, M. B. *et al. Três ensaios sobre avaliação educacional*. Rio de Janeiro: CETPP-FGV, 1968.

GAMA, Z. Z. *A avaliação na escola de segundo grau: primeira série do segundo Grau*. Dissertação – Mestrado em Educação. Rio de Janeiro: Pontifícia Universidade Católica do Rio de Janeiro, 1993.

GOMES, J. A. *O processo de avaliação de desempenho escolar em ciências no primeiro grau (quinta a oitava séries): uma análise sobre a percepção dos docentes e alunos*. Dissertação – Mestrado em Educação. Porto Alegre: Pontifícia Universidade Católica do Rio Grande do Sul, 1991.

GOTTMAN, J. M.; CLASEN, R. E. *Evaluation in Education: a practitioners guide*. Peacock, 1972.

GUILHERME, C. C. F. *Avaliação no Ciclo Básico: concepções, práticas e dificuldades*. Dissertação – Mestrado em Educação. São Carlos: Universidade Federal de São Carlos, 1998.

PAREDES, M. A. T. *Avaliação formativa: uma experiência com alunos do secundário*. Dissertação – Mestrado em Educação. São Paulo: Pontifícia Universidade Católica de São Paulo, 1984.

POPHAM, W. J. *Como avaliar o ensino*. Porto Alegre: Ed. Globo, 1976.

RAPHAEL, H. S. *A avaliação em salas de aulas públicas: tentando sua compreensão*. Dissertação – Mestrado em Educação. Marília: Universidade Estadual Paulista – Campus Marília, 1993.

RESSLER, M. S. *A avaliação e o cotidiano escolar: do discurso à prática de professores de séries iniciais*. Dissertação – Mestrado em Educação. Porto Alegre: Pontifícia Universidade Católica do Rio Grande do Sul, 1996.

SAMESHIMA, D. C. *Avaliação da aprendizagem matemática da perspectiva do professor*. Dissertação – Mestrado em Educação. Rio Claro: Universidade Estadual Paulista – Campus Rio Claro, 1996.

SANTOS, M. A. *Desvelando o jogo da avaliação entre professor e o aluno*. Dissertação – Mestrado em Educação – Psicologia da Educação. São Paulo: Pontifícia Universidade Católica de São Paulo, 1994.

SILVA, C. A. *Avaliação: uma faca de dois gumes – um estudo sobre a prática avaliativa nas escolas*. Dissertação – Mestrado em Educação. Piracicaba: Universidade Metodista de Piracicaba, 1998.

SOUZA, N. A. *A concepção de avaliação da aprendizagem do professor alfabetizador do ciclo básico paranaense*. Dissertação – Mestrado em Educação. Marília: Universidade Estadual Paulista – Campus Marília, 1995.

TURINI, L. D. *A avaliação no contexto da ação pedagógica do professor de História*. Dissertação – Mestrado em Educação. Uberlândia: Universidade Federal de Uberlândia, 1995.

TURRA, C. M. G. *et al. Planejamento de ensino e avaliação*. Porto Alegre: PUC-Meridional, 1975.

VASCONCELOS, C. *Processo de mudança da avaliação da aprendizagem: o papel do professor, representações e práticas*. Tese – Doutorado em Educação. São Paulo: Universidade de São Paulo, 1998.

ZAMBELLI, P. C. Avaliação: um permanente desafio. *Tecnologia Educacional*, Rio de Janeiro, v. 25, n. 136-137, p. 57-60, 1997.

Avaliação institucional: processo descritivo, analítico ou reflexivo?

As formas mais disseminadas de avaliação institucional de universidades constituem-se em levantamento de dados na modalidade *survey*, com um conjunto de questões sobre categorias consideradas importantes no desempenho de uma universidade (tomado seu conceito de um modo genérico). Os dados recebem um tratamento quantitativo para a construção de indicadores numéricos que passarão a ser tratados como o perfil da instituição e, em geral, discutidos em relação a padrões predefinidos, internamente por um grupo institucional (o que é raro), ou externamente (no mais das vezes por órgãos governamentais), com base em algumas suposições ou copiando critérios estrangeiros aplicados a outras realidades.

As finalidades dessa avaliação também são colocadas de modo amplo, havendo uma repetição de propósitos bem genéricos, comuns na maioria dos casos. Colocam-se de forma mais operacional alguns objetivos ou metas, os quais servirão de critério para as medidas.

Embora esses procedimentos sejam necessários em dadas condições, quando considerados produtores diretos e únicos de informação avaliativa, sem outras reflexões (por exemplo, em relação ao contexto, a valores sociais e culturais, a impactos de diferentes naturezas, às heterogeneidades sociais, às necessidades locais e regionais, etc.), eles reduzem o escopo da avaliação ao que for passível de ser medido, deixando de lado outras características importantes da atuação de uma universidade, limitando a imagem da instituição a números nem sempre tão significativos como se quer fazer parecer. Isso está ligado a uma ideia de "eficiência" abstrata, um tanto despregada do próprio contexto intrauniversidade e comunitário.

Há várias "comunidades" de referência que interagem com as universidades: a científica, a pedagógica (ligada aos processos formativos), a do trabalho, as entidades civis, etc., que não são consideradas nesse tipo de avaliação. Além disso, esse processo de coleta se repete reiteradamente, sem maiores consequências, levando a uma saturação diante de tantas descrições que traduzem, muitas vezes, a mesmice que não permite reais avanços socioeducacionais e culturais.

Outro enfoque

As discussões metavaliativas sobre a avaliação institucional indicam que essa modalidade de avaliação tem algumas peculiaridades importantes a serem consideradas, porque envolve questões não apenas técnico-científicas ou de produtos, mas aspectos de gestão e relacionais, aspectos de inserção social e de vocação, uma vez que seu eixo é o estudo da *efetividade da ação institucional* como um todo.

Esse enfoque demanda, para processos avaliativos, partir de perspectivas sobre o significado da instituição universitária, considerada em um dado contexto, levando em conta que se encontre, em seus planejamentos/projetos de trabalho, ensino ou pesquisa e na implementação destes, uma expectativa de valor, associada ao trabalho institucional desenvolvido.

Portanto, estando a instituição universitária no seio de uma comunidade mais ampla, e, ao mesmo tempo, a serviço dela, pensando e provendo mudanças societárias, tem seus fundamentos em uma *perspectiva sociocultural e ética, para além de seu papel científico*. É uma instituição de formação de gerações humanas em uma certa direção civilizatória, que comportaria uma perspectiva sobre o conhecimento – o que se constrói e o que se transmite – como meio para viver melhor num coletivo compartilhado. A avaliação institucional só ajuda em reais avanços socioeducacionais quando essas questões são consideradas em uma perspectiva que incorpore esses novos conceitos, conduzindo à escolha de meios e instrumentos avaliativos que sejam utilizados de tal forma que possam levar à construção de visões mais integradas acerca de seu percurso histórico-institucional, em seus envolvimentos concretos.

Nem sempre os envolvidos com avaliações institucionais têm clara consciência desses aspectos como elementos fundamentais constitutivos de modelos avaliativos. Fica-se no descritivo-operacional, não se considera o aspecto de uma instituição orgânica de bem público, voltada para ações de ensino, de estudos ou de intervenções, destinadas à construção, à reconstrução, à difusão e à ampliação de conhecimentos cujos efeitos socioculturais sejam, de alguma forma, relevantes para a constituição de uma sociedade mais equitativa.

A maioria dos modelos avaliativos de instituições universitárias não levam em conta essas questões, porém, hodiernamente, elas vêm sendo colocadas como imprescindíveis para a compreensão do papel socioeducacional e científico das universidades.

Modalidades de avaliação institucional

Na área de avaliação tem-se trabalhado, *grosso modo*, com quatro tipos de modelos:

1. os *descritivos* – quando se coletam, geralmente por meio de questionários, características das instituições, traçando-se o seu perfil, utilizando diferentes variáveis;

2. os *descritivos-analíticos* – em que se procura comparar ou cruzar variáveis ligadas aos processos internos e aos produtos;

3. os *reflexivos-interpretativos* – que, a partir de um fundamento descritivo e analítico, apresentam diferentes interpretações, traduzindo significados e relevâncias, com base em referentes sociocientíficos e culturais, agregando, também, formas diversificadas de coleta de dados como entrevistas – individuais ou coletivas; observação; grupos focais; estudos de caso, etc., contemplando os variados nichos organizacionais;

4. os *reflexivos-participativos* – que se apoiam nas premissas e nos modos de coleta da avaliação participativa, que envolve, em situação de diálogo e reflexão contínuos, as formas e os processos de desenvolvimento das diversas atividades institucionais, os vários segmentos copartícipes em diálogos reflexivo-interpretativos das representações e significados dessas ações e de seu impacto percebido ou possível.

Nenhuma dessas modalidades exclui a outra. Elas se combinam e se complementam. Nas práticas institucionalizadas, os modelos mais praticados são os dois primeiros, mas são as duas últimas formas de trabalho avaliativo que mais se coadunam com as novas proposições de avaliação institucional. Essas modalidades (3 e 4), na perspectiva em que se colocam, incluem, de um lado, a reflexão sobre o cenário social mais amplo e o local em suas relações, e, de outro, as concepções sobre o papel da universidade nesse cenário, em um enfoque do que realmente é social e cientificamente significante, para além da numerologia instituída. Isso demanda uma composição compreensiva interdisciplinar que envolve questões analisadas pela sociologia, antropologia cultural, psicologia social, economia política, entre outras.

A modalidade 4 – reflexiva-participativa –, conforme assinala Subirats (1993, p. 256), se aproximaria do que vem se denominando *learning process* – processo de aprendizagem –, o que implica manter "um perfil participativo e de incorporação de critérios plurais na consideração dos fatores a serem tomados em conta". É um aprendizado coletivo, compartilhado, produzido em processos interativos e iterativos.

Considera-se que a avaliação participativa limita o risco de um processo avaliativo permanecer periférico e permite aquilatar "o grau de legitimidade alcançado na instituição e na comunidade e o grau de adesão ou resistência dos agentes que o movem produzindo esta ou aquela dinâmica" (CARVALHO, 1999, p. 93). Permite, ainda, apreender os resultados imediatos e mediatos em seus múltiplos efeitos, assim como os intervenientes, que podem surpreender os avaliadores e partícipes. Sobretudo, os processos de avaliação participativa constituem-se em aprendizagem social, e, por isso, essa modalidade avaliativa agrega valor às instituições, aos seus trabalhos, programas ou projetos. Nesse modelo se reconhece a existência de um pluralismo de valores e de interesses, instaurando-se não um interrogatório, mas um diálogo, uma troca de informações, concepções, interpretações e reações. Há um compartilhamento do controle e do uso dos achados, nos quais os conceitos básicos a considerar são: a negociação, a acessibilidade e o direito à informação. A avaliação participativa requer, na condução de seu processo, momentos de recuo crítico, uma reflexão menos apaixonada das práticas, com explicitação das contradições no nível das ações-reações.

Contextos interno e externo

Ao se falar em avaliação institucional, é necessário pensar e levar em conta as dinâmicas e os contextos internos e externos às universidades. Em que cenário e em quais dinâmicas sociais a avaliação institucional de universidades se insere? Estamos vivendo em uma atmosfera de intenso debate quanto ao papel, às finalidades da universidade e à qualidade de suas propostas como instituição social e num tempo em que se demandam respostas para uma grande variedade de desafios sociais, tecnológicos, políticos e ecológicos. As gerações que adentram as universidades continuamente portam modos de socialização diferenciados, e estes se inter-relacionam com seus cenários de convivência. As ciências se transmutam, os conhecimentos adquirem novas faces. As estruturas universitárias e seus currículos são questionados. De outro lado, opera uma inércia que tenta sustentar dadas condições. A tensão se coloca claramente. É de grande importância refletir sobre as opções de ação e a efetividade do instituído universitário, seja no plano do ensino, seja no da pesquisa ou de suas ações sociais e culturais. Porém, essa reflexão não pode ser descolada de todo o movimento assinalado nem das tensões sociais derivadas. Esse reconhecimento já chegou às universidades mas ainda não se realiza de modo pleno. A institucionalização das reflexões avaliativas ainda não se acha realizada.

Há algumas questões concretas que precisam ser respondidas, quer para o desenvolvimento da universidade como um todo, quer quando se pensa em ponderar sobre sua efetividade no social. Os processos avaliativos, realizados com ciência e consciência, podem contribuir para novas possibilidades. É possível repensar a partir de questões como: Em um momento de aceleradas mudanças, qual é o propósito e a natureza dos estudos e das ações universitárias, em razão da estrutura universitária existente e das condições sociais em que vivemos? Que valor esperamos que esse trabalho tenha? Que importância ele tem, realmente, para as pessoas e para a sociedade? Como a universidade pode responder à heterogeneidade das condições socioculturais? Etc.

Em processos avaliativos institucionais, respostas a essas questões devem ser buscadas em diversificados grupos de interesse e com diferentes referenciais, ou seja, a busca de respostas demanda um rompimento com a endogenia – apenas a universidade falando de si mesma, para si mesma – e um rompimento com certas hegemonias – grupos específicos falando por todos os grupos.

Essa posição colocada gera desafios à universidade, não pequenos, e as suas atividades – que adentram o *socius* de diferentes modos – são chamadas a mostrar sua efetividade, que precisa ser qualificada não apenas em termos numéricos, mas em termos de significado, de impacto, porque no âmbito de suas diferentes ações reside a rica possibilidade de a universidade propiciar formação de diferentes tipos, desenvolver a conscientização de direitos e responsabilidades, compartilhar bens sociais valiosos, como, por exemplo: visões de saúde, problemas do *habitat* humano e seus cuidados, questões de educação, etc., contribuindo com pesquisa, informação, cultura, entendimentos, formação de níveis interpretativos, etc.

As ideias aqui expostas sinalizam que não é trivial a condução de uma avaliação institucional, e, assim, esta demanda boa preparação dos avaliadores, que, para além do domínio das técnicas básicas da investigação avaliativa, precisam deter certo domínio sobre as condições de construção dinâmica de processos socioculturais, científicos e pedagógicos, com os múltiplos fatores que os interseccionam. Aos avaliadores se pede, atualmente, modos de atuar menos "burocráticos", para abrirem-se às posturas dialógicas; a sistemas de trocas e construção de consensos; à lida democrática com o dissenso; à busca de compreensões quanto aos processos desencadeados, a partir de aportes significativos de vários campos disciplinares, da estatística à antropologia cultural. O desafio na construção dessa nova forma de constituição de processos avaliativos é grande, mas sinaliza um horizonte bem diferente para seus frutos.

Referências

ARRETCHE, M. Tendências no estudo sobre avaliação. In: RICO, E. M. (Org.). *Avaliação de Políticas Sociais*. 2. ed. São Paulo: IEE-PUCSP, 1999. p. 29-40.

CARVALHO, M. C. Avaliação participativa: uma escolha metodológica. In: RICO, E. M. (Org.). *Avaliação de Políticas Sociais*. 2. ed. São Paulo: IEE-PUCSP, 1999. p. 87-94.

FIGUEIREDO, M. F.; FIGUEIREDO, A. M. Avaliação política e avaliação de políticas: um quadro de referência teórica. *Textos IDESP*, São Paulo, n. 15, 1986.

GATTI, B. A. Avaliação da extensão universitária: da institucionalização às suas práticas. *Revista Brasileira da Extensão Universitária*, v. 2, n. 2, p. 13-30, jul./dez. 2004. [Fórum de Pró-Reitores de Extensão das Universidades Públicas Brasileiras]

SUBIRATS, J. *Evaluación de políticas de intervención social: un enfoque pluralista*. In: INTERCAMBIO SOCIAL Y DESARROLLO DEL BIENESTAR. Madrid: CSIC, 1993.

Avaliação de sistemas educacionais no Brasil

A Avaliação Educacional, hoje, é um campo de estudos com teorias, processos e métodos específicos, mas também um campo abrangente que comporta subáreas com características diferentes, por exemplo, avaliação de sistemas educacionais, avaliação de desempenho escolar em nível de sala de aula, avaliação institucional, avaliação de programas, autoavaliação. Comporta, também, diferentes abordagens teóricas como a sistêmica, a iluminativa ou compreensiva, a avaliação participativa, etc. No Brasil esse campo de conhecimento só veio a merecer maior atenção, estudos e análises críticas mais fundamentadas há relativamente pouco tempo. As questões ligadas à avaliação educacional, tendo adentrado muito tardiamente nas discussões no campo da educação, também sofreram aqui, em sua valorização e seu desenvolvimento como campo teórico, os efeitos relativos à quase ausência de formação nos cursos de educação de profissionais especializados. Essa formação vem se dando por outros caminhos. Campo sujeito ainda a fortes críticas ideológicas, conta com massa crítica intelectual relativamente pequena, a qual está em crescimento em função de programas avaliativos postos em prática em vários níveis do sistema educacional brasileiro, com abrangência nacional ou regional. Isso implicou a preparação especial de funcionários nos diferentes níveis de administração do sistema escolar brasileiro e a formação de pessoal universitário no exterior. Alguns grupos de especialistas foram se constituindo em universidades e centros de pesquisa, e, com os estímulos de formação no exterior pelas políticas nacionais de capacitação de pessoal, vem aumentando o número de pesquisadores na área. Com isso, tem se tornado possível melhor qualificar os processos avaliativos de amplo espectro, relativos ao desempenho de alunos da educação básica (ensino fundamental e médio), do nível superior e de demais instituições de ensino. Neste artigo pretendemos tratar desses processos avaliativos, os de maior porte, no Brasil, recuperando sua trajetória no tempo. Sendo o Brasil uma federação, lembramos que o sistema educacional comporta a rede pública de ensino – com gestão federal, estadual ou municipal – e a rede de escolas privadas, autorizadas e supervisionadas por um dos três níveis federativos. Cada nível federativo tem seu grau de responsabilidade definido pela Constituição de 1988 e, no referente às redes de ensino, pela Lei de Diretrizes e Bases da Educação Nacional, aprovada no ano de 1996.

Avaliações em larga escala na educação básica: ensino fundamental e ensino médio

Dada a constituição tríplice das redes de ensino no Brasil estaremos nos referindo ora a avaliações nacionais, ora a estaduais, ora a municipais.

Para traçar a trajetória das avaliações de desempenho de redes de ensino, tomamos como ponto de partida os anos 1960 porque foi nessa década que surgiu fortemente a preocupação específica com processos avaliativos escolares, baseados em critérios mais claramente enunciados e instrumentos que poderiam garantir, até certo ponto, que a avaliação do nível de realização obtido estivesse mais objetivamente garantida. Nessa década e na subsequente, profissionais receberam formação mais aprofundada na área de avaliação de rendimento escolar, alguns no exterior. Na Fundação Getúlio Vargas do Rio de Janeiro criou-se, em 1966, o Centro de Estudos de Testes e Pesquisas Psicológicas (CETPP), onde testes educacionais passaram a ser desenvolvidos e estudados (FUNDAÇÃO GETÚLIO VARGAS, 1970). A equipe do CETPP elaborou um conjunto de provas objetivas para as últimas séries do ensino médio, nas áreas de linguagem, matemática, ciências físicas e naturais e estudos sociais. Realizou-se, então, pesquisa com conjuntos de alunos do ensino médio, a qual incluía um questionário sobre características socioeconômicas dos alunos e suas aspirações. Esta pode ser considerada a primeira iniciativa relativamente ampla, no Brasil, para verificação da aquisição de conhecimentos e sua relação com diferentes variáveis, como sexo, nível socioeconômico e outras. Nesse Centro desenvolveram-se, ainda, cursos sobre elaboração de provas objetivas, com especialistas estrangeiros, e fizeram-se várias publicações sobre temas ligados à avaliação educacional. Simultaneamente, na Fundação Carlos Chagas, especialistas em testes e medidas também estavam sendo formados. No entanto, a *expertise* conseguida não teve nesse momento aplicação em avaliações de redes de ensino, tendo sido utilizada em processos seletivos para universidades, cursos superiores e cargos públicos.

Em meados dos anos 1970 desenvolveu-se, pela iniciativa do Programa de Estudos Conjuntos de Integração Econômica Latino-Americana (ECIEL), um estudo avaliativo de porte, no Brasil e outros países da América Latina, sobre os determinantes dos níveis de escolaridade e do rendimento escolar obtidos por alunos com diferentes características pessoais e socioeconômicas. Aos alunos foi aplicado questionário para levantamento de dados sobre situação socioeconômica, atitudes com relação ao processo escolar e aspirações e um exame de compreensão de leitura e de ciências. Foram coletados dados de diretores, professores e escolas (CASTRO; SANGUINETTI, 1977). Realizou-se estudo, nesse mesmo período, com a finalidade de chegar a um instrumento de medida que permitisse verificar a situação do desempenho dos alunos nas 1as séries do ensino fundamental. Amostras foram utilizadas para testar o instrumento, em duas formas paralelas, com crianças de todas as regiões geográficas do país, abrangendo leitura, escrita e matemática. Esse projeto derivou da experiência com outros estudos durante a década de 1970 no então Estado da Guanabara (hoje cidade do Rio de Janeiro) e de outros pequenos estudos, feitos em convênio com o Centro Brasileiro de Pesquisas Educacionais/Inep/Ministério da Educação, desde a década de 1960.

Não houve, no entanto, nos anos imediatamente subsequentes outras iniciativas com a intenção de avaliações mais abrangentes, embora alguns ensaios localizados tenham sido desenvolvidos. Não se observa, nesse período, preocupação de administrações públicas com uma avaliação sistemática do rendimento escolar dos alunos das redes de ensino. Em nível nacional essa preocupação vai aparecer a partir de 1988, com alguns estudos exploratórios, ocorrendo a implementação de um sistema nacional de avaliação da educação básica apenas em 1990. Houve apenas uma municipalidade – a da cidade de São Paulo –, uma exceção, que se preocupou no início dos anos 1980 com essa questão, tendo realizado o primeiro estudo avaliativo de uma rede de ensino. A avaliação foi conduzida pelo Departamento de Planejamento da Secretaria Municipal de Educação da Cidade de São Paulo, com o objetivo de verificação do nível de escolaridade dos alunos da Rede Municipal de Ensino, abrangendo, além das séries iniciais do ensino fundamental, também o terceiro estágio da educação infantil. Foram avaliadas todas as crianças do terceiro estágio de educação infantil, as de 1ª, 3ª, 5ª, 7ª séries do ensino fundamental e os alunos do primeiro ano do ensino médio. As provas abrangeram Língua Portuguesa, Matemática e Ciências. Foi construída uma bateria de testes específicos, baseada no currículo escolar definido pela Secretaria Municipal de Educação para suas escolas à época. A ideia era poder utilizar esses dados para planejamento das atividades escolares e extraescolares. Porém, tendo havido mudança de administração em 1982, o estudo ficou com seus resultados sem utilização, uma vez que os novos dirigentes não se interessaram em utilizar os resultados obtidos e levar adiante o processo iniciado dois anos antes.

Numa outra vertente, a da avaliação de políticas educacionais e avaliação de programas, entre 1978 e 1982, encontramos alguns estudos que se propõem avaliar a política nacional de educação, enfocando a seletividade da educação, utilizando-se desde dados demográficos até estudos de caso (Fundação Carlos Chagas, 1981, 4v.). Esses estudos abrem um outro leque de possibilidades em avaliação numa direção diferente da avaliação de desempenho por testes.

Como se observa, lenta e esparsamente, algumas competências vinham se formando na área de avaliação, sobretudo envolvendo a questão da medida de rendimento escolar. Algumas administrações públicas da educação mostraram interesse nesses estudos, mas sem continuidade, nem em relação a equipes que se formavam, nem em relação aos estudos. A descontinuidade em políticas tem sido uma marca nas gestões públicas no Brasil, aliás, não só em relação aos estudos avaliativos como também a todos os aspectos de iniciativas de administrações anteriores. Também, nesse mesmo período – inícios dos 1980 –, o pensamento educacional volta-se à crítica dos empirismos, dos tecnicismos, das operacionalizações burocráticas e a área de avaliação, que mal começara a formar quadros, sofre uma retração grande no seio das universidades.

Durante a década de 1980, uma experiência que pode ser colocada como um marco na história de desenvolvimento de estudos de avaliação de políticas e programas envolvendo estudos de rendimento escolar e de variados fatores foi a da avaliação do Projeto EDURURAL – um projeto de educação desenvolvido em todos os Estados do Nordeste brasileiro. A avaliação acompanhou a implementação e o desenvolvimento do projeto, sob vários aspectos, de 1982 a 1986. Avaliaram-se as formas de gerenciamento geral do projeto e, por amostra, o gerenciamento local, analisando-se o sistema de monitoria, os professores, as Organizações Municipais de Ensino, os alunos, as famílias. Desenvolveram-se testes para avaliar crianças em nível de 2as e 4as séries do ensino fundamental, considerando sua pertinência à zona rural em classes, em geral, multisseriadas. Essas provas foram desenvolvidas a partir de amostras de exercícios e trabalhos colhidos nas escolas dos três Estados onde a avaliação se desenvolvia, Piauí, Ceará e Pernambuco. Coletaram-se materiais de alunos, trabalhou-se com o pessoal da região e, depois, é que se deu a forma final das provas. O que se tentava era construir um conjunto de provas tanto quanto possível adequado àquela realidade, buscando maior validade para os dados de rendimento escolar. As crianças foram avaliadas em 1982, 1984 e 1986. Nesses mesmos anos, os demais dados sobre o programa, seu gerenciamento, as características das escolas, o pessoal docente, as famílias, etc., também eram coletados, e análises integradas e multivariadas foram feitas procurando encontrar traços característicos relevantes para verificar-se a contribuição socioeducacional do programa e também os impasses. Análises qualitativas dos dados levantados foram desenvolvidas, tendo sido agregados estudos de caso ao modelo avaliativo, para análise e compreensão em maior profundidade de situações mais específicas (Universidade Federal do Ceará, 1988, 7v.). Seminários foram realizados sobre seus resultados, durante o processo e depois. Esses resultados tiveram várias consequências sobre as políticas vigentes. Além disso, muitas outras análises derivaram desses dados, desde análises com enfoque em políticas públicas, até análises do que acontece com a escola que se situava na própria casa da professora ou sobre qual o problema das escolas que estavam junto a assentamentos de pessoal sem terra; etc. Com metodologia clara e bem-definida, com os cuidados de coleta e análise, representou um exemplo do que se poderia fazer com estudos dessa natureza na direção de se propugnar por uma escola mais condizente com as necessidades das populações menos favorecidas socialmente. O cuidado com as interpretações, com a clareza dos limites de significação dos dados, tendo presente os pressupostos sobre os quais se assentava o modelo avaliativo, ofereceu uma oportunidade para se formar pessoas e pensar a área criticamente a partir de uma ação direta.

Estudos que deram subsídios à implantação do sistema nacional de avaliação da educação básica

Ao final dos anos 1980 discussões sobre vários problemas que ocorriam nos sistemas educacionais, apontados pelos pesquisadores da área de educação, chega ao auge com o debate público sobre os indicadores que mostravam o alto índice de fracasso escolar (repetência e evasão escolar) na escola básica, no país. Uma das questões que se colocava é que não se possuíam dados sobre o rendimento escolar dos alunos em nível de sistema e os fatores a ele associados. Nesse momento, promoveu-se no MEC uma oficina de trabalho com um grupo de educadores para discutir a questão. Colocava-se então que, com a mudança da nossa Constituição, poderia haver uma nova estrutura política e que isso sinalizava a necessidade de uma mudança na atuação do Ministério da Educação em relação ao ensino fundamental e médio, levando-o a ter um papel orientador e um papel avaliador como referência para políticas e avanços na área da educação básica. Ao final de 1987, foi proposto que se fizesse uma avaliação de rendimento escolar em 10 capitais de Estados do país, para se aquilatar se um processo de avaliação mais amplo por parte do Ministério seria viável e traria resultados relevantes. A avaliação foi feita nas 1as, 3as, 5as e 7as séries de escolas públicas em 10 capitais de Estados, com provas de Língua Portuguesa (com Redação), Matemática e Ciências. Foi um estudo piloto para verificar a viabilidade do processo, como as administrações e as escolas receberiam esse tipo de avaliação, se as provas seriam adequadas, etc. Utilizou-se a teoria clássica em avaliação e o grande desafio foi mesmo a construção de provas que tivessem validade para as realidades dos diferentes Estados envolvidos (não se dispunha de um currículo nacional). Isso tornou-se possível a partir de parcerias locais. Com essa etapa tendo sido relativamente bem-sucedida, com as discussões sobre os resultados das provas e fatores a eles associados havidas em alguns Estados e discussões em seminários nacionais ou locais, expandiu-se o estudo avaliativo para mais 20 capitais e depois para mais 39 cidades distribuídas em 14 Estados e, à época, um território (VIANNA, 1988; 1989a; 1989b). Paralelamente, com apoio da Secretaria de Ensino de Segundo Grau do Ministério da Educação, realizou-se uma avaliação de rendimento escolar de alunos do 3º ano do ensino médio, abrangendo todas as modalidades existentes (geral, normal, técnico industrial, comercial, etc.).

Também no ano de 1988, como extensão à iniciativa do MEC, a Secretaria de Estado da Educação do Paraná realizou uma avaliação dos alunos de 2ª e 4ª séries nas escolas desse Estado. Provas específicas de Língua Portuguesa, Matemática, Ciências e Estudos Sociais foram elaboradas, a partir de itens produzidos por professores locais, com base nos guias curriculares vigentes no Paraná (VIANNA; GATTI, 1988). Em 1991, completando o ciclo de avaliações exploradoras proposto pelo MEC, realizou-se o mesmo tipo de avaliação feito nas escolas públicas, em escolas privadas, em 11 Estados e no Distrito Federal.

As avaliações de rendimento escolar realizadas entre 1988 e 1991 trouxeram o impacto dos baixos resultados médios, muito aquém do esperado, que repercutiram tanto no Ministério como nas Secretarias de Educação e na mídia, criando nas administrações públicas interesse pelos processos avaliativos. Com os resultados obtidos e os dados das escolas, dos professores e dos alunos, dispunha-se de muitas informações, sobre as quais se poderia debruçar, refletir e tirar inferências tanto para políticas dirigidas às redes de ensino como um todo, quanto para questões da aprendizagem de alunos nas salas de aula. Esses primeiros estudos mais abrangentes de alunos e escolas serviram de base para a implantação do Sistema de Avaliação da Educação Brasileira (SAEB).

Para isso contribuiu, também, a participação do Brasil, logo no início dos anos 1990, no segundo Programa Internacional de Avaliação de Proficiência Educacional. Esse programa internacional, que à época envolvia 27 países, pretendia ser comparativo. Portanto, a metodologia de aplicação e os testes foram elaborados por uma equipe internacional de especialistas:

chineses, árabes, americanos, suecos, holandeses, etc., num processo de validação recíproca. Mas no Brasil o estudo ficou restrito a apenas duas capitais (Fortaleza e São Paulo), tornando a comparabilidade pretendida comprometida. Foram avaliadas crianças de 13 anos de idade, não importando a série em que o aluno se encontrava (a correspondência idade/série não era garantida). A ideia desse estudo internacional era procurar saber qual domínio de conhecimentos teriam as crianças dessa idade em cada um dos países participantes. No estudo aqui realizado não foram incluídas crianças que estavam fora da escola e crianças com excessiva defasagem idade/série, problema que na maior parte dos países participantes não se colocava. A avaliação, embora realizada apenas em duas capitais, mostrava o precário desempenho dos alunos de 13 anos no Brasil, na comparação com outros países: penúltima colocação.

A contundência dos dados obtidos até aqui levou o Ministério da Educação e alguns dos Estados da Federação a desenvolver uma política de avaliação de redes de ensino de forma a trazer a público os resultados, na intenção de se buscarem formas de superação da precária situação das aprendizagens escolares. Os resultados médios eram muito preocupantes. Estímulos vindos de órgãos internacionais tiveram papel relevante na consolidação e ampliação dessas avaliações.

O Sistema Nacional de Avaliação da Educação Básica (SAEB)

A partir de 1993, o Ministério da Educação, em articulação com as Secretarias Estaduais de Educação, implantou o Sistema de Avaliação da Educação Básica (SAEB). Realizado por amostra nacional de alunos, inicialmente com provas objetivas no modelo clássico, essa avaliação passou a ser realizada anualmente, abrangendo séries do ensino fundamental e médio, tendo aperfeiçoado sua metodologia e, finalmente, em 1995, adotado os procedimentos preconizados pela Teoria da Resposta ao Item. Pesquisadores da Fundação Carlos Chagas capitanearam a introdução dessa metodologia no SAEB (ANDRADE; VALLE, 1998; FLETCHER, 1991, 1995). No entender dos especialistas poderia oferecer informações mais seguras sobre o repertório escolar das crianças e jovens, bem como oferecer condições de comparabilidade em escala, o que não era possível no modelo anterior. Pelos documentos disponíveis verifica-se que a intenção associada a essa avaliação era a de prover informações para tomadas de decisão quanto a diversos aspectos das políticas educacionais, bem como para pesquisas e discussões, a partir da geração e da organização de informações sobre o desempenho acadêmico dos alunos no sistema e fatores a ele associados. Hoje estão disponíveis várias bases de dados sobre as sucessivas avaliações feitas em nível nacional e relatórios que disponibilizam as análises realizadas. O SAEB compõe-se de dois grandes eixos: o primeiro, voltado ao acesso ao ensino básico no qual se verifica o atendimento à demanda (taxas de acesso e taxas de escolarização) e a eficiência (taxas de produtividade, taxas de transição e taxas de eficiência interna); o segundo eixo é relativo à qualidade, implicando no estudo de quatro dimensões relativas: 1. ao produto – desempenho do aluno quanto a aprendizagem de conteúdos e desenvolvimento de habilidades e competências; 2. ao contexto – nível socioeconômico dos alunos, hábitos de estudo, perfil e condições de trabalho dos docentes e diretores, tipo de escola, grau de autonomia da escola, matriz organizacional da escola; 3. ao processo – planejamento do ensino e da escola, projeto pedagógico, utilização do tempo escolar; estratégias de ensino; 4. aos insumos – infraestrutura, espaço físico e instalações, equipamentos, recursos e materiais didáticos. Os instrumentos de coleta são as provas aos alunos, questionários aplicados a alunos, professores e diretores, questionário sobre as condições da escola. Nos dois últimos anos agregaram-se, ao modelo geral de avaliação, estudos de caso de situações específicas consideradas relevantes para análise mais aprofundada de fatores contextuais intervenientes nos resultados (BRASIL, 2002; FONTANIVE; KLEIN, 2000; PESTANA, 1999).

O SAEB veio sendo objeto de vários estudos e discussões, inclusive de comissões em nível de Ministério na busca de seu aperfeiçoamento. Problemas técnicos têm sido superados, por exemplo, quanto à modelagem das provas e ao teor dos itens e sua validade, quanto ao processo de amostragem, que vem sendo aperfeiçoado, etc., levantando-se, também, problemas quanto à divulgação, à disseminação e à apropriação dos resultados nos diferentes níveis de gestão do sistema e aos professores. Franco (2001) nos oferece observações interessantes quanto às potencialidades e aos problemas relativos a essa avaliação, pontuando sugestões sobre as formas de tornar o SAEB mais relevante para gestores e professores, por exemplo, ilustrando com exemplos claros dificuldades dos alunos, propondo alternativas pedagógicas, em linguagem adequada, construindo melhor explicitação dos fatores que contam em educação (efeito escola, efeito sala de aula), apresentando as escalas de proficiência em linguagem e esquemas gráficos facilmente inteligíveis para não especialistas, estabelecendo relacionamentos com secretarias estaduais e municipais mais efetivos para apropriação dos resultados, etc.

Mais recentemente o Ministério da Educação expandiu a avaliação de desempenho do sistema educacional, com a Prova Brasil, aplicada a todos os alunos dos primeiros anos do ensino fundamental, integrando essa prova ao SAEB. Com isso avançou-se na construção de um indicador – o Índice de

Desenvolvimento da Educação Básica (IDEB), a partir de 2007, que integra o fluxo escolar e as médias de desempenho nas avaliações nacionais. Essas médias referem-se ao desempenho no SAEB para os Estados e na Prova Brasil para os municípios. É possível dispor de um valor do indicador para o país como um todo, cada Estado, município e escola.

Iniciativas regionais

Foi durante os anos 1990 que diversas avaliações de sistemas escolares vão tomar corpo também em várias regiões do país, além do âmbito nacional já exposto. Abaixo relatamos quatro iniciativas em Estados da Federação, as mais consolidadas.

São Paulo

Em 1992 foi realizada no Estado de São Paulo avaliação dos alunos das Escolas Padrão, projeto de inovação curricular desenvolvido pela Secretaria da Educação do Estado, inicialmente com 306 escolas, depois ampliando-se para mais de mil, com vistas a abranger aos poucos todas as escolas do sistema estadual, o que não chegou a acontecer. O objetivo da avaliação era verificar se, com os insumos educacionais diferenciados que recebiam, as escolas e professores obtinham melhorias no nível de aprendizagem escolar por parte dos alunos. A avaliação então realizada abrangeu Língua Portuguesa, Redação, Matemática, Ciências, História e Geografia, tendo sido aplicado um questionário para sondagem de características dos alunos. Foram submetidos a ela todos os alunos de 8ª série. Essa avaliação seria o marco zero, com a qual sucessivamente se procuraria comparar o futuro desenvolvimento educacional das crianças. Esperava-se, no início dos trabalhos, poder realizar avaliações sucessivas, durante vários anos, com dados da progressão dessas crianças que estavam vinculadas ao Projeto da Escola Padrão. Os primeiros resultados foram interpretados psicopedagogicamente, e recomendações curriculares foram feitas e consolidadas em documentos distribuídos às escolas. A partir dos dados obtidos, vários estudos com foco específico foram realizados para subsidiar ações específicas para as escolas (GATTI, 1996). Essa avaliação, que pretendia ser longitudinal, foi descontinuada por mudança na administração da Secretaria da Educação do Estado. A nova gestão desenvolveu outros estudos visando comparar Escolas Padrão e não padrão, considerando a região da escola e os períodos, diurno e noturno dos cursos. Os dados foram divulgados para a rede. Enfatizava-se que se deveria enfrentar com critério e determinação os pontos críticos revelados em relação ao processo de ensino. As provas foram analisadas, e implicações pedagógicas foram apontadas, com recomendações quanto aos pontos críticos em cada disciplina avaliada (Mondel; Maluf, 1994).

Ao mesmo tempo, entre 1992 e 1994, outro projeto de avaliação vinha sendo desenvolvido, amostralmente, nas escolas estaduais do Estado de São Paulo, com caráter de uma verdadeira pesquisa avaliativa: o Projeto de Avaliação de Impacto do Ciclo Básico e da Jornada Única na Área Metropolitana de São Paulo. A equipe de pesquisa fez um estudo longitudinal de acompanhamento de um mesmo segmento de crianças, durante três anos, com o objetivo complexo de analisar mudanças de aprendizagem e de características cognitivas ao longo do tempo. Esse foi um tipo de pesquisa em avaliação nunca antes desenvolvido no país, inclusive com um estudo paralelo de caráter antropológico, que permitiu que se tivesse uma compreensão profunda do que se passava no cotidiano das escolas e no desenvolvimento cognitivo das crianças (Neubauer *et al.*, 1996). A partir de 1995 institui-se no Estado de São Paulo, como parte de um programa para a educação pública do Estado, o Sistema de Avaliação do Rendimento Escolar no Estado de São Paulo (SARESP), que vem se realizando até hoje, abrangendo séries sucessivas, com questionários informativos, e fazendo-se as equalizações necessárias ano a ano para se obter comparabilidade. Nesse modelo todos os alunos matriculados nas séries envolvidas são avaliados (Espósito, 2000; SEESP, 1996, 1998). O sistema SARESP tem mantido as avaliações periódicas e, em 2008, fundamentou a criação de um indicador de desenvolvimento educacional específico para o Estado de São Paulo – o Índice de Desenvolvimento da Educação de São Paulo (IDESP), com características de construção um pouco mais nuanceadas do que o índice do Ministério da Educação.

Minas Gerais

Também o Estado de Minas Gerais começa a partir de 1992 a desenvolver um programa de avaliação das suas escolas públicas. Como as demais iniciativas, o propósito da avaliação era dar base para a melhoria da qualidade do ensino e fazia parte de uma proposta mais ampla do governo do Estado para a educação. As avaliações foram planejadas e realizadas em ciclos, a cada dois anos; eram avaliações censitárias, que incorporavam outras informações através de questionários. Em 1998, com a implantação da progressão continuada nas escolas, passou-se a fazer a avaliação todos os anos. Desenvolveu-se com esse programa de avaliação uma proposta formativa de quadros na própria Secretaria, através de cursos específicos oferecidos aos técnicos, no Brasil e no exterior (Antunes *et al.*, 1992; Souza, 1999). Hoje, o Estado de Minas Gerais possui um complexo modelo de avaliação de sua rede de ensino, o SIMAVE: Sistema de Avaliação da Qualidade do Ensino e das Escolas. Esse Sistema é composto por três programas de avaliação: PROALFA – voltado à avaliação dos níveis de alfabetização; PROEB – que verifica a eficiência e a qualidade do ensino com base no desempenho nas séries finais dos blocos de ensino; PAAE – que realiza diagnósticos progressivos da aprendizagem para subsidiar intervenções pedagógicas.

Paraná

O Estado do Paraná realizou em 1995 sua primeira avaliação em larga escala como expansão do SAEB, oferecendo aos seus municípios e às escolas resultados particularizados. Deu-se continuidade ao processo nos anos subsequentes e, em 2000, introduziu no processo avaliativo do ensino fundamental a metodologia da Teoria da Resposta ao Item, tomando como referência os conteúdos do currículo básico para as escolas públicas do Paraná. Desenvolveram-se estudos analíticos detalhados sobre o desempenho dos alunos de 4ª e 8ª séries. As matrizes de referência das provas trazem inovações em sua concepção em relação a outras abordagens; por exemplo, Língua Portuguesa contempla cinco áreas: procedimentos de leitura, recursos expressivos e efeitos de sentido, variação linguística, coerência e coesão, conhecimento lingüístico operacional. Análises diversificadas encontram-se consolidadas em relatórios publicados e distribuídos à rede. A disseminação desses resultados foi realizada por três tipos diferentes de relatórios: para diretores de escola e secretários municipais de educação, com uma visão mais global e comparativa; para professores e equipes pedagógicas, contendo análises detalhadas dos itens, dos tipos de erros, com recomendações e sugestões pedagógicas; e para presidentes de associações de pais e mestres e pais de alunos foi feito no Boletim da Escola, uma síntese específica da situação da escola e uma descrição dos níveis de desempenho alcançados (SEEPR, 2001). Mais recentemente implementou-se nesse Estado um processo de avaliação institucional envolvendo escolas, regionais de ensino e Secretaria.

Ceará

O Estado do Ceará desenvolveu um sistema avaliativo de suas escolas a partir de 1996, com avaliação, por amostras, de desempenhos de alunos do ensino fundamental. Realizou, também, um processo de avaliação institucional de escolas, com envolvimento da comunidade, o qual se mostra como um modelo diferenciado em relação ao que se fez em outros Estados. O Ceará institucionalizou o Sistema Permanente de Avaliação da Educação Básica (SPAECE). Conforme documentado pela Secretaria da Educação (CEARÁ, 2009), compreende três vertentes: Avaliação de Desempenho Acadêmico, Avaliação Institucional e Estudos e Pesquisas Educacionais. Na primeira, de natureza externa, o Sistema avalia as competências e as habilidades dos alunos do ensino fundamental e do ensino médio, nas disciplinas Língua Portuguesa e Matemática. Identifica-se o nível de proficiência e a evolução do desempenho dos alunos. Abrange todos os alunos das escolas estaduais e municipais. São aplicados questionários investigando dados socioeconômicos e hábitos de estudo dos alunos, perfil e prática dos professores e diretores. Na vertente da Avaliação Institucional, possibilita à escola, através da autoavaliação e da avaliação de desempenho do núcleo gestor, conhecer e aperfeiçoar as inter-relações, os serviços prestados, o desempenho do corpo docente e discente, dos funcionários e gestores. Objetiva a implementação de mudanças no cotidiano escolar. A terceira vertente compreende estudos e pesquisas educacionais, bem como avaliações de programas, buscando aprofundar o conhecimento das situações-problema e das tendências detectadas nas avaliações.

Contribuições e desafios

Essas experiências de mais amplo espectro contribuíram para a formação e o aperfeiçoamento de pesquisadores e técnicos em avaliação de desempenho escolar e institucional em sistemas de ensino, em nível do Ministério da Educação, das Secretarias e de diversas instituições que passaram a se dedicar ao campo. Depreende-se pelos documentos consultados que se buscou ao longo do tempo criar um ambiente propício à receptividade de avaliações, incrementar competências no campo e estimular o emprego das avaliações para mudanças, intervenções, melhorias nas escolas e no ensino. Também pretendeu-se despertar estudos críticos. Ou seja, pensava-se em provocar mudanças na representação dos processos avaliativos que tinham conotação punitiva e de depreciação dando-lhes novo significado. Todos sabemos das dificuldades de mudanças dessa natureza – mudanças socioculturais –, mas tentava-se, no nível das gestões estimular o início desse processo. Fatores internos e externos interpuseram-se, e as contradições implicadas nesses procedimentos tomaram corpo. De um lado, uma ênfase muito forte que acaba sendo dada aos melhores e aos piores desempenhos, a mídia valorizando apenas a média das notas obtidas e não outros resultados até mais importantes. De outro, observou-se a pequena utilização dos dados por parte das redes, seja por processos inadequados de disseminação e de dar acesso e visibilidade aos dados, seja por dificuldades de lidar, analisar, interpretar esses dados pedagogicamente nas redes. Os problemas de utilização dos dados por diretores de escola, coordenadores pedagógicos e professores vem ocorrendo tanto na utilização das avaliações estaduais e nacionais. A disseminação dos dados em formas mais adequadas, diferenciadas conforme a audiência – público em geral, pais, professores, gestores – é ponto nevrálgico a ser resolvido no desenvolvimento desses processos. O IDEB e o IDESP têm sido mais bem compreendidos, porém, é necessário que aspectos pedagógicos ligados aos desempenhos sejam mais amplamente expostos e discutidos. O grande desafio é, ainda, a apropriação por parte das escolas dos resultados obtidos por seus alunos e a utilização desses resultados para orientar as atividades de ensino.

Aspectos mais técnicos, ligados à construção de provas de avaliação de desempenho, relativos tanto à fidedignidade como à validade, também foram objeto de discussão. As matrizes de referência têm sido sistematicamente criticadas, em que pese a busca de seu aperfeiçoamento contínuo. Outro aspecto polêmico é a utilização da Teoria da Resposta ao Item nos principais processos avaliativos nas grandes redes de ensino, onde se questiona a pertinência do modelo e a adequação das análises e sua consistência.

Finalizando

Pode-se afirmar que vem mudando a representação dos processos avaliativos de sistemas educacionais no Brasil, em relação aos quais houve inicialmente uma reação contrária muito forte, e que uma cultura de avaliação educacional está se consolidando, na ideia de *accountability*. Salutares são os debates e as contraposições aos diversos processos avaliativos implementados em vários dos níveis educacionais e nos vários sistemas de administração educacional do país (União, Estados e municípios). A preocupação com os resultados dos processos de ensino está presente atualmente nas administrações públicas da educação e nas escolas, dando margem a iniciativas como aperfeiçoamento dos currículos escolares, formação continuada de professores, revisão da formação básica de docentes, produção de materiais didáticos novos em vários tipos de suporte (impressos, virtuais, DVDs, etc.). O impacto dessas avaliações começa a ser sentido na educação básica esperando-se que as avaliações sejam vistas como estímulos à mudança em processos educacionais, e não como punição.

Referências

ANDRADE, D.; VALLE, R. Introdução à Teoria da Resposta ao Item. *Estudos em Avaliação Educacional*, São Paulo, n. 18, p. 1332, 1998.

ANPEd – Associação Nacional de PósGraduação e Pesquisa em Educação. *A avaliação da pósgraduação em debate.* São Paulo: ANPEd, 1999.

ANPEd – Associação Nacional de PósGraduação e Pesquisa em Educação. *40 Anos da PósGraduação em Educação. Revista Brasileira de Educação.* São Paulo: ANPEd/ Autores Associados, 2005.

ANTUNES, A. L.; XAVIER, E.; FREITAS, M. Avaliação do rendimento do aluno da escola estadual de Minas Gerais: o CBA. *Estudos em Avaliação Educacional*, São Paulo, n. 6, p. 2942, 1992.

BRASIL. Ministério da Educação e do Desporto. *Resultados do SAEB 1995: a escola que os alunos frequentam.* Brasília, DF: MEC, 1995.

BRASIL. Ministério da Educação. Programa de Avaliação Institucional das Universidades Brasileiras – PAIUB. *Avaliação: Revista da Rede de Avaliação Institucional da Educação Superio*r, v. 1, n. 1, p. 4368, 1996.

BRASIL. Ministério da Educação. Sistema Nacional de Avaliação da Educação Básica: SAEB. In: *Textos divulgados para a imprensa: coletânea 1966-2001.* Brasília, DF: MEC/Inep, 2002. p. 133155.

CASTRO, C.; SANGUINETTY, J. *Custos e determinantes da educação na América Latina: resultados preliminares.* Rio de Janeiro: INTED, 1977.

CEARÁ. *Sistema Permanente de Avaliação da Educação Básica – SPAECE.* Fortaleza: Secretaria de Estado da Educação, 2009.

ESPOSITO, Y. (Coord.); SÃO PAULO (Estado); Secretaria da Educação. *Sistema de avaliação de rendimento escolar do Estado de São Paulo – SARESP 98: conhecendo os resultados da avaliação.* São Paulo: SEE/FDE, 2000.

FLETCHER, P. Avaliação do perfil cognitivo da população brasileira. *Estudos em Avaliação Educacional*, São Paulo, n. 4, 1991. p. 2764.

FLETCHER, P. Propósitos da avaliação educacional: uma análise de alternativas. *Estudos em Avaliação Educacional*, São Paulo, n. 11, 1995. p. 93112.

FONTANIVE, N.; KLEIN, R. Uma visão sobre o sistema de avaliação da educação básica do Brasil – SAEB. *Ensaio: Avaliação e Políticas Públicas em Educação*, Rio de Janeiro, v. 8, n. 29, 2000. p. 409439.

FRANCO, C. O SAEB – Sistema de Avaliação da Educação Básica: potencialidades, problemas e desafios. *Revista Brasileira de Educação*, 17, 2001. p. 127133.

FUNDAÇÃO CARLOS CHAGAS. *Educação e desenvolvimento social.* v 4. São Paulo: FCC/DPE, 1998.

FUNDAÇÃO GETÚLIO VARGAS. *Testes e medidas na educação.* Rio de Janeiro: FGV, 1970.

GATTI, B. A. Avaliação da jornada única em São Paulo. *Estudos em Avaliação Educacional*, São Paulo, n. 5, 1992. p. 8590.

GATTI, B. A. Desenvolvimento de projetos de avaliação do sistema educacional no Estado de São Paulo. *Estudos em Avaliação Educacional*, São Paulo, n. 13, 1996. p. 1926.

MONDEL, L.; MALUF, M. Avaliação dos rendimentos de alunos das escolas padrão. *Estudos em Avaliação Educacional*, São Paulo, n. 10, 1994. p. 103122.

NEUBAUER, R.; DAVIS, C.; ESPÓSITO, Y. Avaliação do processo de inovações no ciclo básico e seu impacto sobre a situação de ensinoaprendizagem na Região Metropolitana de São Paulo. *Estudos em Avaliação Educacional*, São Paulo, n. 13, 1996. p. 3564.

PESTANA, M. O sistema de avaliação brasileiro. *Revista Brasileira de Estudos Pedagógicos*, Brasília, DF, v. 79, n. 191, 1999. p. 6573.

SEEPR – PARANÁ. Secretaria da Educação. Coordenação de Informações Educacionais. *Cadernos Ava.* Curitiba: SEEPR, 2001.

SEESP – SÃO PAULO (Estado). Secretaria da Educação. *Sistema de avaliação de rendimento escolar do Estado de São Paulo – SARESP: relatório final dos resultados da 1ª aplicação.* São Paulo: SEE, 1996.

SEESP – SÃO PAULO (Estado). Secretaria da Educação. *Sistema de avaliação de rendimento escolar do Estado de São Paulo – SARESP.* São Paulo: SEE/FDE, 1998.

SOUZA, M. A. A experiência de avaliação educacional em Minas Gerais: 19921998. *Estudos em Avaliação Educacional*, São Paulo, n. 19, 1999. p. 5776.

UNIVERSIDADE FEDERAL DO CEARÁ. *Edurural 19811985: avaliação da educação básica no Nordeste brasileiro.* v. 7. Fortaleza: UFC/FCC/DPE, 1988.

VIANNA, H. Avaliação do Rendimento de Alunos de Escolas de 1º grau da Rede Pública: uma aplicação experimental em 10 cidades. *Educação e Seleção*, São Paulo, n. 17, 1988. p. 552.

VIANNA, H. Avaliação do Rendimento de Alunos de Escolas de 1º grau da Rede Pública: um estudo em 39 cidades. *Educação e Seleção*, São Paulo, n. 20, 1989a. p. 556.

VIANNA, H. Avaliação do Rendimento de Alunos de Escolas do 1º Grau da Rede Pública: um estudo em 20 cidades. *Educação e Seleção*, São Paulo, n. 19, 1989b. p. 3398.

VIANNA, H.; GATTI. B. A. Avaliação do Rendimento de alunos das 2ªs e 4ªs séries de escolas oficiais do Estado do Paraná. *Educação e Seleção*, São Paulo, n. 18, 1988. p. 562.

Produção bibliográfica ■

GATTI, B. A. Orientação profissional ou seleção profissional? *Revista: Órgão da Faculdade de Filosofia de Santa Maria*, Belo Horizonte, v. 1, n. 2, p. 18-27, 1967.

GATTI, B. A.; ROBERT, M. I. Um plano administrativo e pedagógico para uma escola integrada de oito anos. *Educação Hoje*, São Paulo, v. 3, n. 6, p. 31-44, 1969.

GATTI, B. A. Psicologia social aplicada à didática de sala de aula. *Educação Hoje*, São Paulo, v. 4, n. 9, p. 12-21, 1970.

GATTI, B. A. Utilização da Técnica Q como instrumento de medida nas ciências humanas. *Cadernos de Pesquisa – FCC*, São Paulo, v. 6, p. 46-59, 1972.

GATTI, B. A.; BERNARDES, N. M.; MELLO, G. N. Treinamento de pessoal no ensino. *Cadernos de Pesquisa – FCC*, São Paulo, v. 4, p. 1-52, 1972.

GATTI, B. A.; BERNARDES, N. M. G.; MELLO, G. N. Um estudo sobre o assistente pedagógico. *Cadernos de Pesquisa – FCC*, São Paulo, v. 9, p. 4-40, 1974.

GATTI, B. A.; GOLDEBERG, M. A. A influência dos kits "Os Cientistas" no desenvolvimento do comportamento científico em adolescentes. *Cadernos de Pesquisa – FCC*, São Paulo, v. 10, p. 13-24, 1974.

GATTI, B. A.; MELLO, G. N.; BERNARDES, N. M.; ROVAI, E. Avaliação de programa de treinamento de professores de 1ª série - 1º grau. *Cadernos de Pesquisa – FCC*, São Paulo, v. 13, p. 15-40, 1975.

GATTI, B. A.; ROVAI, E.; MELLO, G. N.; BERNARDES, N. M. Avaliação de programa de treinamento para Assistente Pedagógico. *Cadernos de Pesquisa – FCC*, São Paulo, v. 13, p. 41-68, 1975.

GATTI, B. A. Avaliação em sala de aula. In: CENP/SEESP. (Org.). *Formação de objetivos – avaliação*. São Paulo: Secretaria da Educação do Estado de São Paulo, 1977. p. 27-40.

GATTI, B. A. Orientação educacional em grupo. In: PENTEADO, W. (Org.). *Orientação Educacional*. São Paulo: EPU, 1977. p. 38-48.

GATTI, B. A.; BERNARDES, N. M. Concluintes de curso de formação de professores a nível de segundo grau: avaliação de habilidades. *Cadernos de Pesquisa – FCC*, São Paulo, v. 20, p. 39-110, 1977.

GATTI, B. A.; BERNARDES, N. M. Um estudo sobre os cursos de formação de professores a nível de segundo grau. *Cadernos de Pesquisa – FCC*, São Paulo, v. 20, p. 15-38, 1977.

GATTI, B. A.; ROVAI, E. Alguns aspectos da legislação sobre a formação do professor primário no Estado de São Paulo. *Cadernos de Pesquisa – FCC*, São Paulo, v. 20, p. 7-14, 1977.

GATTI, B. A. Training Teacher's in evaluation techniques. In: IAEA/PRINCETON. (Org.). *Assessing Teacher Effectiveness*. Princeton-New Jersey: Princeton University, 1978. p. 25-34.

GATTI, B. A. La investigacion educacional en un Centro Cooperativo de Investigacion. In: SCHIEFELBEIN, E.; HUIDOBRO, J. E. (Orgs.). *La investigacion educacional en America Latina: situacion y perspectivas*. Santiago de Chile: CIDE, 1980, p. 466-489.

GATTI, B. A.; PATTO, M. H.; ALMEIDA, R. M.; COSTA, M. L.; KOPIT, M. A reprovação na primeira série do primeiro grau: um estudo de caso. *Cadernos de Pesquisa – FCC*, São Paulo, v. 38, p. 3-13, 1981.

GATTI, B. A. Alguns dados sobre os exames supletivos de 1º e 2º graus no Estado de São Paulo. *Educação e Seleção*, São Paulo, v. 5, p. 63-70, 1982.

GATTI, B. A. Alternativas metodológicas para a pesquisa educacional. *Cadernos de Pesquisa – FCC*, São Paulo, v. 40, p. 3-14, 1982.

GATTI, B. A. Pos grado y investigacion en educacion en Brasil. In: OREALC. (Org.). *Contribciones de la reunion regional sobre prioridades y programas de investigacion educacional*. Lima: OREALC, 1982. p. 57-80.

GATTI, B. A. Educação: avaliação da pesquisa. In: SEPLAN/CNPq. (Org.). *Avaliação e Perspectivas: CNPq*. Brasília: SEPLAN/CNPq, 1983. p. 58-91.

GATTI, B. A. Pós-graduação em pesquisa em educação no Brasil: 1978/1982. *Cadernos de Pesquisa – FCC*, São Paulo, v. 44, p. 3-17, 1983.

GATTI, B. A. Aperfeiçoamento de habilidades de interação e mudança de atitudes. *Cadernos do Programa de Psicologia da Educação da PUC/SP*, São Paulo, v. 12, p. 10-17, 1984.

GATTI, B. A. Algumas considerações sobre a experiência do extinto Colégio de Aplicação da FFCL-USP (1957-1959). In: USP/FE. (Org.). *Em debate: a Escola de Aplicação*. São Paulo: EDUSP, 1985. p. 20-44.

GATTI, B. A.; LAPEIZ, S. *Tecendo a cada noite o sol: cursos noturnos - projetos inovadores*. 1. ed. São Paulo: Secretaria da Educação do Estado de São Paulo, 1985. 50p.

GATTI, B. A. Atuação do psicopedagogo numa abordagem institucional. *Cadernos do Programa de Psicologia da Educação da PUC/SP*, São Paulo, v. 16, p. 8-14, 1986.

GATTI, B. A. Participação do pessoal da educação superior nas reformas ou inovações do sistema educacional. *Cadernos de Pesquisa – FCC*, São Paulo, v. 59, p. 3-14, 1986.

GATTI, B. A. Sobre Nathan Gage: o que sabemos sobre a eficácia do ensino? In: FELDENS, M. G.; FRANCO, M. E. (Orgs.). *Ensino e realidades: análise e reflexão*. Porto Alegre: Editora Universidade, 1986. p. 25-43.

GATTI, B. A. Formar professores ou pesquisadores no mestrado em educação? *Boletim ANPEd*, Rio de Janeiro, v. 9, n. 1, p. 4-10, 1987.

GATTI, B. A. O uso do computador no processamento de dados. In: SELLTIZ, W. C.; KIDDER, L. H. (Orgs.). *Métodos de pesquisa nas relações sociais*. São Paulo: EPU, 1987. v. 3. p. 12-28.

GATTI, B. A. Pós-graduação em debate. In: RIBEIRO, M. L. (Org.). *Educação em debate: uma proposta de pós-graduação*. São Paulo: Cortez, 1987. p. 24-38.

GATTI, B. A. Projeto EDUCOM: alguns aspectos sobre a implantação e o desenvolvimento das equipes de trabalho. *Cadernos CEVEC*, São Paulo, v. 3, p. 14-22, 1987.

GATTI, B. A. Sobre a formação de professores para o 1º e o 2º Graus. *Em Aberto*, Brasília, n. 34, p. 5-16, 1987.

GATTI, B. A. Testes e avaliações do ensino no Brasil. *Educação e Seleção*, São Paulo, n. 16, p. 12-21, 1987.

GATTI, B. A. A formação do professor de 1º Grau. In: MEC/SESU. (Org.). *Universidade/Ensino de 1º Grau – encontros e confrontos*. Brasília, DF: MEC/SESU, 1988. v. 1. p. 12 - 21.

GATTI, B. A. A formação do professor para o primeiro grau. In: UNIVERSIDADE DE UBERLÂNDIA (Org.). *Universidade/Ensino de 1º grau: encontros e confrontos*. Brasília: MEC/SESU, 1988. p. 65-102.

GATTI, B. A. As pesquisas sobre formação de professores. *Revista Educação Municipal*, São Paulo, v. 1, n. 2, p. 21-33, 1988.

GATTI, B. A. Avaliação na escola de 1º grau: problemas e perspectivas. *Educação e Seleção*, São Paulo, n. 17, 1988.

GATTI, B. A. Informática e educação. *Ideias - SEESP*, São Paulo, n. 1, 1988.

GATTI, B. A. O uso do computador na educação: fundamentos. *Acesso Revista de Educação e Informática – FDE*, São Paulo, p. 8-15, 1988.

GATTI, B. A. The preparation for the equivalence examinations, first and second levels in the State of São Paulo, Brazil: Traditional means and educational media. *Studies In Educational Evaluation*, London, v. 14, 1988.

GATTI, B. A.; VIANA, H. M. Avaliação do rendimento de alunos das 2ªs e 4ªs séries de escolas oficiais do Estado do Paraná. *Educação e Seleção – FCC*, São Paulo, n. 18, 1988.

GATTI, B. A.; VIANA, H. M. Avaliação do rendimento de alunos de escolas de 1º grau da rede pública: uma aplicação experimental em 10 cidades. *Educação e Seleção – FCC*, São Paulo, n. 17, 1988.

GATTI, B. A. A formação do professor de 1º grau. *Educação e Seleção – FCC*, São Paulo, n. 20, 1989.

GATTI, B. A. Democratização do ensino: uma reflexão sobre a realidade atual. *Em Aberto - Inep*, Brasília, n. 44, 1989.

GATTI, B. A. (Org.). *Brazil: Facts and Hope*. Jomtien: UNICEF/World Conference on Education for All, 1990.

GATTI, B. A. *Problemas da educação básica no Brasil: a exclusão das massas populacionais*. Washington, D.C.: PREDE/OEA, 1990.

GATTI, B. A.; SILVA, T. R. Alfabetização e educação básica no Brasil. *Cadernos de Pesquisa – FCC*, São Paulo, n. 75, p. 7-14, 1990.

GATTI, B. A. A política de pós-graduação e pesquisa: a questão de avaliação dos programas de pós-graduação em educação no país. *Cadernos ANPEd*, Rio de Janeiro, v. 3, p. 6-15, 1991.

GATTI, B. A. Problemas e impasses na avaliação de projetos e sistemas educacionais: dois casos brasileiros. *Estudos em Avaliação Educacional*, São Paulo, n. 4, p. 7-26, 1991.

GATTI, B. A. A formação de docentes. *Educação Brasileira – CRUB*, Brasília, v. 14, n. 28, p. 39-47, 1992.

GATTI, B. A. A formação de docentes: o confronto necessário professor x academia. *Cadernos de Pesquisa – FCC*, São Paulo, n. 81, p. 85-90, 1992.

GATTI, B. A. Formação de docentes: desafio à universidade. *Educação Brasileira – CRUB*, Brasília, DF, n. 28, p. 39-47, 1992.

GATTI, B. A. Informatização, tecnologia e educação. In: UNESP. (Org.). *Educadores para o Século XXI*. São Paulo: Ed. UNESP, 1992. p. 155-168.

GATTI, B. A. O computador no desenvolvimento cognitivo. *Acesso Revista de Educação e Informática – FDE*, São Paulo, n. 7, p. 21-24, 1992.

GATTI, B. A. Pesquisa em educação: um tema em debate. *Cadernos de Pesquisa – FCC*, São Paulo, n. 80, p. 106- 111, fev. 1992.

GATTI, B. A. Vestibular e ensino superior nos anos 70 e 80. *Cadernos de Pesquisa – FCC*, São Paulo, n. 80, 1992.

GATTI, B. A. Enfrentando o desafio da escola: princípios e diretrizes para a ação. *Cadernos de Pesquisa – FCC*, São Paulo, n. 85, p. 5-10, 1993.

GATTI, B. A. *Estatística básica para ciências humanas*. 5. ed. São Paulo: Alfa-Omega, 1993.

GATTI, B. A. Políticas educacionais no Brasil e a formação de professores. In: CENTRO INTEGRADO DE FORMAÇÃO DE PROFESSORES. (Org.). *Linhas de rumo em formação de professores*. Aveiro-Portugal: Ed. Universidade de Aveiro, 1993. p. 325-342.

GATTI, B. A. O papel da pesquisa educacional e das agências internacionais, das agências estaduais e de grupos não ligados diretamente a universidades. In: ANPEd/CNPq. (Org.). *Avaliação e perspectivas na área de educação*. Porto Alegre: ANPEd/CNPq, 1993. p. 163-169.

GATTI, B. A. O projeto de intercâmbio em pesquisa educacional e seus consequentes. In: ANPEd/CNPq. (Org.). *Avaliação e perspectivas na área de educação 1982-1991*. Porto Alegre: ANPEd/CNPq, 1993. p. 171-177.

GATTI, B. A. O rendimento escolar em distintos setores da sociedade. *Estudos em Avaliação Educacional – FCC*, São Paulo, n. 7, p. 95-112, 1993.

GATTI, B. A. Os agentes escolares e o computador no ensino. *Acesso Revista de Educação e Informática – SEESP-FDE*, São Paulo, n. especial, p. 22-27, 1993.

GATTI, B. A. Papel na pesquisa educacional das agências internacionais, das agências estaduais e de grupos não ligados diretamente a universidades. In: ANPEd. (Org.). *Avaliação e perspectivas na área de educação 1982-1991*. Porto Alegre: ANPEd/CNPq, 1993. p. 163-172.

GATTI, B. A. Pesquisa educacional: em busca de uma problemática própria. *Impulso – Revista da Unimep*, v. 6, n. 12, p. 9-24, 1993.

GATTI, B. A. Relação da comunidade científica com as agências de fomento à pesquisa e coordenação da pós-graduação. In: ANPEd/CNPq. (Org.). *Avaliação e perspectivas na área de educação 1982-1991*. São Paulo e Brasília, DF: ANPEd/CNPq, 1993. p. 179-200.

GATTI, B. A.; DAVIS, C. L. A dinâmica da sala de aula na escola rural. In: THERRIEN, J.; DAMASCENO, M. N. (Orgs.). *Educação e escola no campo*. Campinas: Papirus, 1993. p. 75-136.

GATTI, B. A.; DAVIS, C. L. Questões sobre o desempenho de alunos de escola rurais no Nordeste e seu contexto sócio-cultural. In: THERRIEN, J.; DAMASCENO, M. N. (Org.). *Educação e escola no campo*. Campinas: Papirus, 1993. p. 137-173.

GATTI, B. A.; FÁVERO, O. Relação da comunidade científica com as agências de fomento. In: ANPEd. (Org.). *Avaliação e perspectivas na área de educação 1982-1991*. Porto Alegre: ANPEd/CNPq, 1993. p. 179-210.

GATTI, B. A.; SILVA, T. R.; ESPOSITO, Y. L. Caracteristicas de los professores de primer grado en Brasil: perfil y expectativas. *Proyecto Principal de Educacion En America Latina y El Caribe*, Santiago, n. Bol 34, p. 36-53, 1994.

GATTI, B. A.; SILVA, T. R. Las caracteristicas de la profesión maestro y la calidad de la educación en America Latina. *Proyecto Principal de Educación En America Latina y El Caribe*, Santiago, n. Bol 34, p. 3-18, 1994.

GATTI, B. A. A avaliação do rendimento escolar e os segmentos diferenciados sócio-educacionais. *Análise & Dados – CEI*, Salvador, p. 39-45, 1995.

GATTI, B. A. Diagnóstico, problematização e aspectos conceituais sobre a formação do magistério (Subsídios para o delineamento de políticas na área). *Consed*, Brasília, DF, n. 1, 1996.

GATTI, B. A. Literacy and basic education in Brazil. In: BARRETTO, E. S.; ZIBAS, D. M. (Orgs.). *Brazilian Issues on Education, Gender and Race*. São Paulo: Fundação Carlos Chagas, 1996.

GATTI, B. A. Os professores e suas identidades: o desvelamento da heterogeneidade. *Cadernos de Pesquisa – FCC*, São Paulo, n. 98, p. 85-90, 1996.

GATTI, B. A. *Formação de professores e carreira: problemas e movimentos de renovação*. 1. ed. Campinas: Autores Associados, 1997. 135 p.

GATTI, B. A. O que é Psicologia da Educação? Ou o que ela pode vir a ser como área de conhecimento? *Psicologia da Educação*, São Paulo, n. 5, p. 73-90, 1997.

GATTI, B. A.; LAWRENCE, J. H.; WALTMAN, J. *Avaliação de disciplinas*. Brasília: UnB/Cátedra UNESCO, 1997. 73p.

GATTI, B. A. Cursos de Pedagogia: identidade. *Nuances Revista de Educacao – UNESP*, Presidente Prudente, p. 3-7, 1998.

GATTI, B. A. O problema da metodologia da pesquisa nas ciências humanas. In: RODRIGUES, M. L.; NEVES, N. P. (Orgs.). *Cultivando a Pesquisa: reflexões sobre a investigação em ciências sociais e humanas*. São Paulo: EDUNESP, 1998. p. 9-39.

GATTI, B. A. Algumas considerações sobre procedimentos metodológicos nas pesquisas educacionais. *Eccos: Revista Científica*, São Paulo, n.1, p. 63-79, 1999.

GATTI, B. A. Formação de professores: a nova LDB e o Conselho Estadual de Educação de São Paulo. In: BICUDO, M. A.; SILVA JUNIOR, C. A. (Orgs.). *Formação do educador e avaliação educacional*. São Paulo: EDUNESP, 1999. p. 43-52.

GATTI, B. A. Literacy in Brazil and South America. In: DANIEL, A. W.; RICHARD, L. V; BRIAN, W. S. (Orgs.). *Literacy: Introductional handbook*. 1999. p. 448-452.

GATTI, B. A. Possibilidades de enfoque no campo da Psicologia da Educação – 2000. *Cadernos de Psicologia e Educação - Paideia*, 1999.

GATTI, B. A. Avaliação institucional e acompanhamento de instituições do ensino superior. *Série Acadêmica PUC-Campinas*, Campinas, p. 10-20, 2000.

GATTI, B. A. Avaliação institucional. *Estudos em Avaliação Educacional*, São Paulo, v. 21, p. 93-107, 2000.

GATTI, B. A. Formação de professores no Brasil: problemas, propostas e perspectivas. *Umbral 2000 Revista Científica*, 2000.

GATTI, B. A. Reflexões sobre o desafio da pós-graduação: novas perspectivas sociais, conhecimento e poder. In: NAGAMINE, J. M. (Org.). *Gestão acadêmica: desafios e perspectivas*. 1. ed. São Paulo: Ed. EDUC, 2000. p. 162-171.

GATTI, B. A. A new model for teachers training. *Texts From Brazil*. Brasil: Ministério das Relações Exteriores, n. 7, p. 39-43, 2001.

GATTI, B. A. Ensino superior e avaliação institucional. *Revista Brasileira de Estudos Pedagógicos*, Brasília, v. 80, n. 194, p. 148-155, 2001.

GATTI, B. A. Implicações e perspectivas da pesquisa educacional no Brasil contemporâneo. *Cadernos de Pesquisa – FCC*, São Paulo, n. 113, p. 65-81, 2001.

GATTI, B. A. Reflexão sobre os desafios da pós-graduação: novas perspectivas sociais, conhecimento e poder. *Revista Brasileira de Educação*, Rio de Janeiro, n. 18, p. 108-116, 2001.

GATTI, B. A. Subjetividade em educação: comentários paralelos ao texto de Fernando L. G. Rey. *Psicologia da Educação*, São Paulo, p. 17-28, 2001.

GATTI, B. A. A construção da pesquisa em Educação no Brasil. 1. ed. Brasília, DF: Plano, 2002. v. 1. 87p.

GATTI, B. A. Avaliação educacional no Brasil: pontuando uma história de ações. *Eccos: Revista Científica*, São Paulo, v. 4, n. 1, p. 17-41, 2002.

GATTI, B. A. Perspectivas da pesquisa e da pós-graduação em Educação no Brasil. *Cadernos de Educação Reflexões e Debates*, São Bernardo do Campo, p. 8-18, 2002.

GATTI, B. A. Formação continuada de professores: a questão psicossocial. *Cadernos de Pesquisa – FCC*, São Paulo, v. 1, n. 119, p. 191-204, 2003.

GATTI, B. A. Formação de professores, pesquisa e problemas metodológicos. *Contrapontos – UNIVALI*, Itajaí, v. 3, n. 3, p. 381-392, 2003.

GATTI, B. A. Formar professores: velhos problemas e as demandas contemporâneas. *Revista FAEEBA*, Salvador, v. 12, n. 20, p. 473-478, 2003.

GATTI, B. A. Gestão e ação: avaliação externa da dinâmica da ANPAE no quadriênio 2000-2004. *Cadernos ANPAE*, São Bernardo do Campo, v. 2, n. 2, p. 11-55, 2003.

GATTI, B. A. O professor e a avaliação em sala de aula. *Estudos em avaliação educacional*, São Paulo, n. 27, p. 97-114, 2003.

GATTI, B. A. Perspectiva da pesquisa e da pós-graduação em educação no Brasil. *Educação & Linguagem*, São Bernardo do Campo, v. 6, n. 8, p. 11-22, 2003.

GATTI, B. A. Progressão continuada na rede pública de ensino. In: SÃO PAULO. SECRETARIA DE ESTADO DA EDUCAÇÃO. (Org.). *Progressão continuada: compromisso com a aprendizagem*. São Paulo: 2003. p. 119-125.

GATTI, B. A. Reflexões à margem sobre o tratamento dado a questões de avaliação educacional – a propósito de uma leitura. In: FREITAS, L. C.; GATTI, B. A.; SOUZA, S. M. (Orgs.). *Questões de avaliação educacional*. Campinas: Komedi, 2003. p. 9-22.

GATTI, B. A. Tendências da pesquisa em Psicologia da Educação e suas contribuições para o ensino. In: TIBALLI, E. F.; CHAVES, S. M. (Orgs.). *Concepções e práticas em formação de professores*. Rio de Janeiro: DP&A, 2003. p. 105-127.

GATTI, B. A.; ANDRÉ, M. E.; FÁVERO, O.; CANDAU, V. M. O modelo de avaliação da CAPES. *Revista Brasileira de Educação*, Rio de Janeiro, n. 22, p. 137-144, 2003.

GATTI, B. A.; ANDRÉ, M. E.; PLACCO, V. M. *Proformação: avaliação externa*. 1. ed. Brasília: MEC, 2003.

GATTI, B. A. 25 anos do Programa de Pós-Graduação em Educação da UFRN. *Educação em Questão*, Natal, v. 19, n. 5, p. 119-126, 2004.

GATTI, B. A. Avaliação da extensão universitária: da institucionalização às suas práticas. *Revista Brasileira de Extensão Universitária*, Belo Horizonte, v. 2, n. 2, p. 13-30, 2004.

GATTI, B. A. Curso de Pedagogia em questão: da formação dos educadores. *Revista da Faculdade de Educação*, Cáceres, v. 2, n. 2, p. 67-76, 2004.

GATTI, B. A. Estudos quantitativos em educação. *Educação e Pesquisa – USP*, São Paulo, v. 30, n. 1, p. 11-30, 2004.

GATTI, B. A. Formação do professor pesquisador para o ensino superior: desafios. In: BARBOSA, R. L. (Org.). *Trajetórias e perspectivas da formação de educadores*. São Paulo: Ed. UNESP, 2004. v. 1. p. 433-442.

GATTI, B. A. Uma instituição, um histórico em pesquisa (apresentação). In: COSTA, A. G.; MARTINS, A. M.; FRANCO, M. L. (Orgs.). *Uma história para contar: a pesquisa na Fundação Carlos Chagas.* São Paulo: AnnaBlume, 2004. p. 9-12.

GATTI, B. A. A formação de professores: seus desafios, a pesquisa e seus contornos sociais. *Educação e Filosofia,* Uberlândia, v. 17, n. 34, p. 241-252, 2005.

GATTI, B. A. A pesquisa em educação na contemporaneidade. *Cadernos de Estudos Sociais – FUNDAJ,* Recife, v. 22, p. 131-141, 2006.

GATTI, B. A. A pesquisa em educação no Brasil: oscilações no tempo. *Contemporaneidade e Educação,* v. 14, p. 1-8, 2005.

GATTI, B. A. A pesquisa sobre formação de professores: questões metodológicas e de impacto. In: FRANCO, M. A. (Org.). *O lugar do professor na pesquisa educacional.* 1. ed. Santos: Editora Universitária Leopoldianium, 2005. v. 1. p. 17-36.

GATTI, B. A. Considerações sobre a qualidade da educação básica no Brasil. *Revista de Educação CEAP,* Salvador, n. 48, p. 11-17, 2005.

GATTI, B. A. Formação de grupos e redes de intercâmbio em pesquisa educacional: dialogia e qualidade. *Revista Brasileira de Educação,* Rio de Janeiro, v. 30, p. 124-138, 2005.

GATTI, B. A. *Grupo focal na pesquisa em ciências sociais e humanas.* Brasília: Liber Livro, 2005. 77 p.

GATTI, B. A. Pesquisa, educação e pós-modernidade: confrontos e dilemas. *Cadernos de Pesquisa – FCC,* Campinas, v. 35, n. 126, p. 595-608, 2005.

GATTI, B. A. Pós-modernidade, educação e pesquisa. *Psicologia da Educação,* São Paulo, v. 1, n. 20, p. 139-151, 2005.

GATTI, B. A. Quantificação em pesquisa: questões. *Revista de Educação Pública,* Cuiabá, v. 14, n. 26, p. 11-22, 2005.

GATTI, B. A.; FRANCO, M. L. Alunos do ensino médio: representações sociais em sua escolarização. *Revista de Educação Pública,* Cuiabá, v. 14, n. 25, p. 79-90, 2005.

GATTI, B. A. A pesquisa na pós-graduação e seus impactos na Educação. *Educação & Linguagem,* v. 9, p. 16-33, 2006.

GATTI, B. A. Avaliação institucional de universidade. In: STEINER J. E.; MALNIC, G. (Orgs.). *Ensino superior: conceito e dinâmica.* 1. ed. São Paulo: EDUSP/IEA, 2006. v. 1. p. 320-327.

GATTI, B. A. Avaliação institucional: processo descritivo, analítico ou reflexivo. *Estudos em Avaliação Educacional,* v. 17, p. 7-14, 2006.

GATTI, B. A. Pesquisa, educação e pós-modernidade: confrontos e dilemas. *Cadernos de Pesquisa – FCC,* São Paulo, v. 35, p. 595-608, 2006.

GATTI, B. A. Pesquisar em Educação: considerações sobre alguns pontos-chave. *Revista Diálogo Educacional,* Paraná, v. 6, p. 25-36, 2006.

GATTI, B. A.; ESPÓSITO, Y. L.; FRANCO, G. N. Avaliação externa do Progestão: aspectos principais. In: MACHADO, M. A. (Org.). *Progestão: construindo saberes e práticas de gestão na escola pública*. Brasília: Conselho Nacional de Secretários de Educação, 2006. v. 1. p. 145-149.

GATTI, B. A. *A construção da pesquisa em educação no Brasil revisitada*. 2. ed. Brasília: Liber Livro, 2007. v. 1. 90p.

GATTI, B. A. Avaliação em Educação: o que a escola pode fazer para melhorar seus resultados. *Cadernos CENPEC*, v. 3, p. 31-35, 2007.

GATTI, B. A. A política de ciência e tecnologia e a formação do pesquisador em educação. In: PINTO, A. C.; COSTA, C. J.; HADDAD, L. (Orgs.). *Formação do pesquisador em Educação: questões contemporâneas*. 1. ed. Maceió: Ed. UFAL, 2007. v. 1. p. 19-32.

GATTI, B. A. Escola: multiculturalidade e universalidade. In: SCHWARTZ, C. M.; CARVALHO, J. M.; SIMÕES, R. H.; ARAÚJO, V. C. (Org.). *Desafios da Educação básica: a pesquisa em Educação*. 1. ed. Vitória: EDUFES, 2007. v. 1. p. 17-27.

GATTI, B. A. Questões metodológicas e práticas em pesquisa em educação. In: FERREIRA, N. S. (Org.). *A pesquisa na pós-graduação em Educação: reflexões, avanços e desafios*. 1. ed. Curitiba: Ed. UTP, 2007. v. 1. p. 55-72.

GATTI, B. A.; GARCIA, O. G. Avaliação no processo de ensino e aprendizagem. *Revista de Educação*, AEC, v. 142, p. 7-17, 2007.

GATTI, B. A.; GARCIA, O. G. Entrevista: avaliação no processo de ensino e aprendizagem. *Revista de Educação*, AEC, v. 36, p. 7-17, 2007.

GATTI, B. A. Análise das políticas públicas para formação continuada no Brasil, na última década. *Revista Brasileira de Educação*, v. 13, p. 57-70, 2008.

GATTI, B. A. (Org.). *Construindo caminhos para o sucesso escolar*. 1. ed. Brasília: UNESCO, 2008. v. 1. 163 p.

GATTI, B. A. Relatos de sucesso escolar em políticas de Educação: questões e perspectivas. In: GATTI, B. A. (Org.). *Construindo caminhos para o sucesso escolar*. Brasília: UNESCO, 2008. v. 1. p. 9-26.

GATTI, B. A.; FRANCO, G. N.; ESPÓSITO, YARA L. Avaliação externa do programa de capacitação a distância para gestores escolares. 1. ed. Brasília: CONSED, 2008. v. 1. 132p.

GATTI, B. A. *et al*. Avaliação dos currículos de formação de professores para o ensino fundamental. *Estudos em Avaliação Educacional – FCC*, São Paulo, v. 20, n. 43, p. 215-234, 2009.

GATTI, B. A. Políticas, ações educacionais e desempenho escolar. In: ARROYO, M. G.; ABRAMOWICZ, A. (Orgs). *A reconfiguração da escola: entre a negação e a afirmação de direitos*. Campinas: Papirus, 2009. p. 35-48. (Coleção Papirus Educação)

GATTI, B. A.; BARRETTO, E. S. *Professores do Brasil: impasses e desafios*. Brasília: UNESCO, 2009. 293 p.

GATTI, B. A.; NUNES, M. M. (Orgs). Formação de professores para o ensino fundamental: estudo de currículos das licenciaturas em Pedagogia, Língua Portuguesa, Matemática e Ciência Biológicas. *Textos FCC*, São Paulo, v. 29, 2009. 155 p.

GATTI, B. A. Estudando licenciaturas: características, currículos e formação profissional. In: CORDEIRO, A. F.; HOBOLD, M. S.; AGUIAR, M. A. (Orgs.). *Trabalho docente: formação, práticas e pesquisa.* Joinvillle: Ed. UNIVILLE, 2010. p.11-28.

GATTI, B. A. Formação de professores no Brasil: características e problemas. *Educação e Sociedade,* Campinas, v. 31, n. 113, p. 1355-1379, out.-dez. 2010.

GATTI, B. A. Pesquisa em educação e formação de professores. In: ENS, R. T.; BEHRENS, M. A. (Orgs). *Formação do professor, profissionalidade, pesquisa e cultura escolar.* Curitiba: Champagnat, 2010. p.117-134.

GATTI, B. A. *et al.* Atratividade da carreira docente no Brasil. In: *Estudos & Pesquisas Educacionais.* São Paulo: Fundação Victor Civita, 2010. p. 139-210.

GATTI, B. A. *et al.* Formação de professores para o ensino fundamental: instituições formadoras e seus currículos. In: *Estudos & Pesquisas Educacionais.* São Paulo: Fundação Victor Civita, 2010. p. 95-138.

GATTI, B. A. Licenciaturas: crise sem mudança? In: DALBEN, A.; DINIZ, J.; LEAL, L.; SANTOS, L. (Orgs). *Convergências e tensões no campo da formação e do trabalho docente.* Belo Horizonte: Autêntica, 2010. p. 485-508. (Coleção Didática e Prática de Ensino)

GATTI, B. A. Prefácio: RAMALHO, L. A. *Ensino noturno: memórias de uma experiência.* São Paulo: Loyola, 2010. p. 9-10.

GATTI, B. A. Sucesso escolar. Verbete. In: OLIVEIRA, D. A.; DUARTE, A. C.; VIEIRA, L. M. *Dicionário de trabalho, profissão e condição docente.* Belo Horizonte: UFMG/Faculdade de Educação, 2010. CD-ROM.

GATTI, B. A.; ANDRÉ, M. E. A relevância dos métodos de pesquisa qualitativa em Educação no Brasil. In: WELLER, W.; PFAFF, N. (Orgs). *Metodologias da pesquisa qualitativa em Educação.* Petrópolis: Vozes, 2010. p. 29-38.

GATTI, B. A.; ANDRE, M. E. The relevance of qualitative research methods in Education in Brazil. In: BOHNSACK, R.; PFAFF, N.; WELLER, W. (Orgs.). *Qualitative analysis and documentary method in international educational research.* Leverkusen Oplanden: Verlag Barbara Budich, 2010. p. 41-51.

GATTI, B. A. Avaliação participativa: princípios a considerar. *Revista do Professor Atualidades,* São Paulo: SEESP, Edição 6, p. 18-23, 2011.

GATTI, B. A. A Educação e a era da pós-modernidade: confrontos e dilemas. In: PEREIRA, D. F.; AZEVEDO, J.; DIAS, R. *Educação e diálogo.* Rio Claro: Livraria e Editora FUNEP, 2011. p. 117-125.

Este livro foi composto com tipografia Minion e impresso
em papel Chamois Fine 80 g na Del Rey Gráfica e Editora.